行业专利导航丛书

纺织行业专利分析报告

FANGZHI HANGYE
ZHUANLI FENXI BAOGAO

陈汉君 \ 著

专利分析报告

知识产权出版社
全国百佳图书出版单位
—北京—

图书在版编目（CIP）数据

纺织行业专利分析报告/陈汉君著. —北京：知识产权出版社，2022.11
（行业专利导航丛书）
ISBN 978-7-5130-8412-3

Ⅰ.①纺… Ⅱ.①陈… Ⅲ.①纺织工业-专利-研究报告-中国 Ⅳ.①F426.81-18
中国版本图书馆 CIP 数据核字（2022）第 192624 号

内容提要

本书从专利视角对纺织行业的专利申请趋势、地域分布、技术领域分布等方面进行了分析，以确定我国纺织产业的竞争地位及其技术竞争优势、劣势，从而发挥专利信息预警对运行决策的引导作用，有利于实施产业布局和资源配置。

本书可供知识产权领域研究人员、学习者及工作人员阅读。

责任编辑：高　源　　　　**责任印制**：孙婷婷

行业专利导航丛书
纺织行业专利分析报告
陈汉君　著

出版发行：知识产权出版社有限责任公司	**网　　址**：http://www.ipph.cn
电　　话：010－82004826	http://www.laichushu.com
社　　址：北京市海淀区气象路 50 号院	**邮　　编**：100081
责编电话：010－82000860 转 8763	**责编邮箱**：laichushu@cnipr.com
发行电话：010－82000860 转 8101	**发行传真**：010－82000893
印　　刷：北京建宏印刷有限公司	**经　　销**：新华书店、各大网上书店及相关专业书店
开　　本：787mm×1092mm　1/16	**印　　张**：13.25
版　　次：2022 年 11 月第 1 版	**印　　次**：2022 年 11 月第 1 次印刷
字　　数：320 千字	**定　　价**：98.00 元

ISBN 978-7-5130-8412-3

前　言

2020 年新型冠状病毒肺炎疫情的暴发及纺织产业转移使中国纺织行业面临复杂、严峻的形势。全球经济风险点增多的复杂局面与国内经济发展的结构性问题不仅给纺织企业造成内销经济损失，也使企业面临外贸订单流失及国际竞争加剧的状况。

2020 年，中国规模以上纺织业工业企业营业收入与利润总额分别下降 15. 6% 和 5. 6% ，行业盈利降幅较大。纺织行业不仅盈利下降，其投资规模同样缩减。2019 年，我国纺织业固定资产投资（不含农户）同比减少 8. 9% ，截至 2020 年 1—7 月同比下降 17. 4% ，降幅明显。其主要原因之一为我国纺织品服装内销市场增速放缓。根据国家统计局数据，2019 年，我国限额以上服装鞋帽、针纺织品类商品零售额为 13 517 亿元，同比增长 2. 9% ，增速较 2018 年放缓 5. 1 个百分点。截至 2020 年 1—7 月我国限额以上单位服装鞋帽、针纺织品类商品零售额为 5959 亿元，同比下降 17. 5% 。另一个重要因素是随着生产力成本的不断增长及环保要求的不断提高，我国纺织行业面临的技术升级与创新更加迫切。

本书从专利视角对纺织行业的专利申请趋势、地域分布、技术领域分布等方面进行了分析，以确定我国纺织产业的竞争地位及其技术竞争优势、劣势，从而发挥专利信息预警对运行决策的引导作用，有利于实施产业布局和资源配置。

本书所有数据来源于国家知识产权局专利文献数据库，所有专利数据统计时间截至 2020 年。

前言

CONTENTS 目录

第 1 章 纺织行业全球专利概况

1.1 专利申请趋势

图 1-1 展示的是纺织行业全球专利申请量的发展趋势。通过申请趋势可以从宏观层面把握分析对象在各时期的专利申请热度变化。申请数量的统计范围是已公开的专利。一般发明专利在申请后 3~18 个月公开，实用新型专利和外观设计专利在申请后 6 个月左右公开。

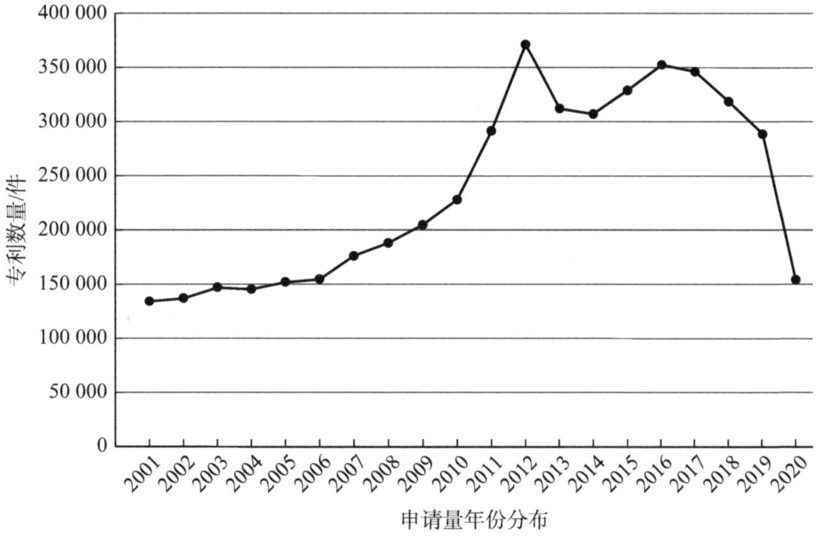

图 1-1 纺织行业全球专利申请趋势

图 1-1 显示了纺织行业在全球主要市场上的历年专利申请分布状况。2001—2012 年，纺织行业全球专利申请量快速增加，2001 年纺织行业全球专利申请量为 134 311 件，到 2012 年达到峰值，当年专利申请量达 371 305 件。2014—2016 年纺织行业全球专利申请量呈平稳上升趋势，2017 年以后纺织行业全球专利申请量呈现下滑趋势。

1.2 专利申请国家、地区、组织分布

图 1-2 展示了纺织行业全球专利主要申请国家、地区、组织专利数量的分布情况。通过该图可以了解分析对象在不同国家、地区、组织技术创新的活跃情况，从而发现主要的技术创新来源地区和重要的目标市场。

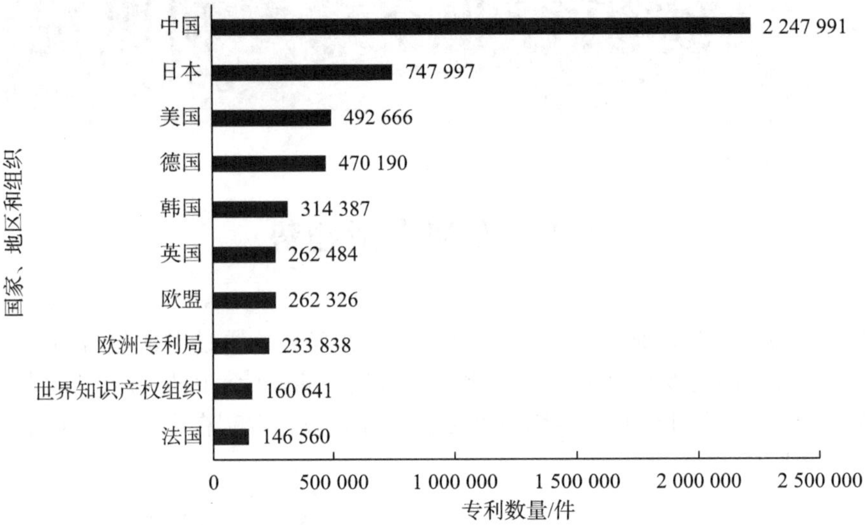

图 1-2 纺织行业全球专利主要申请国家、地区、组织分布

纺织行业全球专利主要申请国家、地区、组织分布显示，中国、日本、美国是纺织行业专利重点申请国家，数量分别为中国 2 247 991 件、日本 747 997 件、美国 492 666 件。紧跟其后的为德国 470 190 件，韩国 314 387 件。

全球专利申请国家、地区、组织分布情况表明，中国、日本、美国等国家和地区是纺织行业专利布局的主要区域，企业可以跟踪、引进和消化相关领域技术，在此基础上实现技术突破。

1.3 专利申请人排行

表 1-1 展示的是按照所属申请人（专利权人）的专利数量统计的纺织行业全球专利主要申请人排名情况。该分析可以发现创新成果积累较多的专利申请人，据此可进一步分析其专利竞争实力。

表 1-1 纺织行业全球专利主要申请人排名 单位：件

排名	申请人名称	专利数量
1	PROCTER GAMBLE	26 713
2	NIKE INNOVATE C V	25 046
3	THE PROCTER GAMBLE COMPANY	22 659

续表

排名	申请人名称	专利数量
4	KIMBERLY CLARK CO	19 061
5	RIEKER SCHUH AG	17 089
6	KIMBERLY CLARK WORLDWIDE INC	15 975
7	UNI CHARM CORP	10 645
8	TORAY INDUSTRIES	10 575
9	3M INNOVATIVE PROPERTIES COMPANY	10 071
10	KAO CORP	8 702
11	NIKE INC	8 220
12	MINNESOTA MINING MFG	8 069
13	DAINIPPON PRINTING CO LTD	7 549
14	DU PONT	7 163
15	TEIJIN LTD	6 652
16	PIERRE BALMAIN S A S	6 588
17	UNI CHARM CORPORATION	6 197
18	TOTO LTD	5 993
19	E I DU PONT DE NEMOURS AND COMPANY	5 972
20	TOPPAN PRINTING CO LTD	5 803

1.4　技术构成

表1-2、图1-3展示的是纺织行业全球专利主要技术构成的数量分布情况。通过该分析可以了解分析对象覆盖的技术类别及各技术分支的创新热度。对全球纺织行业专利按照国际专利分类号（IPC）进行统计的结果显示，全球纺织行业专利IPC分布中，B32B小类（层状产品，即由扁平的或非扁平的薄层，例如泡沫状的、蜂窝状的薄层构成的产品）的专利数量最多达414 317件；其次是A61F小类［可植入血管内的滤器；假体；为人体管状结构提供开口或防止其塌陷的装置，例如支架；整形外科、护理或避孕装置；热敷；眼或耳的治疗或保护；绷带、敷料或吸收垫；急救箱（假牙入A61C）］，专利数量365 480件；第三是A47K小类（未列入其他类目的卫生设备），专利数量203 565件；第四类是A43B小类（鞋类的特征；鞋类的部件）；第五类是A41D小类（外衣；防护服；衣饰配件）。

表1-2　纺织行业全球专利主要技术构成　　单位：件

国际专利分类号（IPC）小类	专利数量
B32B（层状产品，即由扁平的或非扁平的薄层，例如泡沫状的、蜂窝状的薄层构成的产品）	414 317
A61F［可植入血管内的滤器；假体；为人体管状结构提供开口或防止其塌陷的装置，例如支架；整形外科、护理或避孕装置；热敷；眼或耳的治疗或保护；绷带、敷料或吸收垫；急救箱（假牙入A61C）］	365 480

续表

国际专利分类号（IPC）小类	专利数量
A47K（未列入其他类目的卫生设备）	203 565
A43B（鞋类的特征；鞋类的部件）	175 949
A41D（外衣；防护服；衣饰配件）	175 447
D06M（对纤维、纱、线、织物、羽毛或由这些材料制成的纤维制品进行 D06 类内其他类目所不包括的处理）	87 297
A01K（畜牧业；禽类、鱼类、昆虫的管理；捕鱼；饲养或养殖其他类不包含的动物；动物的新品种）	77 346
D04H（制造纺织品，如用纤维或长丝原料）	69 245
A62B（救生设备、救生装置或救生方法）	65 216
A47G（家庭用具或餐桌用具）	64 955

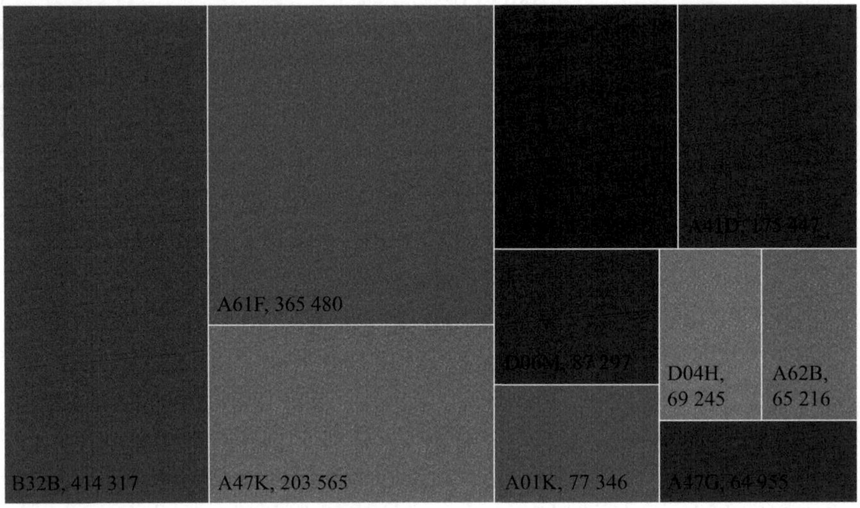

单位：件

图 1-3　纺织行业全球专利主要技术构成

第2章 纺织行业国内专利概况

2.1 专利申请趋势

图 2-1 展示的是纺织行业国内专利申请量的发展趋势。通过申请趋势可以从宏观层面把握分析对象在各时期的专利申请热度变化。申请数量的统计范围是已公开的专利。

由图 2-1 可以看到，2012 年之前，专利申请量增长迅速，2012 年纺织行业国内专利申请量达到 242 468 件。2012—2020 年，其增长呈波动变化，总体发展呈缓慢增长趋势。

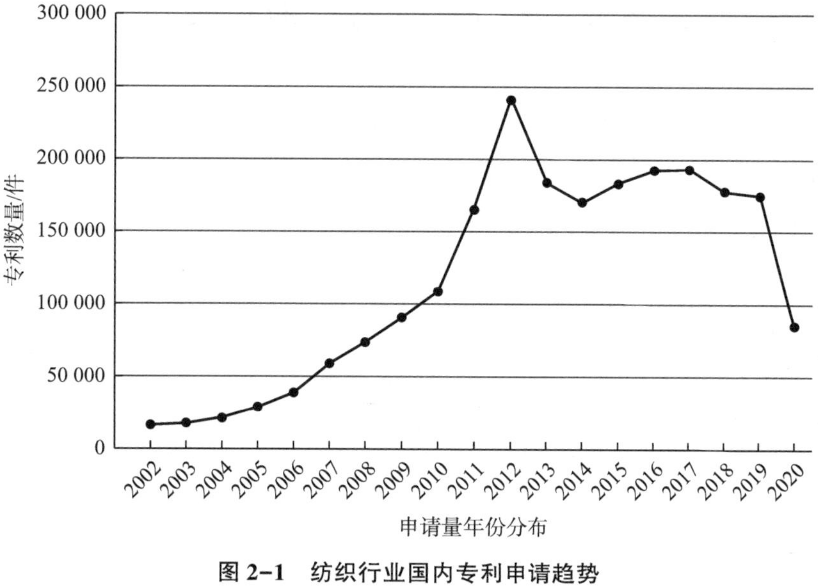

图 2-1　纺织行业国内专利申请趋势

2.2 专利公开趋势

图 2-2 展示的是纺织行业国内专利公开量的发展趋势。通过公开趋势可以从宏观层面把握分析对象在各时期的专利公开数量变化。

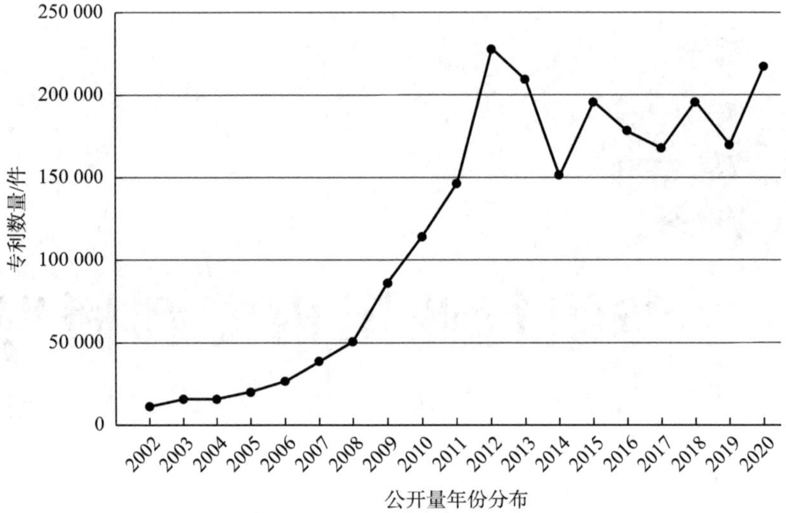

图 2-2　纺织行业国内专利公开趋势

从图 2-2 中可以看出纺织行业国内专利公开数量整体呈上升态势。专利公开数量在 2002—2012 年呈现爆炸式的增长势头，其中 2012 年纺织行业国内专利公开数量达 228 349 件。2012—2019 年，纺织行业国内专利公开量在波动中总体呈现下降趋势，2020 年有所回升。

2.3　专利公开数量增长率

表 2-1 展示的是每年纺织行业国内专利公开数量及增长率。通过公开数量变化趋势可以从宏观层面把握分析对象在各时期的数量增长变化，通过分析可以了解分析对象的创新能力和发展潜力，不断上升的公开数量彰显了其不断增强的竞争力。

表 2-1　纺织行业国内专利公开数量及增长率

公开年份	专利数量/件	增长率/%
2002	11 308	—
2003	15 738	39. 18
2004	15 948	1. 33
2005	20 180	26. 54
2006	26 660	32. 11
2007	38 438	44. 18
2008	50 685	31. 86
2009	86 709	71. 07
2010	114 685	32. 26
2011	146 936	28. 12

续表

公开年份	专利数量/件	增长率/%
2012	228 349	55.41
2013	209 379	-8.31
2014	150 936	-27.91
2015	195 946	29.82
2016	178 054	-9.13
2017	167 606	-5.87
2018	196 150	17.03
2019	169 952	-13.36
2020	218 066	28.31

由表 2-1 可知，2002—2012 年纺织行业国内专利公开数量呈正增长趋势，其中 2009 年的公开数量增长率达 71.07%。2013—2019 年总体呈负增长趋势，2020 年纺织行业国内专利公开数量增长率明显提高。

2.4　专利类型分布

图 2-3 展示的是纺织行业国内专利类型分布。专利类型分为发明专利、实用新型专利、外观设计专利。根据发明专利授权与否，又将发明细分为发明申请和发明授权。

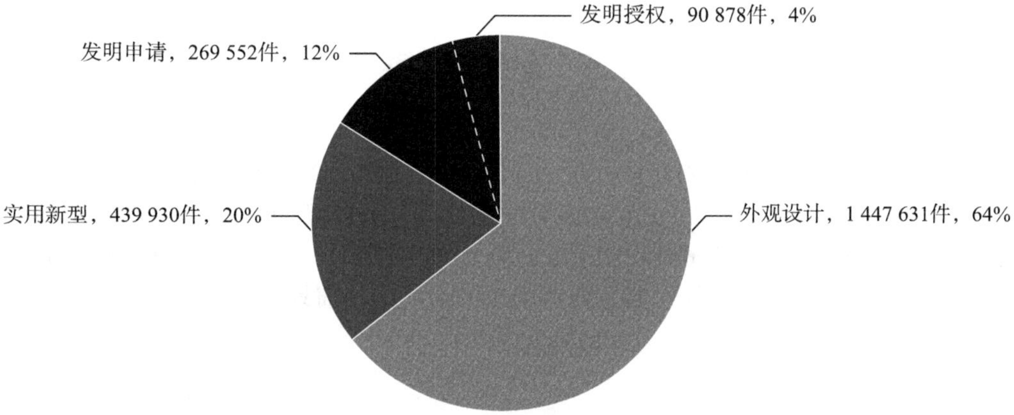

图 2-3　纺织行业国内专利类型分布

在中国专利中，经过检索获得纺织行业专利共 2 247 991 件。如图 2-3 所示，其中发明申请 269 552 件，占总数的 12%；发明授权 90 878 件，占总数的 4%；实用新型 439 930 件，占总数的 20%；外观设计 1 447 631 件，占总数的 64%。

2.5 专利法律状态

图 2-4 展示的是纺织行业专利有效、失效、审中三种状态的占比情况，仅统计中国专利。通过分析可以了解分析对象中当前已获得实质性保护、已失去专利权保护和正在审查中的专利数量分布情况，以从整体上掌握专利的权利保护和潜在风险情况，为专利权的法律性调查提供依据。筛选进入公知技术领域的失效专利，可以进行无偿使用或改进利用。

由图 2-4 可知，有效专利 486 382 件，占专利总数的 22%；失效专利 1 709 146 件，占专利总数的 76%；审中专利 52 463 件，占专利总数的 2%。

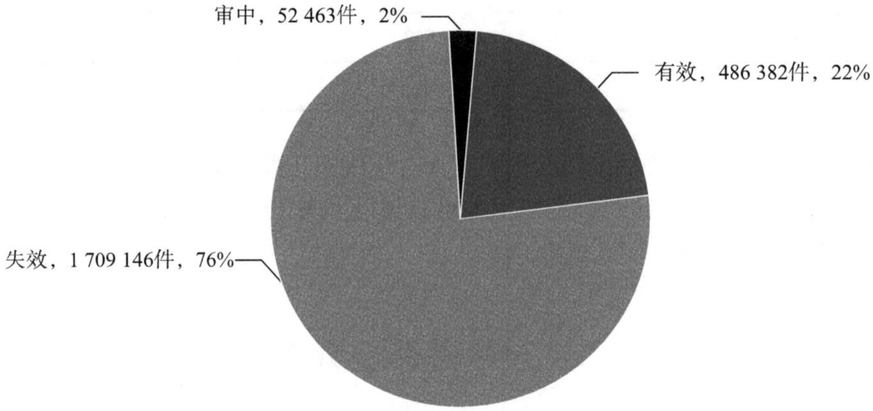

图 2-4 纺织行业国内专利法律状态分布

2.6 转让趋势

图 2-5 展示的是各年度国内纺织行业专利权利发生转移的专利数量变化趋势。通过分析可以了解分析对象在不同时期的技术合作、转化、应用和推广的趋势，反映技术的运营和实施热度。此外，通过分析技术转化量的变化情况可以了解分析对象在不同时段内成果转移的方向和热度，进而预测技术的发展方向和未来的市场应用前景。

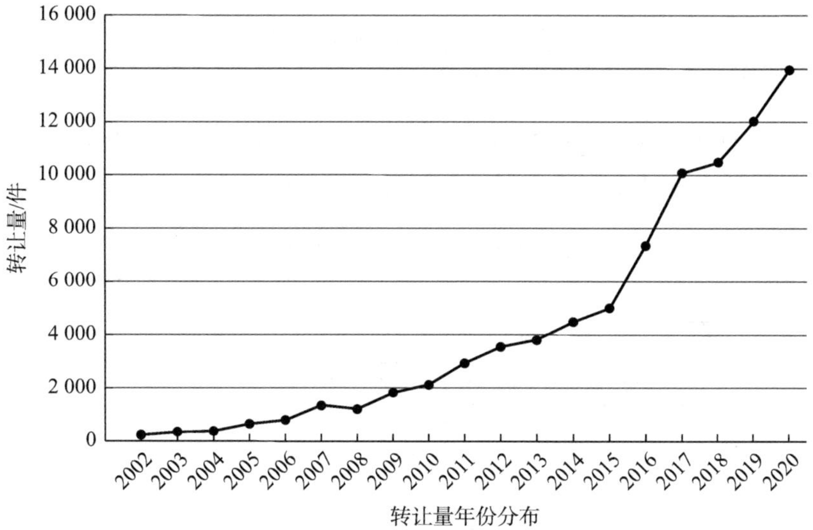

图 2-5　纺织行业国内专利转让趋势

由图 2-5 可知，2002—2020 年国内纺织行业专利转让呈快速增长趋势，其中 2002 年的转让专利数是 234 件，2020 年的转让专利数是 13 962 件。

2.7　转让人排名

表 2-2 展示的是按照发生过转让的专利数量统计的主要专利权人排名情况。通过该分析可以识别各创新主体技术输出活跃度，对寻找转让技术持有人提供参考依据。通过对转让主体转让的专利进一步分析，可以推测其技术研发或市场运营方向的变化。

表 2-2　纺织行业国内专利主要转让人排名　　单位：件

排名	转让人名称	专利数量
1	耐克国际有限公司	1 197
2	江南大学	392
3	广东高航知识产权运营有限公司	261
4	凯希特许有限公司	253
5	东莞市联洲知识产权运营管理有限公司	207
6	纳幕尔杜邦公司	194
7	苏州大学	193
8	东华大学	191
9	东丽纤维研究所（中国）有限公司	189
10	上海婉静纺织科技有限公司	170
11	浙江理工大学	170
12	罗莱生活科技股份有限公司	163

2.8 受让人排名

表 2-3 展示的是按照发生过转让的专利数量统计的主要专利受让人排名情况。通过该分析可以看出各受让人的技术引进情况，预测其下一步技术及市场部署的方向。

表 2-3 国内纺织行业专利主要受让人排名 单位：件

排名	受让人名称	专利数量
1	耐克创新有限合伙公司	1204
2	广东高航知识产权运营有限公司	263
3	3M 创新知识产权公司	247
4	苏州盛泽科技创业园发展有限公司	199
5	旭化成株式会社	168
6	上海罗莱生活科技有限公司	163
7	罗莱生活科技股份有限公司	163
8	赢创德固赛有限公司	156
9	北京晖宏科技有限公司	152
10	东丽株式会社	151
11	海门黄海创业园服务有限公司	148

2.9 转让技术构成

表 2-4 展示的是纺织行业国内专利发生过转让的专利的技术领域分布情况。通过该分析可以了解哪些技术方向属于推广、成果转化、无形资产运营的热点，从而判断其市场成熟度，并预测未来的发展趋势。

表 2-4 纺织行业国内专利转让技术构成 单位：件

年份	IPC 小类									
	B32B	D06M	A61F	A47K	A41D	A43B	D06B	A01K	D06P	D02G
2002	31	29	23	0	17	4	1	6	20	11
2003	37	11	27	7	8	11	6	17	33	6
2004	88	12	41	14	21	23	4	13	4	14
2005	95	62	63	22	16	34	20	16	33	68
2006	98	49	53	19	11	22	11	17	37	63
2007	153	38	59	35	35	41	11	47	15	16
2008	231	80	95	44	58	48	24	32	44	32
2009	248	97	154	80	52	74	38	45	44	48

续表

年份	IPC 小类									
	B32B	D06M	A61F	A47K	A41D	A43B	D06B	A01K	D06P	D02G
2010	198	113	145	100	65	92	63	49	122	69
2011	324	120	185	93	69	136	51	58	85	62
2012	401	252	216	92	126	147	76	68	154	89
2013	615	211	240	147	154	99	72	116	118	111
2014	703	205	213	139	272	759	120	146	93	61
2015	950	416	331	252	244	243	183	189	192	125
2016	1500	640	524	355	413	538	273	202	304	213
2017	1883	776	491	640	499	520	470	373	357	386
2018	1866	877	600	620	571	510	486	510	390	421
2019	2271	990	767	773	639	416	811	598	407	426
2020	2385	991	818	988	792	545	903	700	420	418
2021	1700	833	835	549	548	347	639	431	271	269

由表 2-4 可知纺织行业国内转让专利排名前十的 IPC 小类。其中，B32B 小类（层状产品，即由扁平的或非扁平的薄层，例如泡沫状的、蜂窝状的薄层构成的产品）领域内，2020 年发生转让的专利最多，达 2385 件；D06M 小类（对纤维、纱、线、织物、羽毛或由这些材料制成的纤维制品进行 D06 类内其他类目所不包括的处理）领域内，2020 年发生转让的专利最多，达 991 件；A61F 小类［可植入血管内的滤器；假体；为人体管状结构提供开口或防止其塌陷的装置，例如支架；整形外科、护理或避孕装置；热敷；眼或耳的治疗或保护；绷带、敷料或吸收垫；急救箱（假牙入 A61C）］领域内，2021 年发生转让的专利最多，达 835 件。

2.10　发明专利授权率

发明专利授权率是指发明授权与发明授权、驳回、撤回的专利总量的比率，以发明公开版本为基准计算。计算公式为：发明授权率=发明授权数量/（发明授权数量+驳回数量+撤回或视为撤回数量）×100%，其中，发明授权数量包括处于有效状态的专利，也包括曾授权，当前已失效或部分无效、全部无效、放弃的专利。发明专利授权率是宏观评价专利质量的重要指标之一。

对国内纺织行业发明专利授权率的分析，如图 2-6，2002—2017 年国内纺织行业发明专利授权率呈下降趋势，其中 2002 年纺织行业国内发明专利授权率为 62.67%，2017 年纺织行业国内发明专利授权率为 25.13%；2018-2019 年纺织行业国内发明专利授权率呈上升趋势，其中 2018 年纺织行业国内发明专利授权率达 32.38%，2019 年国内纺织行业发明专利授权率达 60.08%，2020 年国内纺织行业发明专利授权率又有所下降，为 48.71%。

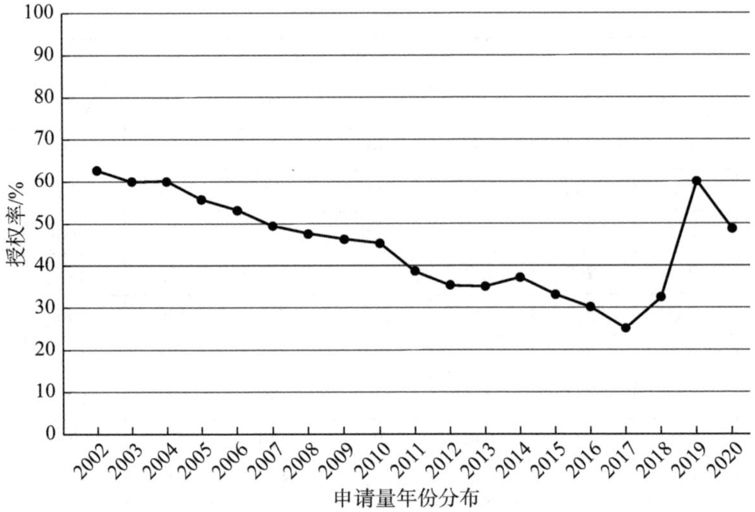

图 2-6　纺织行业国内发明专利授权率

2.11　专利有效率

专利有效率，是指获得授权的专利中，处于有效状态的专利所占比例，以发明、实用新型、外观设计公告版本为基准计算。计算公式为：专利有效率=有效专利数量/授权专利数量×100%。专利有效率是宏观评价专利维持情况和专利质量的重要指标之一。

对纺织行业国内专利进行有效率分析，如图 2-7 所示。2002—2020 年国内纺织行业专利有效率呈上升趋势，其中 2002—2012 年专利有效率均在 10% 以下，2013—2014 年专利有效率在 10%~20%，2015—2017 年专利有效率在 20%~50%，2018—2020 年专利有效率在 60%~100%。

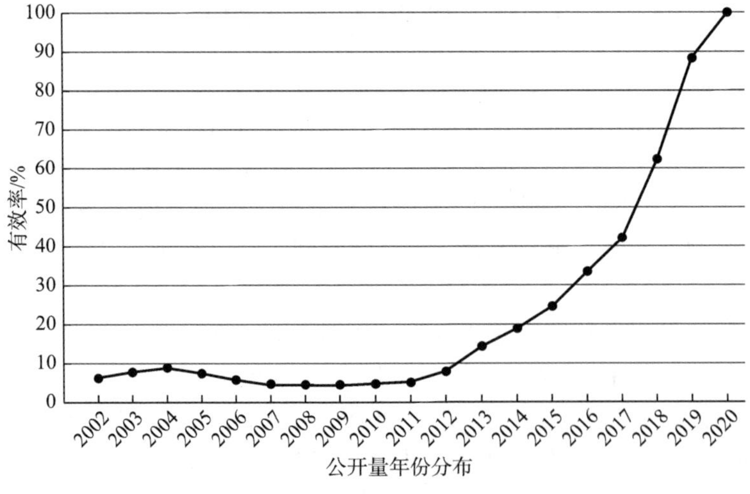

图 2-7　纺织行业国内专利有效率

2.12　中国专利申请人所属地区

表 2-5 展示的是纺织行业专利申请人所属地区的分布，仅统计中国专利。通过分析可以明晰创新主体所在地区，了解来自不同地区的申请人在中国申请保护的专利数量，从而了解各地区创新主体在中国的市场布局情况、保护策略及技术实力。

通过对中国专利文献的专利权人国籍统计分析，得到纺织行业国内专利的申请人所属地区分布（表 2-5）。可以看出，纺织行业中国专利的申请人主要来自中国、日本、美国，其中，中国专利申请人专利数量为 2 135 665 件，日本专利申请人专利数量为 31 819 件，美国专利申请人专利数量为 29 483 件。

表 2-5　纺织行业中国专利申请人所属地区　　单位：件

申请人所属地区	专利数量
中国	2 135 665
日本	31 819
美国	29 483
德国	10 423
韩国	7 232
法国	4 026
英国	3 278
意大利	2 773
瑞士	2 377
瑞典	2 139

2.13　中国专利申请人类型构成

图 2-8 展示的是纺织行业中国专利申请人类型的分布，仅统计中国专利。通过分析可以明晰创新主体的类型，同时通过对创新实体的主体性质、研发实力和研发目的的分析可了解创新成果更偏向基础研究还是商业应用，从而定位技术在产业链中的位置和可能的运营模式。

由图 2-8 可知，企业申请人共申请 1 261 069 件，占专利申请总量的 56%；个人申请人共申请专利 847 350 件，占专利申请总量的 38%；大专院校、机关团体、科研单位及其他申请人共申请专利 139 572 件，占专利申请总量的 6%。

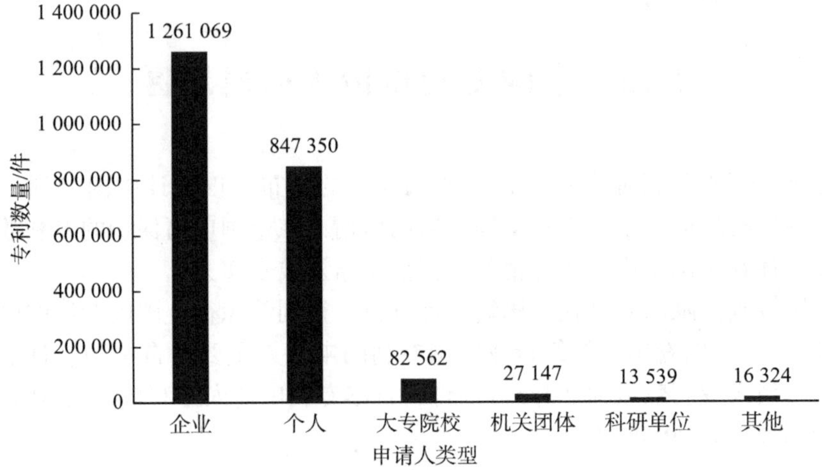

图 2-8　纺织行业国内专利申请人类型

2.14　国内专利技术领域分布

表 2-6 和图 2-9 展示的是纺织行业国内专利主要技术领域的数量分布情况。通过分析可以了解分析对象覆盖的技术类别，以及各技术分支的创新热度。对纺织行业国内专利按照国际专利分类号（IPC）进行统计的结果显示，B32B 小类（层状产品，即由扁平的或非扁平的薄层，例如泡沫状的、蜂窝状的薄层构成的产品）的专利数量最多达 175 164 件；其次是 A41D 小类（外衣；防护服；衣饰配件），专利数量 89 529 件；再次是 A61F 小类［可植入血管内的滤器；假体；为人体管状结构提供开口或防止其塌陷的装置，例如支架；整形外科、护理或避孕装置；热敷；眼或耳的治疗或保护；绷带、敷料或吸收垫；急救箱（假牙入 A61C)］，专利数量 87 346 件。

表 2-6　国内专利主要技术领域分布　　单位：件

IPC 分类号小类	专利数量
B32B（层状产品，即由扁平的或非扁平的薄层，例如泡沫状的、蜂窝状的薄层构成的产品）	175 164
A41D（外衣；防护服；衣饰配件）	89 529
A61F［可植入血管内的滤器；假体；为人体管状结构提供开口或防止其塌陷的装置，例如支架；整形外科、护理或避孕装置；热敷；眼或耳的治疗或保护；绷带、敷料或吸收垫；急救箱（假牙入 A61C）］	87 346
A47K（未列入其他类目的卫生设备）	72 028
A43B（鞋类的特征；鞋类的部件）	61 334
D06M（对纤维、纱、线、织物、羽毛或由这些材料制成的纤维制品进行 D06 类内其他类目所不包括的处理）	51 107
D06B［纺织材料的液相、气相或蒸汽处理（为生产纤维或长丝而对天然纤维或长丝原料进行的机械处理入 D01B）〔2〕］	42 420
A01K（畜牧业；禽类、鱼类、昆虫的管理；捕鱼；饲养或养殖其他类不包含的动物；动物的新品种）	39 696
A47G（家庭用具或餐桌用具）	37 135
D03D（机织织物；织造方法；织机）	28 897

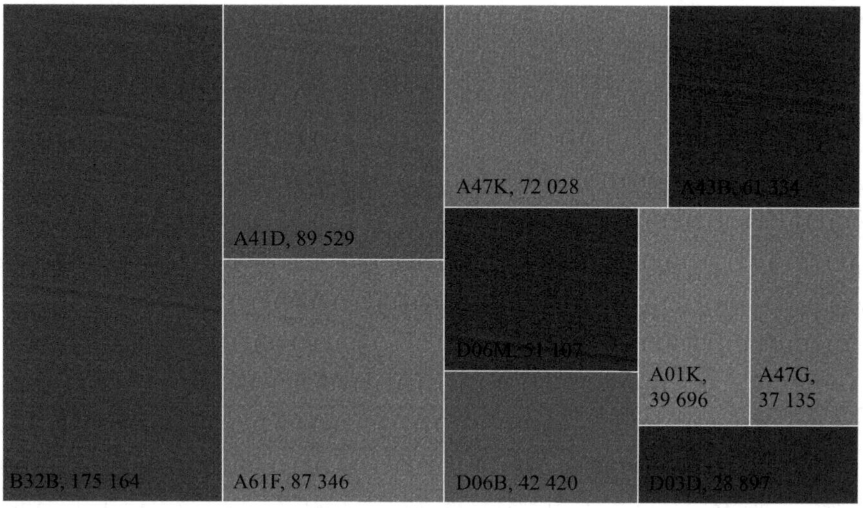

单位：件

图 2-9　国内专利主要技术领域分布

2.15　国内专利主要省份分布

表 2-7 展示的是纺织行业国内专利在中国省级行政区域的分布情况，仅统计中国专利。通过分析可以了解在中国申请专利保护较多的省份，以及各省市的创新活跃程度。如表 2-7 所示，江苏省以 776 983 件专利排名第一，浙江省以 397 825 件专利排名第二，第三是广东省，共申请纺织行业专利 253 987 件。另外，福建省、山东省、上海市、四川省、安徽省、北京市、河南省的专利数量均在 100 000 件以下。

表 2-7　国内专利主要省份分布　　单位：件

申请人所在省份	专利数量
江苏省	776 983
浙江省	397 825
广东省	253 987
福建省	90 414
山东省	84 096
上海市	77 349
四川省	58 430
安徽省	50 778
北京市	46 413
河南省	35 011

2.16 国内主要省份专利申请趋势

表 2-8 和图 2-10 展示的是各省份专利申请量的发展趋势，仅统计中国专利。江苏省 2011—2012 年专利申请量迅速增加，2013—2020 年，专利申请量呈现快速下滑趋势；浙江省 2011—2020 年专利申请量总体呈现波动下降趋势；广东省 2011—2020 年专利申请量总体呈现平稳增长趋势，其中 2018—2020 年的专利申请量赶超浙江省。

表 2-8 纺织行业国内主要省份专利申请趋势

单位：件

年份	江苏省	浙江省	广东省	福建省	山东省	上海市	四川省	安徽省	北京市	河南省
2011	89 733	26 977	8 729	3 001	5 114	5 374	2 665	3 307	1 898	1 243
2012	141 753	38 715	11 853	4 580	5 980	4 364	4 663	4 141	2 284	1 507
2013	85 808	35 425	13 165	4 683	5 387	3 791	4 594	3 036	2 471	2 055
2014	67 139	33 499	13 929	6 570	4 820	3 239	6 508	2 926	2 868	2 510
2015	60 407	37 129	18 003	8 432	5 992	3 689	5 209	4 162	3 484	3 489
2016	57 838	34 878	23 160	9 791	6 844	4 286	5 241	5 214	4 358	3 426
2017	50 837	31 772	27 933	9 975	7 432	5 188	7 672	6 144	4 541	3 821
2018	36 014	28 847	31 852	11 905	7 199	4 789	5 391	5 984	4 657	4 386
2019	25 661	29 463	36 667	13 705	8 261	5 753	3 586	5 392	4 742	4 424
2020	9 688	13 332	22 074	6 694	4 544	2 729	1 824	2 711	2 296	2 255

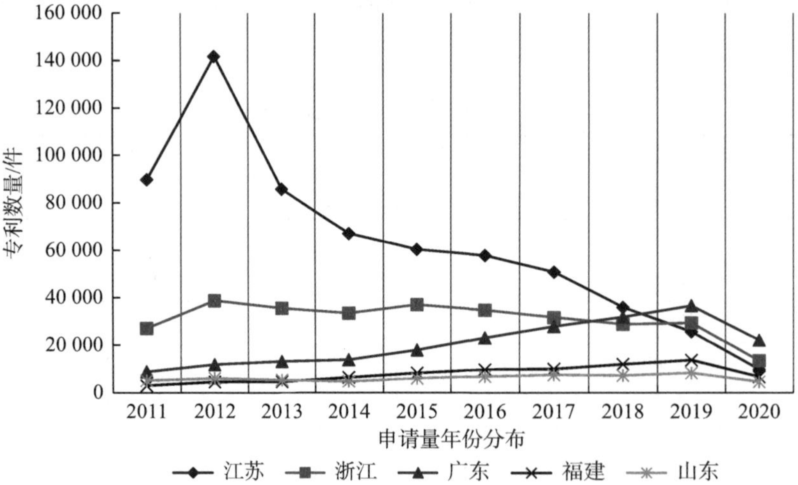

图 2-10 纺织行业国内主要省份专利申请趋势

2.17　国内主要省份专利公开趋势

表 2-9 与图 2-11 展示的是主要省份专利公开量的发展趋势，仅统计中国专利。通过该分析可以掌握各省份专利技术在不同时期内公开或授权的专利数量及发展变化趋势。对各省份专利公开量进行公开时间（2011—2020 年）分析可知，江苏省 2011—2012 年专利公开量迅速增加，2013—2020 年，专利公开量呈现下滑趋势；浙江省 2011—2020 年专利公开量在波动中增长；广东省 2011—2020 年专利公开量总体呈现平稳增长趋势，其中 2018—2020 年的专利公开量赶超浙江省。

表 2-9　国内主要省份专利公开趋势　　单位：件

年份	江苏省	浙江省	广东省	福建省	山东省	上海市	四川省	安徽省	北京市	河南省
2011	75 765	24 790	7 702	2 309	4 524	6 018	2 447	4 566	1 821	958
2012	136 277	37 110	9 718	3 545	5 569	4 827	4 428	3 673	2 085	1 420
2013	110 024	35 973	13 918	5 214	5 688	3 671	4 597	3 363	2 401	1 499
2014	60 025	33 019	11 774	4 546	4 549	3 411	4 123	3 019	2 443	1 991
2015	72 546	39 400	16 617	9 065	6 178	3 839	6 114	3 899	3 273	3 351
2016	57 870	30 085	19 606	7 575	6 227	3 689	5 813	4 372	3 951	3 582
2017	44 876	28 970	23 100	8 602	6 160	4 279	3 922	5 053	3 966	3 304
2018	47 767	30 317	30 935	11 025	7 694	5 136	8 196	6 401	4 561	4 110
2019	25 426	28 804	32 382	12 340	7 208	5 518	4 764	5 256	4 850	4 020
2020	30 199	34 518	46 806	16 512	10 960	6 904	4 656	6 562	5 915	5 549

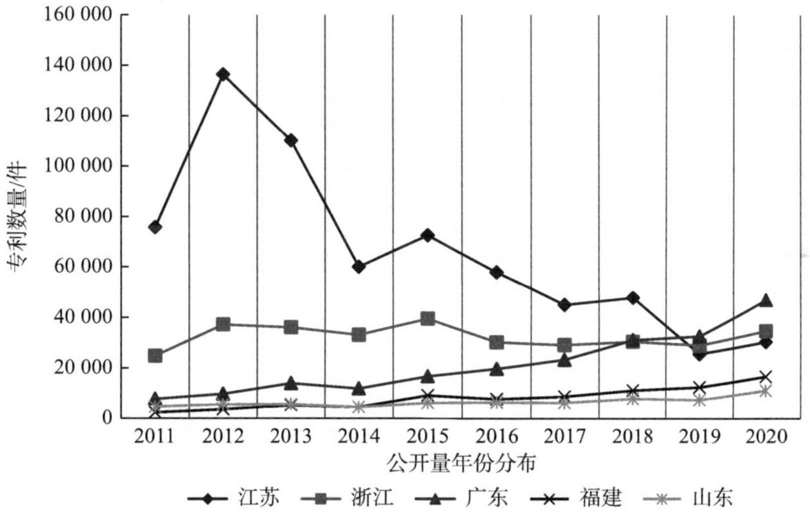

图 2-11　国内主要省份专利公开趋势

2.18 国内主要专利申请人排行

表2-10展示的是按照专利数量统计的申请人排名情况。该分析可以发现创新成果积累较多的专利申请人，并据此进一步分析其专利竞争实力。由表2-10可知，纺织行业国内专利申请量排名第一和第二均是高校，分别是江南大学4765件、东华大学4271件；排名第三的是来自日本的尤妮佳股份有限公司，专利数量3834件；排名第四的是成都卡美多鞋业有限公司，专利数量3523件；排名第五的是耐克创新有限合伙公司，专利数量3499件。

表2-10 专利主要申请人排名

单位：件

排名	申请人名称	专利数量
1	江南大学	4765
2	东华大学	4271
3	尤妮佳股份有限公司	3834
4	成都卡美多鞋业有限公司	3523
5	耐克创新有限合伙公司	3499
6	成都歌世华鞋业有限公司	3418
7	成都卡美多鞋业投资有限公司	3202
8	广州奥飞文化传播有限公司	3211
9	衣恋时装（上海）有限公司	3012
10	宇旭时装（上海）有限公司	2981
11	宝洁公司	2901
12	浙江理工大学	2874
13	成都南红鞋业有限公司	2826
14	吴江市永利工艺制品有限责任公司	2782
15	成都卡美奇鞋业有限公司	2583
16	国家电网公司	2488
17	重庆长安汽车股份有限公司	2196
18	昆山统业绣品有限公司	2194
19	3M创新有限公司	2186

第3章 纺织行业关键领域专利分析

3.1 棉纺织及印染精加工领域

3.1.1 全球专利概况

3.1.1.1 全球专利申请趋势

图 3-1 展示的是棉纺织及印染精加工领域全球专利申请量的发展趋势。通过申请趋势可以从宏观层面把握分析对象在各时期的专利申请热度变化。申请数量的统计范围是已公开的专利。一般发明专利在申请后 3~18 个月公开，实用新型专利和外观设计专利在申请后 6 个月左右公开。

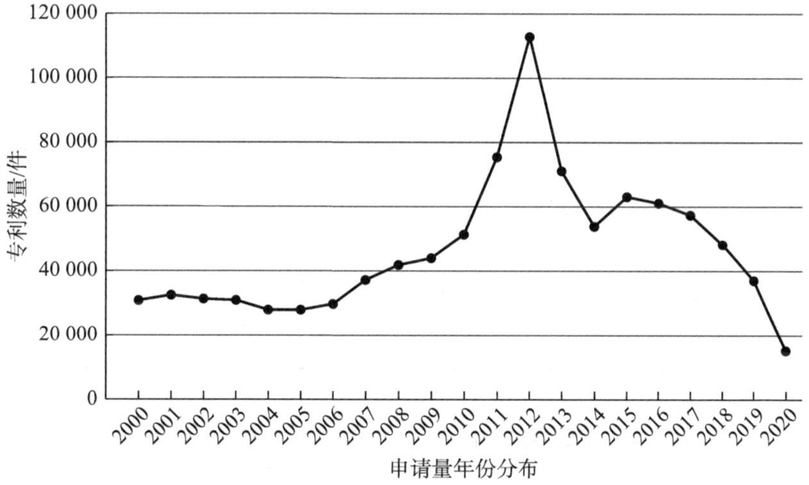

图 3-1　棉纺织及印染精加工领域全球专利申请趋势

从图 3-1 中可以看出棉纺织及印染精加工领域在全球主要市场上的历年专利申请分布状况。2000—2009 年，棉纺织及印染精加工领域全球专利申请量波动中缓慢增加；2010—2012 年棉纺织及印染精加工领域全球专利申请量快速增加，2010 年棉纺织及印染精加工领域全球专利申请量为 51 326 件，到 2012 年达到峰值，当年专利申请量达 112 944 件；2013—2020 年棉纺织及印染精加工领域全球专利申请量呈现快速下降趋势。❶

3.1.1.2 全球专利申请国家、地区、组织分布

图 3-2 展示的是棉纺织及印染精加工领域主要专利申请国家、地区、组织的专利数量分布情况。

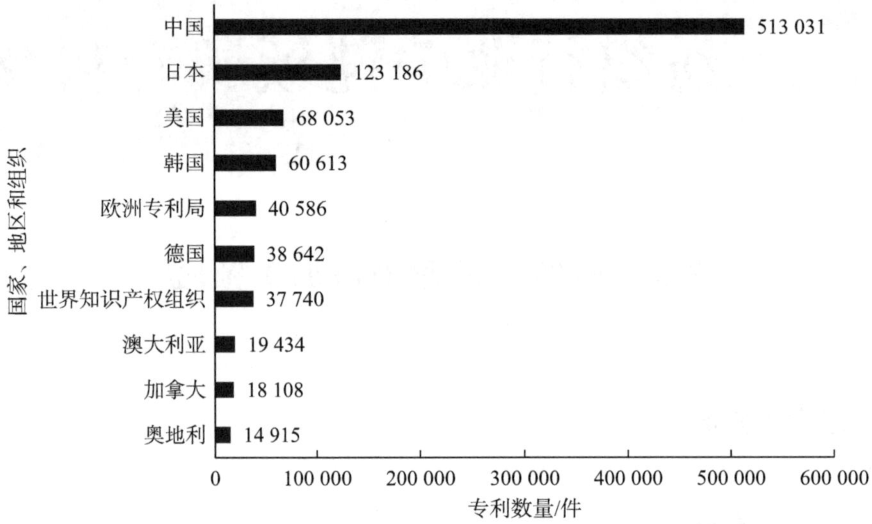

图 3-2 棉纺织及印染精加工领域全球专利主要申请国家、地区、组织分布

棉纺织及印染精加工领域全球专利申请国家、地区、组织分布显示，中国、日本、美国是棉纺织及印染精加工领域专利重点申请国家，数量分别为中国 513 031 件，日本 123 186 件，美国 68 053 件。另外，韩国 60 613 件，欧洲专利局 40 586 件。企业可以跟踪、引进和消化相关领域技术，在此基础上实现技术突破。中国、日本、美国棉纺织及印染精加工领域专利类型及数量见表 3-1～表 3-3。

表 3-1 棉纺织及印染精加工领域中国专利类型及数量 单位：件

专利类型		专利数量
发明	发明申请	74 939
	发明授权	33 717
实用新型		66 231
外观设计		338 144

表 3-2 棉纺织及印染精加工领域日本专利类型及数量 单位：件

专利类型		专利数量
发明	发明申请	56 673
	发明授权	48 770

❶ 陈汉君. 棉纺织及印染精加工产业专利分析［J］. 科技信息，2021（6）：35.

续表

专利类型	专利数量
实用新型	10 897
外观设计	6 846

表 3-3　棉纺织及印染精加工领域美国专利类型及数量　　单位：件

专利类型		专利数量
发明	发明申请	19 209
	发明授权	48 213
外观设计		631

3.1.1.3　全球专利申请人排行

表 3-4 展示的是按照棉纺织及印染精加工领域全球专利所属申请人（专利权人）的专利数量统计的申请人排名情况。该分析可以发现创新成果积累较多的专利申请人，并据此进一步分析其专利竞争实力。

表 3-4　棉纺织及印染精加工领域全球专利数量排名前十的申请人　　单位：件

排名	申请人名称	专利数量
1	PROCTER GAMBLE	23 087
2	THE PROCTER GAMBLE COMPANY	16 447
3	KIMBERLY CLARK CO	13 220
4	KIMBERLY CLARK WORLDWIDE INC	10 368
5	UNI CHARM CORP	9 265
6	KAO CORP	7 599
7	TORAY INDUSTRIES	6 671
8	UNI-CHARM CORPORATION	5 249
9	Unicharm Corporation	5 238
10	WESTFÄLISCHE TEXTIL GESELLSCHAFT KLINGENTHAL CO MBH	4 886

3.1.1.4　全球专利技术构成

图 3-3 和表 3-5 展示的是棉纺织及印染精加工领域全球专利主要技术构成的数量分布情况。通过分析可以了解分析对象覆盖的技术类别及各技术分支的创新热度。

表 3-5　棉纺织及印染精加工领域全球专利主要技术构成　　单位：件

IPC 分类号小类	专利数量
A61F［可植入血管内的滤器；假体；为人体管状结构提供开口或防止其塌陷的装置，例如支架；整形外科、护理或避孕装置；热敷；眼或耳的治疗或保护；绷带、敷料或吸收垫；急救箱（假牙入 A61C）］	329 020
D06M（对纤维、纱、线、织物、羽毛或由这些材料制成的纤维制品进行 D06 类内其他类目所不包括的处理）	218 496
D03D（机织织物；织造方法；织机）	108 439
D06P（纺织品的染色或印花；皮革、毛皮或各种形状的固体高分子物质的染色）	100 019
D02G（纤维；长丝；纱或线的卷曲；纱或线）	93 737
D06B［纺织材料的液相、气相或蒸汽处理（为生产纤维或长丝而对天然纤维或长丝原料进行的机械处理入 D01B）〔2〕］	83 136
A61L（材料或消毒的一般方法或装置；空气的灭菌、消毒或除臭；绷带、敷料、吸收垫或外科用品的化学方面；绷带、敷料、吸收垫或外科用品的材料）	67 313
B32B（层状产品，即由扁平的或非扁平的薄层，例如泡沫状的、蜂窝状的薄层构成的产品）	66 765
D01F（制作人造长丝，线，纤维，鬃或带子的化学特征；专用于生产碳纤维的设备〔2〕）	57 584
D06C（织物的整理、上浆、拉幅或伸长〔2〕）	54 226

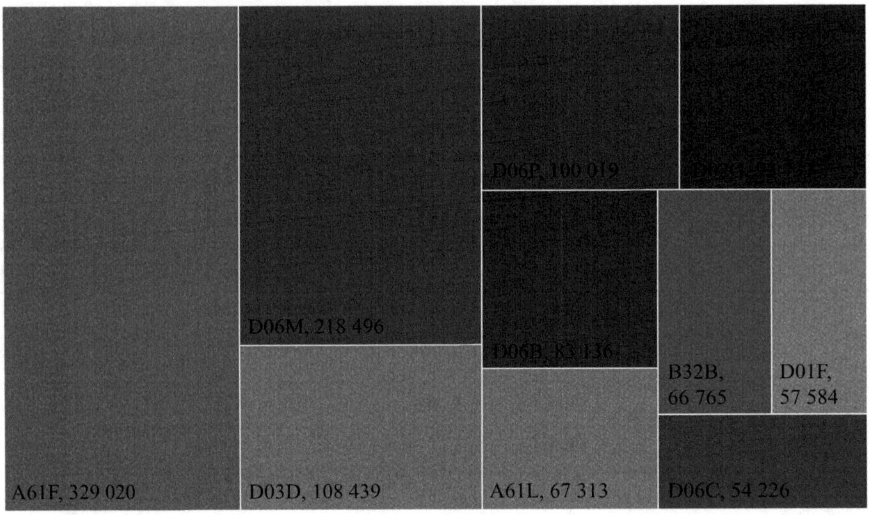

图 3-3　棉纺织及印染精加工领域全球专利主要技术构成

将棉纺织及印染精加工领域全球专利按照国际专利分类号（IPC）进行统计的结果显示，A61F［可植入血管内的滤器；假体；为人体管状结构提供开口或防止其塌陷的装置，例如支架；整形外科、护理或避孕装置；热敷；眼或耳的治疗或保护；绷带、敷料或吸收垫；急救箱（假牙入 A61C）］的专利数量最多，达 329 020 件；其次是 D06M 小类（对纤维、纱、线、织物、羽毛或由这些材料制成的纤维制品进行 D06 类内其他类目所不包括的处理），专利数量 218 496 件；再次是 D03D 小类（机织织物；织造方法；织机），专利数量 108 439 件。

3.1.2　国内专利概况

3.1.2.1　国内专利申请趋势

图 3-4 展示的是棉纺织及印染精加工领域国内专利申请量的发展趋势。通过申请趋势可以从宏观层面把握分析对象在各时期的专利申请热度变化。申请数量的统计范围是已公开的专利。一般发明专利在申请后 3~18 个月公开，实用新型专利和外观设计专利在申请后 6 个月左右公开。

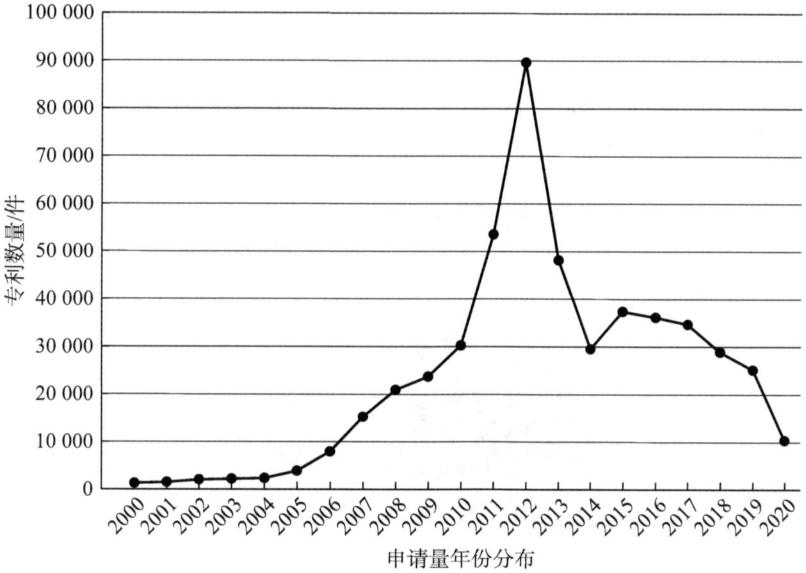

图 3-4　棉纺织及印染精加工领域国内专利申请趋势

由图 3-4 棉纺织及印染精加工领域国内专利申请趋势可以看到，2000—2005 年，棉纺织及印染精加工领域专利申请量增长缓慢；2006—2012 年棉纺织及印染精加工领域专利申请量增长迅速，2012 年达到 89 673 件；2013—2014 年棉纺织及印染精加工领域专利申请量迅速下降，2014 年专利申请量为 29 529 件；2015—2020 年专利申请量呈下降趋势。

3.1.2.2　国内专利公开趋势

从图 3-5 可以看到，2000—2006 年棉纺织及印染精加工领域国内专利公开数量缓慢增加；2007—2012 年呈现爆炸式的增长势头，其中 2012 年国内棉纺织及印染精加工领域国内专利公开量达 83 529 件；2013—2014 年，棉纺织及印染精加工领域国内专利公开量迅速下降，2014 年专利公开量为 25 440 件，2015—2020 年棉纺织及印染精加工领域国内专利公开量呈现波动增加趋势。

3.1.2.3　国内专利类型分布

图 3-6 展示的是棉纺织及印染精加工领域国内专利的类型分布。专利类型分为发明专利、实用新型专利、外观设计专利，根据发明专利授权与否，又将发明细分为发明申请和发明授权。

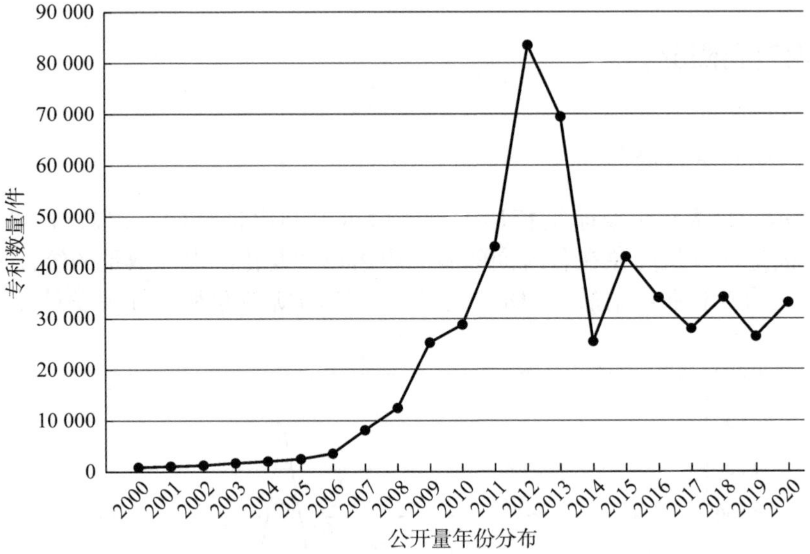

图 3-5　棉纺织及印染精加工领域国内专利公开趋势

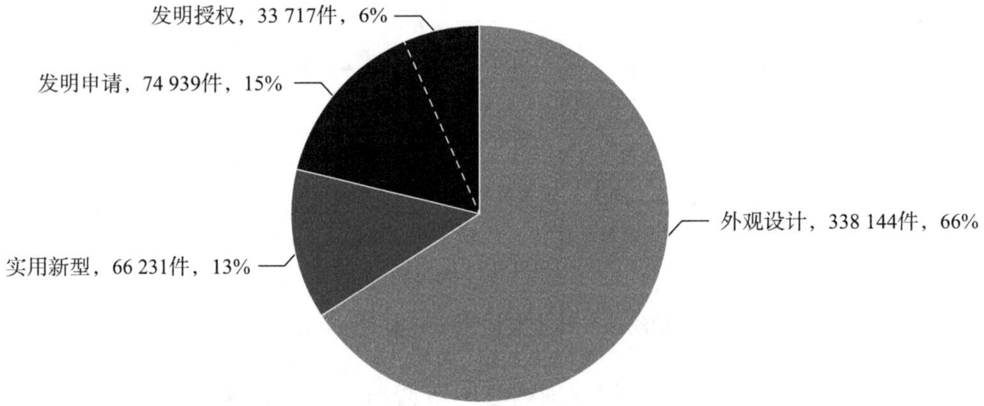

图 3-6　棉纺织及印染精加工领域国内专利类型分布

在中国专利中，经过检索获得棉纺织及印染精加工领域专利共 513 031 件。如图 3-6 所示，其中发明申请 74 939 件，占总数的 15%；发明授权 33 717 件，占总数的 6%；实用新型 66 231 件，占总数的 13%；外观设计 338 144 件，占总数的 66%。

3.1.2.4　国内专利法律状态

图 3-7 展示的是棉纺织及印染精加工领域专利有效、失效、审中三种状态的占比情况，仅统计中国专利。通过该分析可以了解分析对象中当前已获得实质性保护、失去专利权保护或正在审查中的专利数量分布情况，以从整体上掌握专利的权利保护和潜在风险情况，为专利权的法律性调查提供依据。由图 3-7 可知，有效专利 67 031 件，占专利总数的 13%；失效专利 429 310 件，占专利总数的 84%；审中专利 16 690 件，占专利总数的 3%。

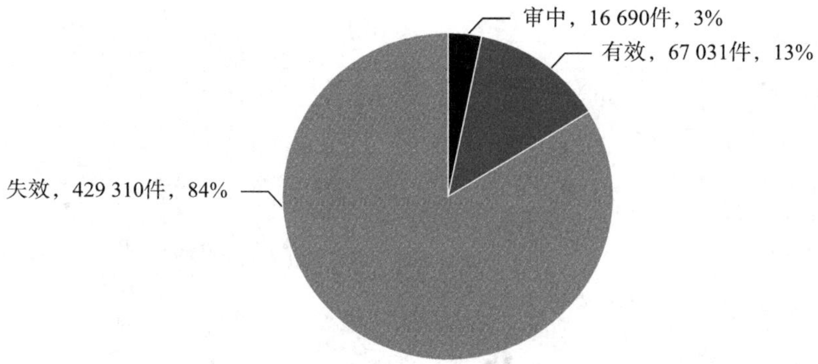

图 3-7　棉纺织及印染精加工领域国内专利法律状态分布

3.1.2.5　国内专利技术领域分布

表 3-6 和图 3-8 展示的是棉纺织及印染精加工领域国内专利主要技术构成的数量分布情况。由表 3-6 可知，棉纺织及印染精加工领域国内专利技术领域分布中，D06M 小类（对纤维、纱、线、织物、羽毛或由这些材料制成的纤维制品进行 D06 类内其他类目所不包括的处理）的专利数量最多，达 38 990 件；其次是 D06B 小类［纺织材料的液相、气相或蒸汽处理（为生产纤维或长丝而对天然纤维或长丝原料进行的机械处理入 D01B）〔2〕］，专利数量 37 960 件；再次是 A61F 小类［可植入血管内的滤器；假体；为人体管状结构提供开口或防止其塌陷的装置，例如支架；整形外科、护理或避孕装置；热敷；眼或耳的治疗或保护；绷带、敷料或吸收垫；急救箱（假牙入 A61C）］，专利数量 35 378 件。

表 3-6　棉纺织及印染精加工领域国内专利主要技术构成　　单位：件

IPC 分类号小类	专利数量
D06M（对纤维、纱、线、织物、羽毛或由这些材料制成的纤维制品进行 D06 类内其他类目所不包括的处理）	38 990
D06B［纺织材料的液相、气相或蒸汽处理（为生产纤维或长丝而对天然纤维或长丝原料进行的机械处理入 D01B）〔2〕］	37 960
A61F［可植入血管内的滤器；假体；为人体管状结构提供开口或防止其塌陷的装置，例如支架；整形外科、护理或避孕装置；热敷；眼或耳的治疗或保护；绷带、敷料或吸收垫；急救箱（假牙入 A61C）］	35 378
D03D（机织织物；织造方法；织机）	25 131
D06C（织物的整理、上浆、拉幅或伸长〔2〕）	21 007
D02G（纤维；长丝；纱或线的卷曲；纱或线）	20 169
D06P（纺织品的染色或印花；皮革、毛皮或各种形状的固体高分子物质的染色）	18 068
B32B（层状产品，即由扁平的或非扁平的薄层，例如泡沫状的、蜂窝状的薄层构成的产品）	8 759
D01F（制作人造长丝，线，纤维，鬃或带子的化学特征；专用于生产碳纤维的设备〔2〕）	6 396
A61L（材料或消毒的一般方法或装置；空气的灭菌、消毒或除臭；绷带、敷料、吸收垫或外科用品的化学方面；绷带、敷料、吸收垫或外科用品的材料）	5 614

图 3-8　棉纺织及印染精加工领域国内专利主要技术构成

3.1.2.6　国内专利主要省份分布

表 3-7 展示的是棉纺织及印染精加工领域国内专利在中国省级行政区域的分布情况，仅统计中国专利。通过分析可以了解在中国申请专利保护较多的省份，以及各省份的创新活跃程度。由表 3-7 可知，江苏省以 290 489 件专利排名第一；浙江省以 107 636 件专利排名第二；第三是广东省，共申请棉纺织及印染精加工领域专利 16 232 件；第四是山东省，共申请棉纺织及印染精加工领域专利 11 972 件；第五是上海市，共申请棉纺织及印染精加工领域专利 11 270 件；第六是福建省，共申请棉纺织及印染精加工领域专利 10 001 件。安徽省、河南省、湖北省、北京市在棉纺织及印染精加工领域的专利申请量均在 10 000 件以下。

表 3-7　棉纺织及印染精加工领域国内专利主要省份分布　　单位：件

申请人所在省份	专利数量
江苏省	290 489
浙江省	107 636
广东省	16 232
山东省	11 972
上海市	11 270
福建省	10 001
安徽省	7 535
河南省	4 231
湖北省	3 481
北京市	3 390

3.1.2.7　重点省市发明专利申请人布局

(1) 江苏省申请人排名

表 3-8 列出了棉纺织及印染精加工领域国内发明专利江苏省主要申请人排名。

表 3-8　棉纺织及印染精加工领域国内发明专利江苏省主要申请人排名　　单位：件

排名	申请人名称	专利数量
1	江南大学	952
2	东丽纤维研究所（中国）有限公司	440
3	苏州大学	427
4	江苏工程职业技术学院	357
5	南通大学	285
6	江苏阳光股份有限公司	195
7	江阴芗菲服饰有限公司	189
8	江苏宝泽高分子材料股份有限公司	182
9	盛虹集团有限公司	155
10	盐城工学院	135

(2) 浙江省申请人排名

表 3-9 列出了棉纺织及印染精加工领域国内发明专利浙江省主要申请人排名。

表 3-9　棉纺织及印染精加工领域国内发明专利浙江省主要申请人排名　　单位：件

排名	申请人名称	专利数量
1	浙江理工大学	588
2	绍兴文理学院	235
3	嘉兴学院	112
4	浙江龙盛集团股份有限公司	106
5	桐乡市濮院毛针织技术服务中心	103
6	宁波大千纺织品有限公司	100
7	浙江大学	96
8	浙江闰土股份有限公司	92
9	浙江华孚色纺有限公司	61
10	浙江龙盛染料化工有限公司	61

(3) 广东省申请人排名

表 3-10 列出了棉纺织及印染精加工领域国内发明专利广东省主要申请人排名。

表 3-10 棉纺织及印染精加工领域国内发明专利广东省主要申请人排名 单位：件

排名	申请人名称	专利数量
1	广东溢达纺织有限公司	369
2	华南理工大学	138
3	五邑大学	77
4	广东德美精细化工股份有限公司	60
5	广东茵茵股份有限公司	40
6	广州番禺高勋染整设备制造有限公司	40
7	广东工业大学	35
8	立信染整机械（深圳）有限公司	34
9	中山大学	29
10	广州番禺职业技术学院	29

3.2 毛纺织及染整精加工领域

3.2.1 全球专利概况

3.2.1.1 全球专利申请趋势

图 3-9 展示的是毛纺织及染整精加工领域全球专利申请量的发展趋势。通过申请趋势可以从宏观层面把握分析对象在各时期的专利申请热度变化。申请数量的统计范围是已公开

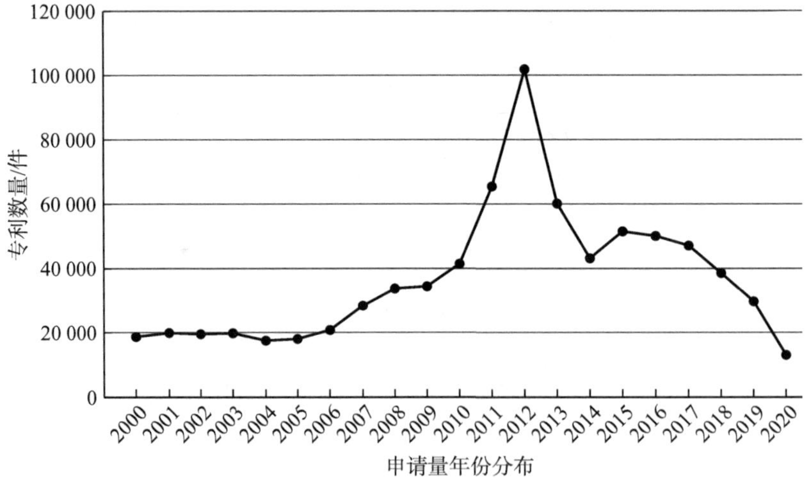

图 3-9 毛纺织及染整精加工领域全球专利申请趋势

的专利。一般发明专利在申请后 3~18 个月公开，实用新型专利和外观设计专利在申请后 6 个月左右公开。

从图 3-9 中可以看出，2000—2009 年，毛纺织及染整精加工领域全球专利申请量缓慢增加；2010—2012 年毛纺织及染整精加工领域全球专利申请量快速增加，2012 年毛纺织及染整精加工领域全球专利申请量 101 810 件；2013—2014 年毛纺织及染整精加工领域全球专利申请量急速下降，2014 年专利申请量为 43 201 件；2015—2020 年毛纺织及染整精加工领域全球专利申请量呈现快速下降趋势。[1]

3.2.1.2　全球专利申请国家、地区、组织分布

图 3-10 展示的是毛纺织及染整精加工领域全球专利主要申请国家、地区、组织的专利数量分布情况。通过分析可以了解分析对象在不同国家、地区、组织技术创新的活跃情况，从而发现主要的技术创新来源地区和重要的目标市场。

由图 3-10 可知，中国、日本、韩国三国是毛纺织及染整精加工领域专利重点申请地区，数量分别为中国 478 071 件，日本 91 613 件，韩国 47 812 件。紧跟其后的是美国 38 347 件，欧洲专利局（EPO）38 053 件等。

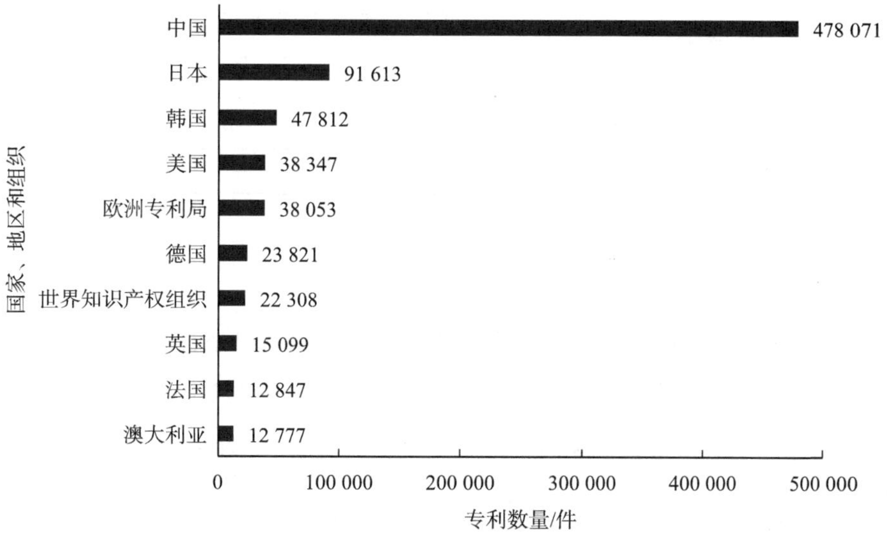

图 3-10　毛纺织及染整精加工领域全球专利主要申请国家、地区、组织分布

专利申请国家、地区、组织分布情况表明，中国、日本、韩国是毛纺织及染整精加工领域专利布局的主要国家，企业可以跟踪、引进和消化相关领域技术，在此基础上实现技术突破。中国、日本、韩国毛纺织及染整精加工领域专利类型及数量如表 3-11~表 3-13 所示。

表 3-11　毛纺织及染整精加工领域中国专利类型及数量　　单位：件

专利类型	专利数量
外观设计	338 144

[1] 陈汉君. 毛纺织及染整精加工产业专利分析［J］. 科技信息，2021（7）：15.

续表

专利类型		专利数量
发明	发明申请	66 137
	发明授权	27 555
实用新型		46 235

表 3-12　毛纺织及染整精加工领域日本专利类型及数量　　单位：件

专利类型		专利数量
发明	发明申请	44 208
	发明授权	34 521
外观设计		6 846
实用新型		6 038

表 3-13　毛纺织及染整精加工领域韩国专利类型及数量　　单位：件

专利类型		专利数量
外观设计		25 459
发明	发明授权	13 153
	发明申请	7 123
实用新型		2 077

3.2.1.3　全球专利申请人排行

表 3-14 展示的是按照所属申请人（专利权人）的专利数量统计的申请人排名情况。该分析可以发现创新成果积累较多的专利申请人，并据此进一步分析其专利竞争实力。

表 3-14　毛纺织及染整精加工领域全球专利数量排名前十的申请人　　单位：件

排名	申请人名称	专利数量
1	TORAY INDUSTRIES	6635
2	PROCTER GAMBLE	6353
3	WESTFÄLISCHE TEXTIL GESELLSCHAFT KLINGENTHAL CO MBH	4886
4	TEIJIN LTD	4330
5	CIBA GEIGY AG	4048
6	DU PONT	3965
7	HOECHST AG	3893
8	THE PROCTER GAMBLE COMPANY	3677
9	BAYER AG	3620
10	BASF AG	3154

3.2.1.4　全球专利技术构成

表 3-15 和图 3-11 展示的是毛纺织及染整精加工领域全球专利主要技术构成情况。通过分析可以了解分析对象覆盖的技术类别，以及各技术分支的创新热度。

表 3-15　毛纺织及染整精加工领域全球专利主要技术构成　　单位：件

IPC 分类号（小类）	专利数量
D06M（对纤维、纱、线、织物、羽毛或由这些材料制成的纤维制品进行 D06 类内其他类目所不包括的处理）	218 496
D03D（机织织物；织造方法；织机）	108 433
D06P（纺织品的染色或印花；皮革、毛皮或各种形状的固体高分子物质的染色）	100 019
D02G（纤维；长丝；纱或线的卷曲；纱或线）	93 735
D06B［纺织材料的液相、气相或蒸汽处理（为生产纤维或长丝而对天然纤维或长丝原料进行的机械处理入 D01B）〔2〕］	83 136
D01F（制作人造长丝，线，纤维，鬃或带子的化学特征；专用于生产碳纤维的设备〔2〕）	55 187
D06C（织物的整理、上浆、拉幅或伸长〔2〕）	54 226
C11D（洗涤剂组合物；用单一物质作为洗涤剂；皂或制皂；树脂皂；甘油的回收）	43 591
B32B（层状产品，即由扁平的或非扁平的薄层，例如泡沫状的、蜂窝状的薄层构成的产品）	39 871
D06L（干洗、水洗或漂白纤维、长丝、纱、线、织物、羽毛或纤维制品；漂白皮革或毛皮）	38 191

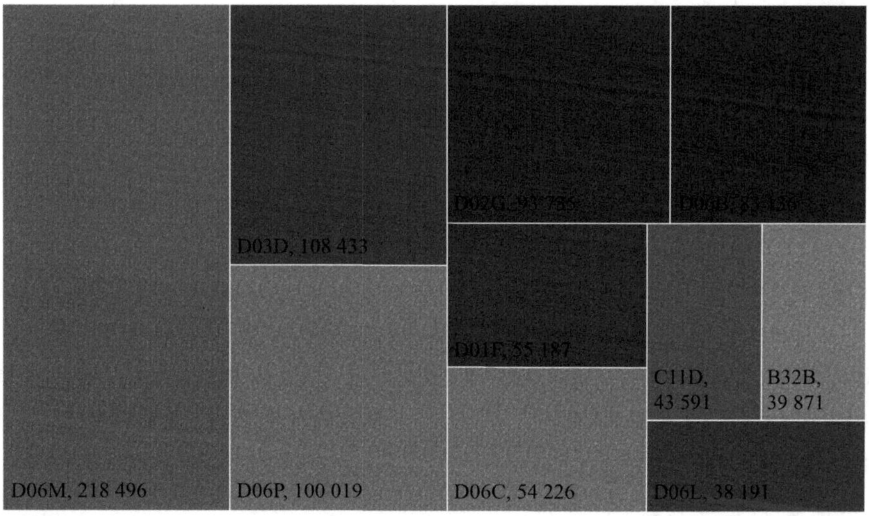

单位：件

图 3-11　毛纺织及染整精加工领域全球专利主要技术构成

由图 3-11 和表 3-15 可知，毛纺织及染整精加工领域专利 IPC 分布中，D06M 小类（对纤维、纱、线、织物、羽毛或由这些材料制成的纤维制品进行 D06 类内其他类目所不包括的处理）的专利数量最多，达 218 496 件；其次是 D03D 小类（机织织物；织造方法；织机），专利数量 108 433 件；再次是 D06P 小类（纺织品的染色或印花；皮革、毛皮或各种形状的固体高分子物质的染色)，专利数量 100 019 件。其后有 D02G 小类（纤维；长丝；纱或线的卷曲；纱或线)、D06B 小类［纺织材料的液相、气相或蒸汽处理（为生产纤维或长丝而对天然纤维或长丝原料进行的机械处理入 D01B)〔2〕］等。

3.2.2 国内专利概况

3.2.2.1 国内专利申请趋势

图 3-12 展示的是毛纺织及染整精加工领域国内专利申请量的发展趋势。通过申请趋势可以从宏观层面把握分析对象在各时期的专利申请热度变化。申请数量的统计范围是已公开的专利。一般发明专利在申请后 3~18 个月公开，实用新型专利和外观设计专利在申请后 6 个月左右公开。

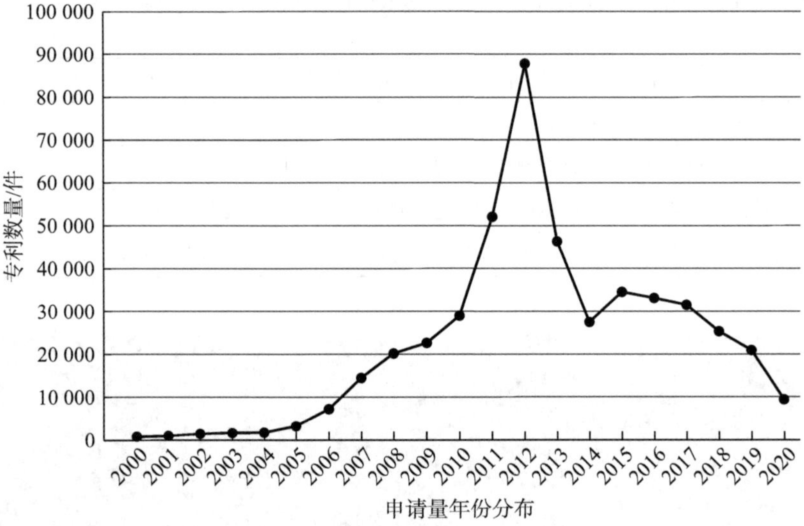

图 3-12　毛纺织及染整精加工领域国内专利申请趋势

由图 3-12 可以看到，2000—2005 年，毛纺织及染整精加工领域专利申请量增长缓慢；2006—2012 年毛纺织及染整精加工领域专利申请量增长迅速，2006 年专利申请量为 7259 件，2012 年专利申请量达 87 827 件；2013—2014 年毛纺织及染整精加工领域专利申请量快速下降，2014 年专利申请量为 27 554 件；2015—2020 年毛纺织及染整精加工领域专利申请量呈现逐年下降趋势。

3.2.2.2 国内专利公开趋势

图 3-13 展示的是毛纺织及染整精加工领域国内专利公开量的发展趋势。通过公开趋势可以从宏观层面把握分析对象在各时期的专利公开数量变化。

由图 3-13 可以看到，2000—2006 年毛纺织及染整精加工领域国内专利公开数量整体呈上升态势；2007—2012 年毛纺织及染整精加工领域国内专利公开数量增长迅速；2013—2014 年毛纺织及染整精加工领域国内专利公开数量迅速减少，2014 年专利公开量为 23 641 件；2015—2020 年毛纺织及染整精加工领域国内专利公开量呈现波动下降趋势。

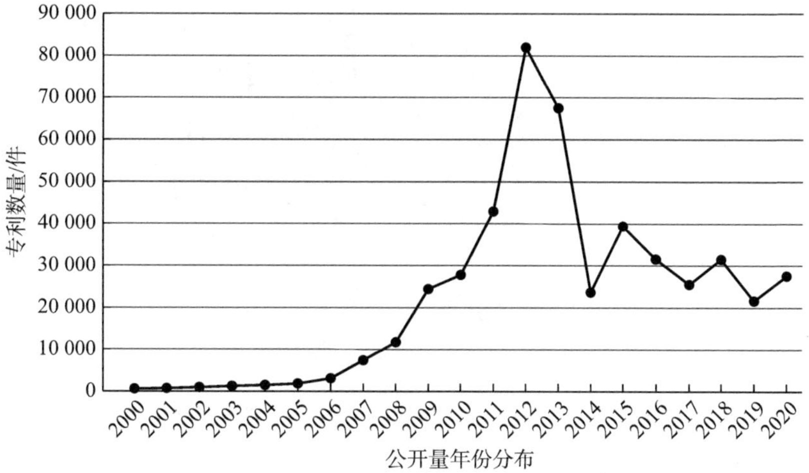

图 3-13　毛纺织及染整精加工领域国内专利公开趋势

3.2.2.3　国内专利类型分布

图 3-14 展示的是毛纺织及染整加工领域国内专利类型分布。专利类型分为发明专利、实用新型专利、外观设计专利。根据发明专利授权与否，又将发明细分为发明申请和发明授权。

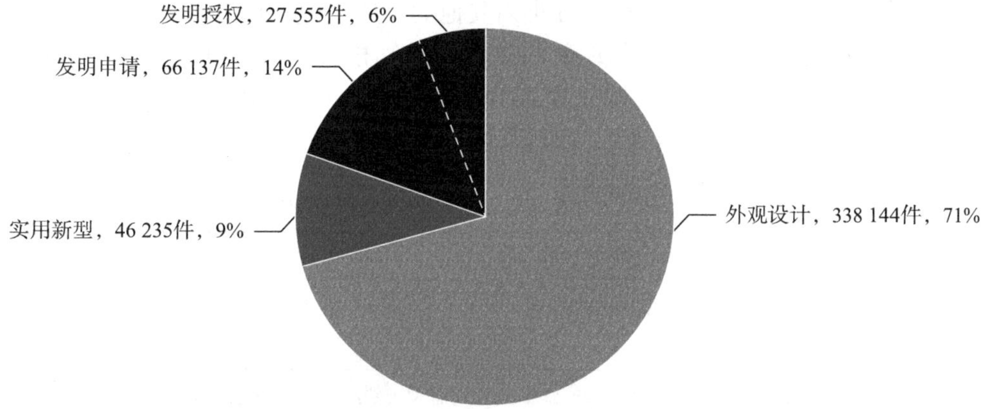

图 3-14　毛纺织及染整精加工领域国内专利类型分布

在中国专利中，经过检索获得毛纺织及染整精加工领域专利共 478 071 件。其中，发明申请 66 137 件，占总数的 14%；发明授权 27 555 件，占总数的 6%；实用新型 46 235 件，占总数的 9%；外观设计 338 144 件，占总数的 71%。

3.2.2.4　国内专利法律状态

图 3-15 展示的是专利有效、失效、审中三种状态的占比情况，仅统计中国专利。通过分析可以了解分析对象中当前已获得实质性保护、已失去专利权保护或正在审查中的专利数量分布情况，从而从整体上掌握专利的权利保护和潜在风险情况，为专利权的法律调查提供依据。筛选进入公知技术领域的失效专利，可以进行无偿使用或改进利用。

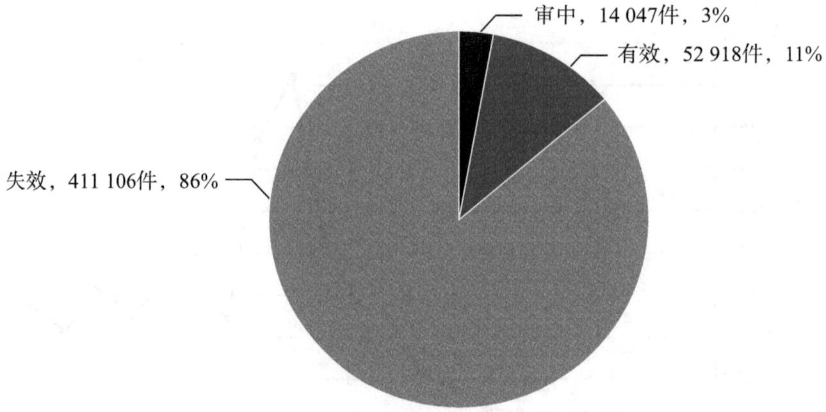

图 3-15　毛纺织及染整精加工领域国内专利法律状态分布

由图 3-15 可知，有效专利 52 918 件，占专利总数的 11%；失效专利 411 106 件，占专利总数的 86%；审中专利 14 047 件，占专利总数的 3%。

3.2.2.5　国内专利技术领域分布

表 3-16 和图 3-16 展示的是毛纺织及染整精加工领域国内专利主要技术构成数量分布情况。通过分析可以了解分析对象覆盖的技术类别及各技术分支的创新热度。统计显示，国内毛纺织及染整精加工领域专利技术领域分布中，D06M 小类（对纤维、纱、线、织物、羽毛或由这些材料制成的纤维制品进行 D06 类内其他类目所不包括的处理）的专利数量最多，达 38 991 件；其次是 D06B 小类［纺织材料的液相、气相或蒸汽处理（为生产纤维或长丝而对天然纤维或长丝原料进行的机械处理入 D01B）〔2〕］，专利数量 37 960 件；再次是 D03D（机织织物；织造方法；织机），专利数量 25 133 件。

表 3-16　毛纺织及染整精加工领域国内专利主要技术构成　　单位：件

IPC 分类号（小类）	专利数量
D06M（对纤维、纱、线、织物、羽毛或由这些材料制成的纤维制品进行 D06 类内其他类目所不包括的处理）	38 991
D06B［纺织材料的液相、气相或蒸汽处理（为生产纤维或长丝而对天然纤维或长丝原料进行的机械处理入 D01B）〔2〕］	37 960
D03D（机织织物；织造方法；织机）	25 133
D06C（织物的整理、上浆、拉幅或伸长〔2〕）	21 009
D02G（纤维；长丝；纱或线的卷曲；纱或线）	20 169
D06P（纺织品的染色或印花；皮革、毛皮或各种形状的固体高分子物质的染色）	18 068
B32B（层状产品，即由扁平的或非扁平的薄层，例如泡沫状的、蜂窝状的薄层构成的产品）	7 602
D01F（制作人造长丝，线，纤维，鬃或带子的化学特征；专用于生产碳纤维的设备〔2〕）	6 298
D06L（干洗、水洗或漂白纤维、长丝、纱、线、织物、羽毛或纤维制品；漂白皮革或毛皮）	5 089
A41D（外衣；防护服；衣饰配件）	5 066

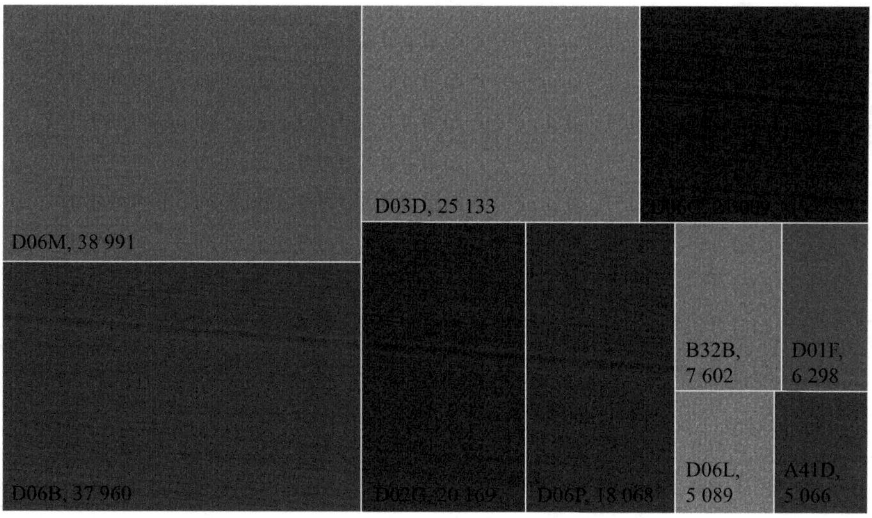

单位：件

图 3-16　毛纺织及染整精加工领域国内专利主要技术构成

3.2.2.6　国内专利主要省份分布

表 3-17 展示的是毛纺织及染整精加工领域国内专利在中国省级行政区域的分布情况，仅统计中国专利。由表 3-17 可知，江苏省以 287 449 件专利排名第一；浙江省以 105 243 件专利排名第二；第三是广东省，共申请毛纺织及染整精加工领域专利 13 074 件；第四是上海市，共申请毛纺织及染整精加工领域专利 10 052 件。山东省、福建省、安徽省、河南省、湖北省、天津市在毛纺织及染整精加工领域的专利申请量均在 10 000 件以下。

表 3-17　毛纺织及染整精加工领域国内专利主要省份分布　　单位：件

申请人所在省份	专利数量
江苏省	287 449
浙江省	105 243
广东省	13 074
上海市	10 052
山东省	9 350
福建省	7 332
安徽省	6 772
河南省	3 385
湖北省	2 625
天津市	2 471

3.2.2.7 重点省市发明专利申请人布局

(1) 江苏省申请人排名

表3-18列出了毛纺织及染整精加工领域国内发明专利江苏省主要申请人排名。

表3-18 毛纺织及染整精加工领域国内发明专利江苏省主要申请人排名 单位：件

排名	申请人名称	专利数量
1	江南大学	943
2	东丽纤维研究所（中国）有限公司	440
3	苏州大学	424
4	江苏工程职业技术学院	357
5	南通大学	280
6	江苏阳光股份有限公司	195
7	江阴芗菲服饰有限公司	189
8	江苏宝泽高分子材料股份有限公司	182
9	盛虹集团有限公司	155
10	盐城工学院	135

(2) 浙江省申请人排名

表3-19列出了毛纺织及染整精加工领域国内发明专利浙江省主要申请人排名。

表3-19 毛纺织及染整精加工领域国内发明专利浙江省主要申请人排名 单位：件

排名	申请人名称	专利数量
1	浙江理工大学	588
2	绍兴文理学院	235
3	浙江龙盛集团股份有限公司	106
4	嘉兴学院	105
5	桐乡市濮院毛针织技术服务中心	103
6	宁波大千纺织品有限公司	100
7	浙江闰土股份有限公司	92
8	浙江大学	82
9	浙江华孚色纺有限公司	61
10	浙江龙盛染料化工有限公司	61

(3) 广东省申请人排名

表3-20列出了毛纺织及染整精加工领域国内发明专利广东省主要申请人排名。

表 3-20　毛纺织及染整精加工领域国内发明专利广东省主要申请人排名　　单位：件

排名	申请人名称	专利数量
1	广东溢达纺织有限公司	369
2	华南理工大学	132
3	五邑大学	75
4	广东德美精细化工股份有限公司	60
5	广州番禺高勋染整设备制造有限公司	40
6	立信染整机械（深圳）有限公司	34
7	广东工业大学	32
8	广州番禺职业技术学院	29
9	中山大学	28
10	中科院广州化学有限公司	28

3.3　麻纺织及染整精加工领域

3.3.1　全球专利概况

3.3.1.1　全球专利申请趋势

图 3-17 展示的是麻纺织及染整精加工领域全球专利申请量的发展趋势。通过申请趋势可以从宏观层面把握分析对象在各时期的专利申请热度变化。申请数量的统计范围是已公开的专利。一般发明专利在申请后 3～18 个月公开，实用新型专利和外观设计专利在申请后 6 个月左右公开。

由图 3-17 可以看出，2000—2009 年，麻纺织及染整精加工领域全球专利申请量缓慢增加；2010—2012 年麻纺织及染整精加工领域全球专利申请量快速增加，2012 年麻纺织及染整精加工领域全球专利申请量达 101 850 件；2013—2020 年专利申请量整体呈现逐年下降趋势。[1]

[1] 陈汉君. 麻纺织及染整精加工产业专利分析［J］. 科技信息，2021（6）：38.

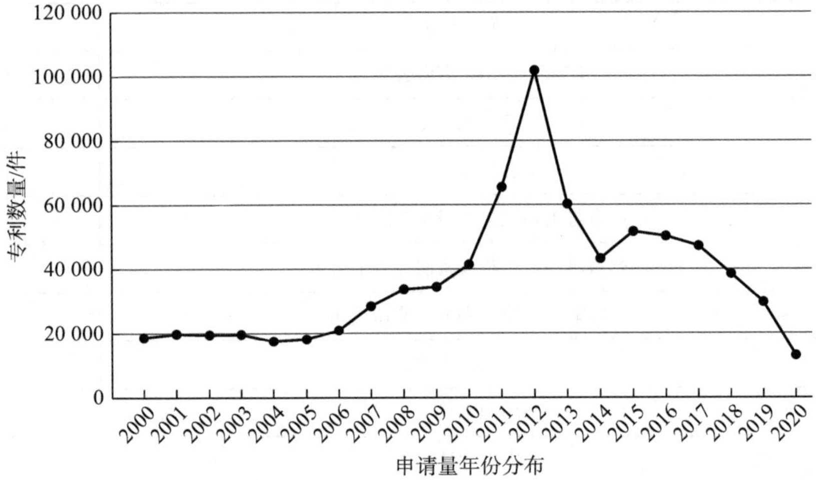

图 3-17　麻纺织及染整精加工领域全球专利申请趋势

3.3.1.2　全球专利申请国家、地区、组织分布

图 3-18 展示的是麻纺织及染整精加工领域全球专利在主要专利申请国家、地区、组织的专利数量分布情况。通过分析可以了解分析对象在主要专利申请国家、地区、组织技术创新的活跃情况，从而发现主要的技术创新来源地区和重要的目标市场。

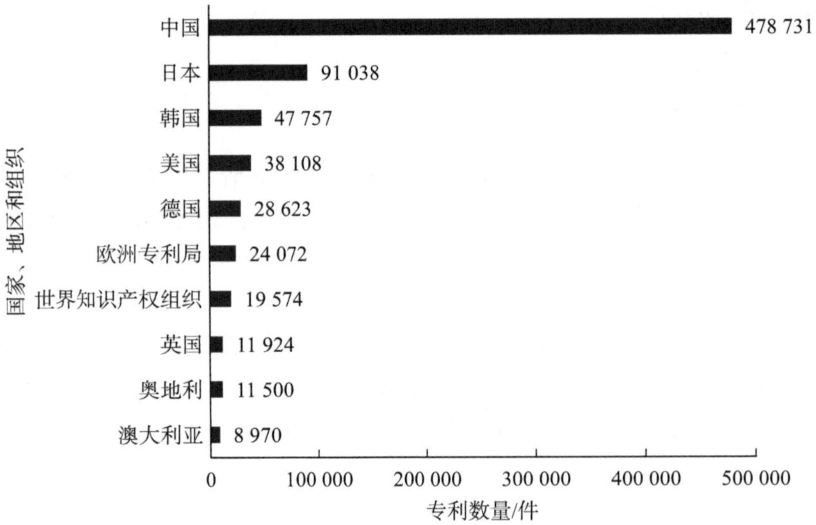

图 3-18　麻纺织及染整精加工领域全球专利主要申请国家、地区、组织分布

图 3-18 显示，中国、日本、韩国三国是麻纺织及染整精加工领域专利重点申请国家，数量分别为中国 478 731 件、日本 91 038 件、韩国 47 757 件。紧跟其后的是美国 38 108 件，德国 28 623 件。企业可以跟踪、引进和消化相关领域技术，在此基础上实现技术突破。中国、日本、韩国在麻纺织及染整精加工领域专利类型及数量如表 3-21～表 3-23 所示。

表 3-21　麻纺织及染整精加工领域中国专利类型及数量　　单位：件

专利类型		专利数量
外观设计		338 144
发明	发明申请	66 461
	发明授权	27 914
实用新型		46 212

表 3-22　麻纺织及染整精加工领域日本专利类型及数量　　单位：件

专利类型		专利数量
发明	发明申请	43 911
	发明授权	34 396
外观设计		6 846
实用新型		5 885

表 3-23　麻纺织及染整精加工领域韩国专利类型及数量　　单位：件

专利类型		专利数量
外观设计		25 459
发明	发明授权	13 127
	发明申请	7 127
实用新型		2 044

3.3.1.3　全球专利申请人排行

表 3-24 展示的是按照所属申请人（专利权人）的专利数量统计的申请人排名情况。该分析可以发现创新成果积累较多的专利申请人，并据此可进一步分析其专利竞争实力。

表 3-24　麻纺织及染整精加工领域全球专利数量排名前十的申请人　　单位：件

排名	申请人名称	专利数量
1	TORAY INDUSTRIES	6620
2	PROCTER GAMBLE	6347
3	WESTFÄLISCHE TEXTIL GESELLSCHAFT KLINGENTHAL CO MBH	4886
4	TEIJIN LTD	4326
5	CIBA GEIGY AG	4048
6	DU PONT	3941
7	HOECHST AG	3876

续表

排名	申请人名称	专利数量
8	THE PROCTER GAMBLE COMPANY	3667
9	BAYER AG	3618
10	BASF AG	3154

3.3.1.4 全球专利技术构成

表 3-25 和图 3-19 展示的是麻纺织及染整精加工领域全球专利主要技术构成的数量分布情况。通过分析可以了解分析对象覆盖的技术类别及各技术分支的创新热度。

麻纺织及染整精加工领域专利 IPC 分布中，D06M 小类（对纤维、纱、线、织物、羽毛或由这些材料制成的纤维制品进行 D06 类内其他类目所不包括的处理）的专利数量最多，达 218 496 件；其次是 D03D 小类（机织织物；织造方法；织机），专利数量 108 419 件；再次是 D06P 小类（纺织品的染色或印花；皮革、毛皮或各种形状的固体高分子物质的染色），专利数量 100 019 件。

表 3-25　麻纺织及染整精加工领域全球专利主要技术构成　　单位：件

IPC 分类号（小类）	专利数量
D06M（对纤维、纱、线、织物、羽毛或由这些材料制成的纤维制品进行 D06 类内其他类目所不包括的处理）	218 496
D03D（机织织物；织造方法；织机）	108 419
D06P（纺织品的染色或印花；皮革、毛皮或各种形状的固体高分子物质的染色）	100 019
D02G（纤维；长丝；纱或线的卷曲；纱或线）	93 735
D06B［纺织材料的液相、气相或蒸汽处理（为生产纤维或长丝而对天然纤维或长丝原料进行的机械处理入 D01B）〔2〕］	83 136
D01F（制作人造长丝，线，纤维，鬃或带子的化学特征；专用于生产碳纤维的设备〔2〕）	55 412
D06C（织物的整理、上浆、拉幅或伸长〔2〕）	54 226
C11D（洗涤剂组合物；用单一物质作为洗涤剂；皂或制皂；树脂皂；甘油的回收）	43 612
B32B（层状产品，即由扁平的或非扁平的薄层，例如泡沫状的、蜂窝状的薄层构成的产品）	39 090
D06L（干洗、水洗或漂白纤维、长丝、纱、线、织物、羽毛或纤维制品；漂白皮革或毛皮）	38 191

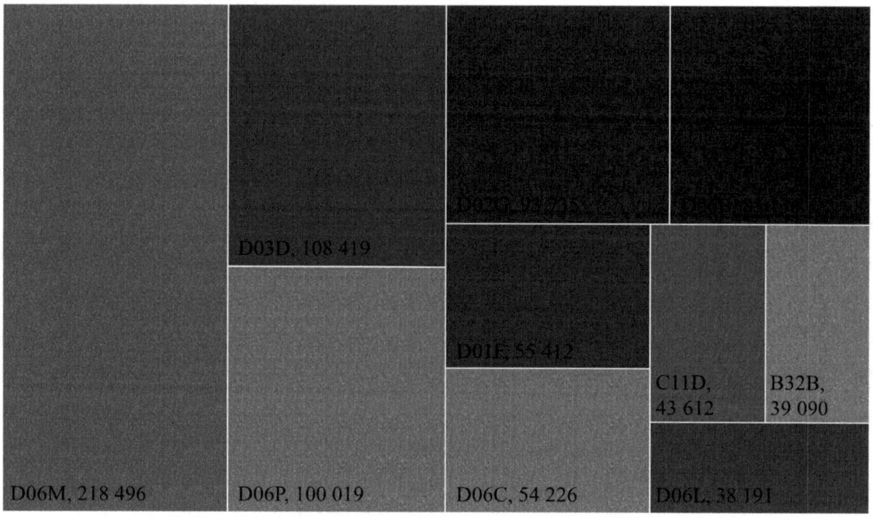

单位：件

图 3-19　麻纺织及染整精加工领域全球专利主要技术构成

3.3.2　国内专利概况

3.3.2.1　国内专利申请趋势

图 3-20 展示的是麻纺织及染整精加工领域国内专利申请量的发展趋势。通过申请趋势可以从宏观层面把握分析对象在各时期的专利申请热度变化。申请数量的统计范围是已公开的专利。一般发明专利在申请后 3~18 个月公开，实用新型专利和外观设计专利在申请后 6 个月左右公开。

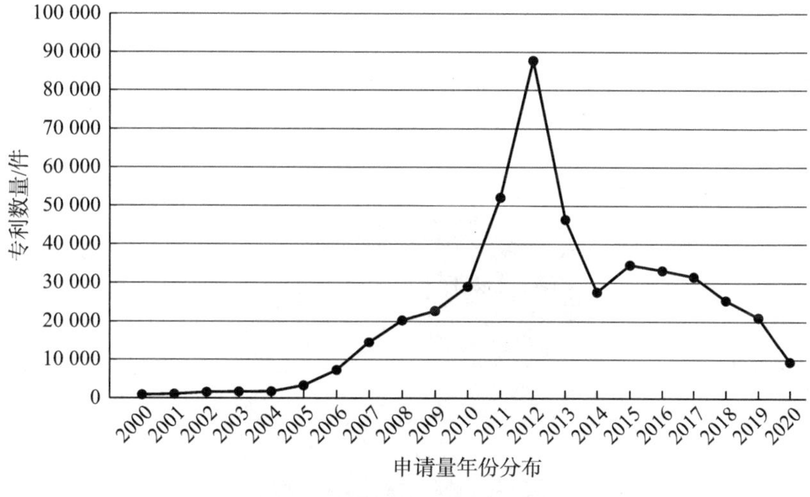

图 3-20　麻纺织及染整精加工领域国内专利申请趋势

由图 3-20 可知，2000—2005 年，麻纺织及染整精加工领域国内专利申请量增长缓慢；2006—2012 年麻纺织及染整精加工领域国内专利申请量增长迅速，2006 年专利申请量为

7293 件，2012 年达 87 828 件；2013—2020 年麻纺织及染整精加工领域国内专利申请量整体呈现下降趋势。

3. 3. 2. 2　国内专利公开趋势

图 3-21 展示的是麻纺织及染整精加工领域国内专利公开量的发展趋势。通过公开趋势可以从宏观层面把握分析对象在各时期的专利公开数量变化。

由图 3-21 可知，2000—2007 年麻纺织及染整精加工领域国内专利公开数量均在 10 000 件以下；2008—2012 年麻纺织及染整精加工领域国内专利公开数量增长迅速，2012 年专利公开量达 82 002 件；2013—2014 年麻纺织及染整精加工领域国内专利公开量迅速下降，2014 年专利公开量为 23 662 件。2015—2020 年麻纺织及染整精加工领域国内专利公开量整体呈现下降趋势。

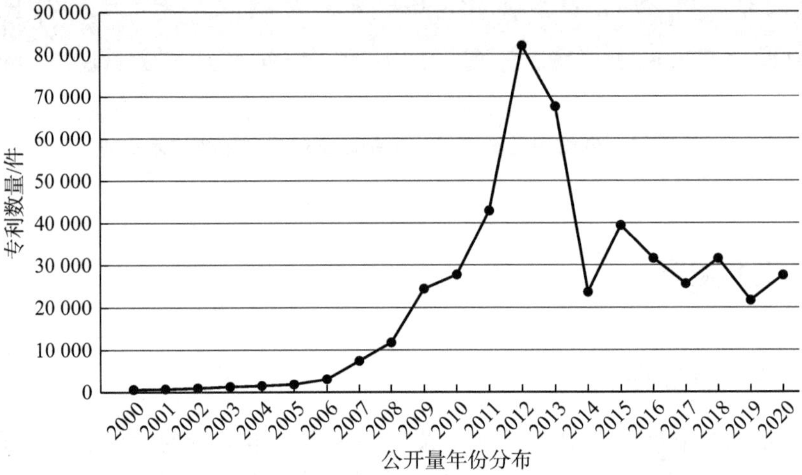

图 3-21　麻纺织及染整精加工领域国内专利公开趋势

3. 3. 2. 3　国内专利类型分布

图 3-22 展示的是麻纺织及染整精加工领域国内专利类型分布。专利类型分为发明专利、实用新型专利、外观设计专利。此外，根据发明专利授权与否，将发明细分为发明申请和发明授权。

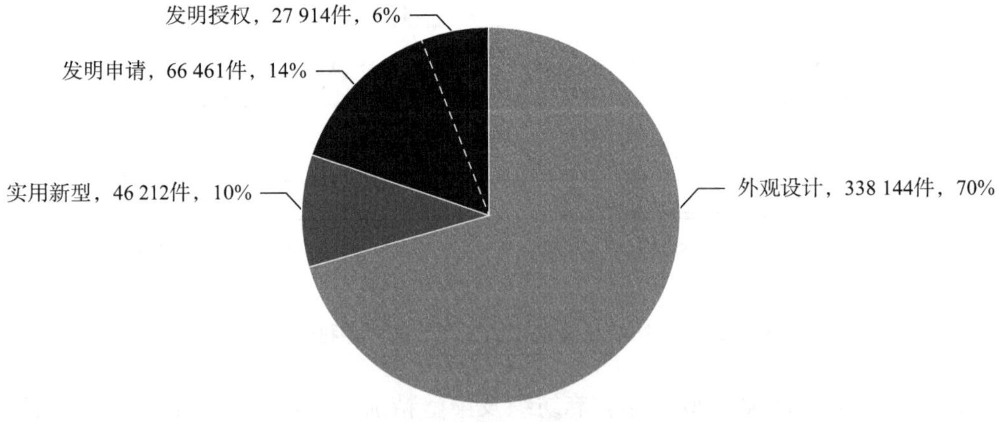

图 3-22　麻纺织及染整精加工领域国内专利类型分布

在中国专利中，经过检索获得麻纺织及染整精加工领域专利共 478 731 件。如图 3-22 所示，其中发明申请达 66 461 件，占总数的 14%；发明授权 27 914 件，占总数的 6%；实用新型 46 212 件，占总数的 10%；外观设计 338 144 件，占总数的 70%。

3.3.2.4　国内专利法律状态

图 3-23 展示的是专利有效、失效、审中三种状态的占比情况，仅统计中国专利。通过分析可以了解分析对象当前已获得实质性保护、已失去专利权保护或正在审查中的专利数量分布情况，以从整体上掌握专利的权利保护和潜在风险情况，为专利权的法律性调查提供依据。筛选进入公知技术领域的失效专利，可以进行无偿使用或改进利用。

图 3-23 显示，有效专利 53 677 件，占专利总数的 11%；失效专利 409 590 件，占专利总数的 86%，审中专利 15 464 件，占专利总数的 3%。

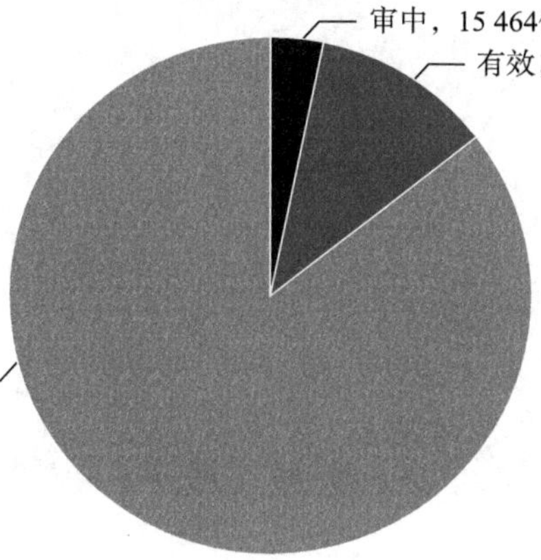

图 3-23　麻纺织及染整精加工领域国内专利法律状态分布

3.3.2.5　国内专利技术领域分布

表 3-26 和图 3-24 展示的是麻纺织及染整精加工领域国内专利主要技术构成的数量分布情况。通过分析可以了解分析对象覆盖的技术类别及各技术分支的创新热度。

表 3-26　麻纺织及染整精加工领域国内专利主要技术构成　　单位：件

IPC 分类号（小类）	专利数量
D06M（对纤维、纱、线、织物、羽毛或由这些材料制成的纤维制品进行 D06 类内其他类目所不包括的处理）	38 991
D06B［纺织材料的液相、气相或蒸汽处理（为生产纤维或长丝而对天然纤维或长丝原料进行的机械处理入 D01B）〔2〕］	37 959
D03D（机织织物；织造方法；织机）	25 131
D06C（织物的整理、上浆、拉幅或伸长〔2〕）	21 009
D02G（纤维；长丝；纱或线的卷曲；纱或线）	20 169
D06P（纺织品的染色或印花；皮革、毛皮或各种形状的固体高分子物质的染色）	18 068
B32B（层状产品，即由扁平的或非扁平的薄层，例如泡沫状的、蜂窝状的薄层构成的产品）	7 558

续表

IPC 分类号（小类）	专利数量
D01F（制作人造长丝，线，纤维，鬃或带子的化学特征；专用于生产碳纤维的设备〔2〕）	6 361
D06L（干洗、水洗或漂白纤维、长丝、纱、线、织物、羽毛或纤维制品；漂白皮革或毛皮）	5 089
A41D（外衣；防护服；衣饰配件）	5 060

图 3-24　麻纺织及染整精加工领域国内专利主要技术构成

麻纺织及染整精加工领域国内专利技术领域分布中，D06M 小类（对纤维、纱、线、织物、羽毛或由这些材料制成的纤维制品进行 D06 类内其他类目所不包括的处理）的专利数量最多，达 38 991 件；其次是 D06B 小类［纺织材料的液相、气相或蒸汽处理（为生产纤维或长丝而对天然纤维或长丝原料进行的机械处理入 D01B）〔2〕］，专利数量 37 959 件；再次是 D03D 小类（机织织物；织造方法；织机），专利申请量 25 131 件。

3.3.2.6　国内专利主要省份分布

表 3-27 展示的是麻纺织及染整精加工领域国内专利在中国省级行政区域的分布情况，仅统计中国专利。通过分析可以了解在中国申请专利保护较多的省份及各省份的创新活跃程度。

表 3-27　麻纺织及染整精加工领域国内专利主要省份分布　　单位：件

申请人所在省份	专利数量
江苏省	287 437
浙江省	105 236
广东省	13 036
上海市	10 133

续表

申请人所在省份	专利数量
山东省	9 375
福建省	7 342
安徽省	6 881
河南省	3 410
湖北省	2 699
天津市	2 486

表 3-27 显示，江苏省以 287 437 件专利排名第一；浙江省以 105 236 件专利排名第二；第三是广东省，共申请麻纺织及染整精加工领域专利 13 036 件；第四是上海市，共申请麻纺织及染整精加工领域专利 10 133 件。山东省、福建省、安徽省、河南省、湖北省、天津市在麻纺织及染整精加工领域的专利申请量均在 10 000 件以下。

3.3.2.7　重点省市发明专利申请人布局

(1) 江苏省申请人排名

表 3-28 列出了麻纺织及染整精加工领域国内发明专利江苏省主要申请人排名。

表 3-28　麻纺织及染整精加工领域国内发明专利江苏省主要申请人排名　　单位：件

排名	申请人名称	专利数量
1	江南大学	947
2	东丽纤维研究所（中国）有限公司	440
3	苏州大学	429
4	江苏工程职业技术学院	359
5	南通大学	285
6	江苏阳光股份有限公司	195
7	江阴芗菲服饰有限公司	189
8	江苏宝泽高分子材料股份有限公司	182
9	盛虹集团有限公司	156
10	盐城工学院	135

(2) 浙江省申请人排名

表 3-29 列出了麻纺织及染整精加工领域国内发明专利浙江省主要申请人排名。

表 3-29　麻纺织及染整精加工领域国内发明专利浙江省主要申请人排名　　单位：件

排名	申请人名称	专利数量
1	浙江理工大学	607

续表

排名	申请人名称	专利数量
2	绍兴文理学院	232
3	嘉兴学院	108
4	浙江龙盛集团股份有限公司	106
5	桐乡市濮院毛针织技术服务中心	103
6	宁波大千纺织品有限公司	100
7	浙江闰土股份有限公司	92
8	浙江大学	84
9	浙江华孚色纺有限公司	61
10	浙江龙盛染料化工有限公司	61

(3) 广东省申请人排名

表 3-30 列出了麻纺织及染整精加工领域国内发明专利广东省主要申请人排名。

表 3-30　麻纺织及染整精加工领域国内发明专利广东省主要申请人排名　　单位：件

排名	申请人名称	专利数量
1	广东溢达纺织有限公司	365
2	华南理工大学	133
3	五邑大学	75
4	广东德美精细化工股份有限公司	60
5	广州番禺高勋染整设备制造有限公司	40
6	立信染整机械（深圳）有限公司	34
7	广东工业大学	32
8	中山大学	28
9	中科院广州化学有限公司	28
10	互太（番禺）纺织印染有限公司	28

3.4　丝绢纺织及印染精加工领域

3.4.1　全球专利概况

3.4.1.1　全球专利申请趋势

图 3-25 展示的是丝绢纺织及印染精加工领域全球专利申请量的发展趋势。通过申请趋势可以从宏观层面把握分析对象在各时期的专利申请热度变化。申请数量的统计范围是已公

开的专利。一般发明专利在申请后 3~18 个月公开，实用新型专利和外观设计专利在申请后 6 个月左右公开。

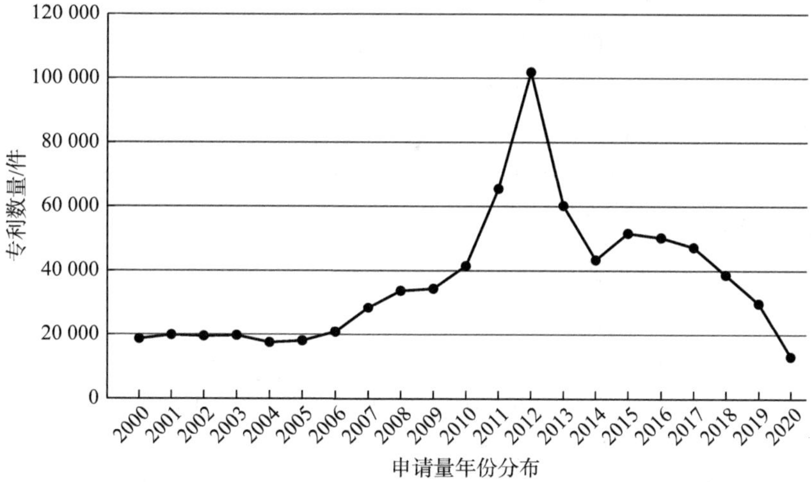

图 3-25　丝绢纺织及印染精加工领域全球专利申请趋势

从图 3-25 可以看出，2000—2006 年，丝绢纺织及印染精加工领域全球专利申请量基本保持稳定；2007—2012 年丝绢纺织及印染精加工领域全球专利申请量快速增加，2012 年丝绢纺织及印染精加工领域全球专利申请量达 101 917 件；2013—2020 年丝绢纺织及印染精加工领域行业全球专利申请量整体呈现下降趋势。❶

3.4.1.2　全球专利申请国家、地区、组织分布

图 3-26 展示的是丝绢纺织及印染精加工领域全球专利在主要专利申请国家、地区、组织的专利数量分布情况。通过分析可以了解分析对象在不同国家、地区、组织技术创新的活跃情况，从而发现主要的技术创新来源地区和重要的目标市场。

丝绢纺织及印染精加工领域全球专利主要申请国家、地区、组织分布显示（图 3-26），中国、日本、韩国三国是丝绢纺织及印染精加工领域专利重点申请国家，数量分别为中国 479 340 件、日本 91 157 件、韩国 47 713 件。紧跟其后的是美国 37 969 件，德国 28 596 件等。企业可以跟踪、引进和消化相关领域技术，在此基础上实现技术突破。中国、日本、韩国在丝绢纺织及印染精加工领域专利类型及数量如表 3-31 至表 3-33 所示。

❶ 陈汉君. 丝绢纺织及印染精加工产业专利分析 [J]. 科技信息，2021 (5)：52.

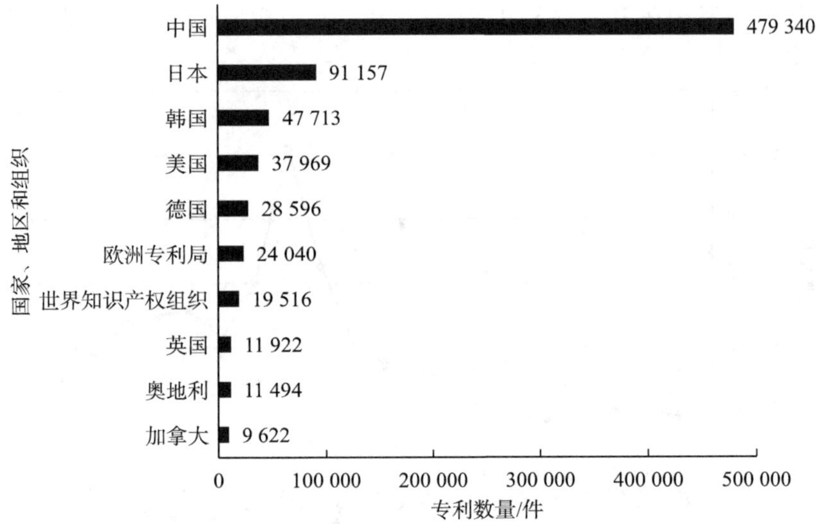

图 3-26 丝绢纺织及印染精加工领域全球专利主要申请国家、地区、组织分布

表 3-31 丝绢纺织及印染精加工领域中国专利类型及数量　　单位：件

专利类型		专利数量
外观设计		338 144
发明	发明申请	66 318
	发明授权	27 733
实用新型		47 145

表 3-32 丝绢纺织及印染精加工领域日本专利类型及数量　　单位：件

专利类型		专利数量
发明	发明申请	43 948
	发明授权	34 432
外观设计		6 846
实用新型		5 931

表 3-33 丝绢纺织及印染精加工领域韩国专利类型及数量　　单位：件

专利类型		专利数量
外观设计		25 459
发明	发明授权	13 100
	发明申请	7 109
实用新型		2 045

3.4.1.3 全球专利申请人排行

表 3-34 展示的是按照所属申请人（专利权人）的专利数量统计的申请人排名情况。通过分析可以发现创新成果积累较多的专利申请人，并据此进一步分析其专利竞争实力。

表 3-34　丝绢纺织及印染精加工领域全球专利数量排名前十的申请人　单位：件

排名	申请人名称	专利数量
1	TORAY INDUSTRIES	6619
2	PROCTER GAMBLE	6347
3	WESTFÄLISCHE TEXTIL GESELLSCHAFT KLINGENTHAL CO MBH	4886
4	TEIJIN LTD	4321
5	CIBA GEIGY AG	4048
6	DU PONT	3940
7	HOECHST AG	3876
8	THE PROCTER GAMBLE COMPANY	3666
9	BAYER AG	3618
10	BASF AG	3154

3.4.1.4　全球专利技术构成

表 3-35 和图 3-27 展示的是丝绢纺织及印染精加工领域全球专利主要技术构成数量分布情况。通过分析可以了解分析对象覆盖的技术类别及各技术分支的创新热度。

表 3-35　丝绢纺织及印染精加工领域全球专利主要技术构成　单位：件

IPC 分类号（小类）	专利数量
D06M（对纤维、纱、线、织物、羽毛或由这些材料制成的纤维制品进行 D06 类内其他类目所不包括的处理）	218 496
D03D（机织织物；织造方法；织机）	108 417
D06P（纺织品的染色或印花；皮革、毛皮或各种形状的固体高分子物质的染色）	100 019
D02G（纤维；长丝；纱或线的卷曲；纱或线）	93 735
D06B［纺织材料的液相、气相或蒸汽处理（为生产纤维或长丝而对天然纤维或长丝原料进行的机械处理入 D01B）〔2〕］	83 136
D01F（制作人造长丝，线，纤维，鬃或带子的化学特征；专用于生产碳纤维的设备〔2〕）	55 141
D06C（织物的整理、上浆、拉幅或伸长〔2〕）	54 226
C11D（洗涤剂组合物；用单一物质作为洗涤剂；皂或制皂；树脂皂；甘油的回收）	43 611
B32B（层状产品，即由扁平的或非扁平的薄层，例如泡沫状的、蜂窝状的薄层构成的产品）	39 062
D06L（干洗、水洗或漂白纤维、长丝、纱、线、织物、羽毛或纤维制品；漂白皮革或毛皮）	38 191

丝绢纺织及印染精加工领域专利按照国际专利分类号（IPC）进行统计的结果显示，D06M 小类（对纤维、纱、线、织物、羽毛或由这些材料制成的纤维制品进行 D06 类内其他类目所不包括的处理）的专利数量最多，达 218 496 件；其次是 D03D 小类（机织织物；织造方法；织机），专利数量为 108 417 件；再次是 D06P 小类（纺织品的染色或印花；皮革、毛皮或各种形状的固体高分子物质的染色），专利数量为 100 019 件。

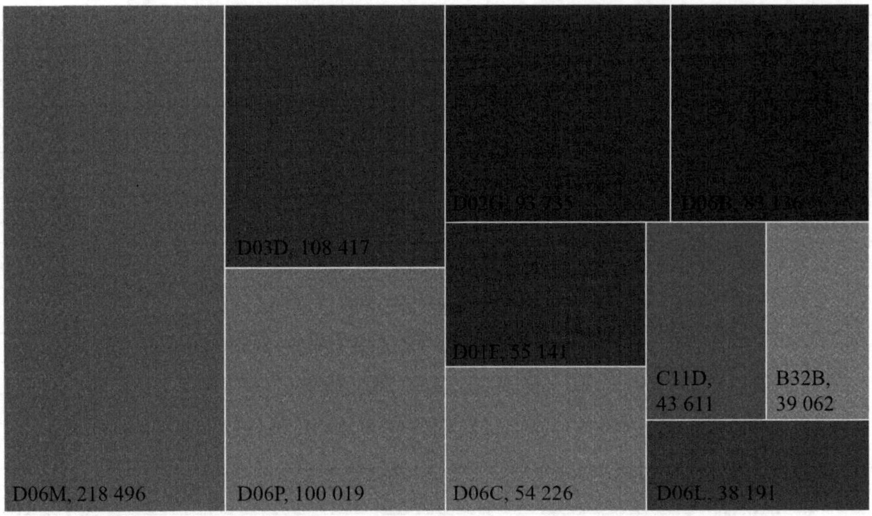

单位：件

图 3-27　丝绢纺织及印染精加工领域全球专利主要技术构成

3.4.2　国内专利概况

3.4.2.1　国内专利申请趋势

图 3-28 展示的是丝绢纺织及印染精加工领域国内专利申请量的发展趋势。通过申请趋势可以从宏观层面把握分析对象在各时期的专利申请热度变化。申请数量的统计范围是已公开的专利。一般发明专利在申请后 3~18 个月公开，实用新型专利和外观设计专利在申请后 6 个月左右公开。

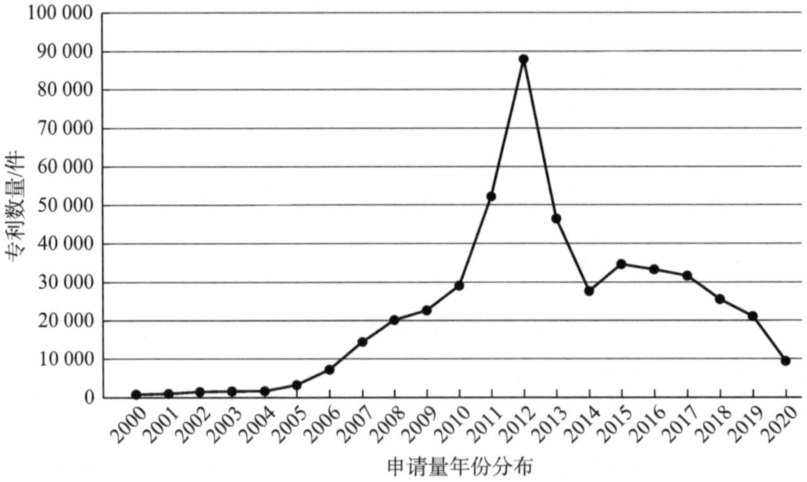

图 3-28　丝绢纺织及印染精加工领域国内专利申请趋势

由图 3-28 可以看出，2000—2005 年，丝绢纺织及印染精加工领域国内专利申请量缓慢增加；2006—2012 年丝绢纺织及印染精加工领域国内专利申请量迅速增加，其中 2006 年专利申请量为 7277 件，2012 年专利申请量达 87 924 件；2013—2020 年丝绸纺织及印染精加工领域专利申请量整体呈现下降趋势。

3.4.2.2 国内专利公开趋势

图 3-29 展示的是丝绸纺织及印染精加工领域国内专利公开量的发展趋势。通过公开趋势可以从宏观层面把握分析对象在各时期的专利公开数量变化。

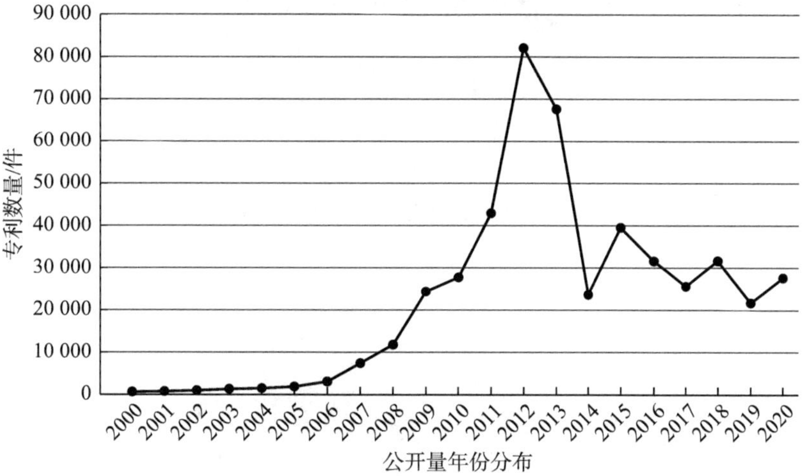

图 3-29 丝绸纺织及印染精加工领域国内专利公开趋势

由图 3-29 可知，2000—2006 年丝绸纺织及印染精加工领域国内专利公开数量增幅缓慢；2007—2012 年丝绸纺织及印染精加工领域国内专利公开数量迅速增加，2007 年专利公开量为 7448 件，2012 年专利公开量达 82 044 件；2013—2014 年丝绸纺织及印染精加工领域国内专利公开量迅速减少，2014 年专利公开量为 23 719 件；2015—2020 年丝绸纺织及印染精加工领域国内专利公开量整体呈现波动下降趋势。

3.4.2.3 国内专利类型分布

图 3-30 展示的是丝绸纺织及印染精加工领域国内专利类型分布。专利类型分为发明专利、实用新型专利、外观设计专利。根据发明专利授权与否，又将发明细分为发明申请和发明授权。

在中国专利中，经过检索获得丝绸纺织及印染精加工领域专利共 479 340 件。如图 3-30 所示，其中发明申请 66 318 件，占总数的 14%；发明授权 27 733 件，占总数的 6%；实用新型 47 145 件，占总数的 10%；外观设计 338 144 件，占总数的 70%。

3.4.2.4 国内专利法律状态

图 3-31 展示的是专利有效、失效、审中三种状态的占比情况，仅统计中国专利。通过分析可以了解分析对象当前已获得实质性保护、已失去专利权保护或正在审查中的专利数量分布情况，以从整体上掌握专利的权利保护和潜在风险情况，为专利权的法律性调查提供依据。筛选进入公知技术领域的失效专利，可以进行无偿使用或改进利用。

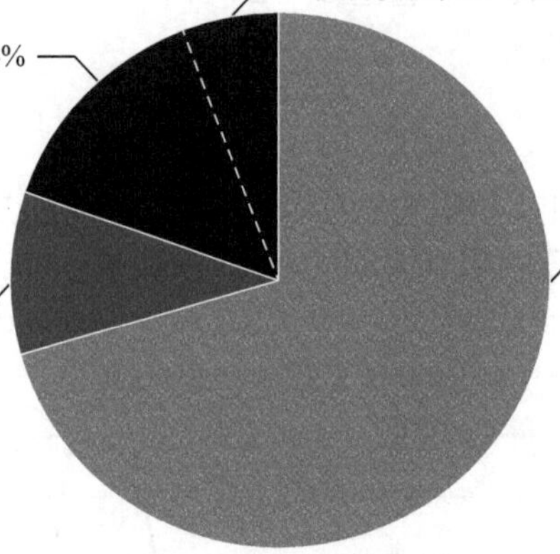

图 3-30 丝绢纺织及印染精加工领域国内专利类型分布

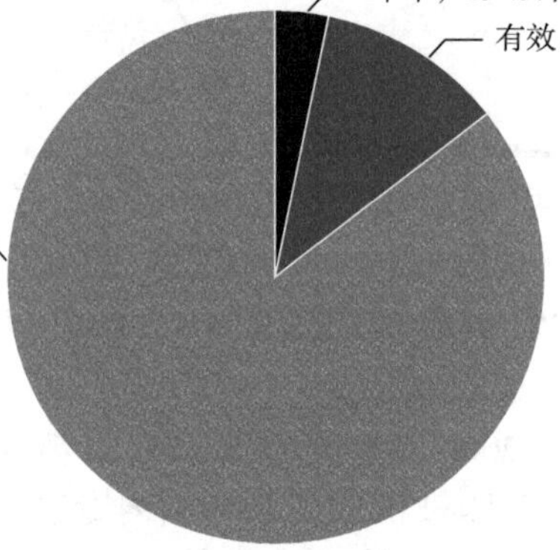

图 3-31 丝绢纺织及印染精加工领域国内专利法律状态分布

由图 3-31 可知有效专利 53 881 件，占专利总数的 11%；失效专利 410 002 件，占专利总数的 86%；审中专利 15 457 件，占专利总数的 3%。

3.4.2.5 国内专利技术领域分布

表 3-36 和图 3-32 展示的是丝绢纺织及印染精加工领域国内专利在各技术方向的数量分布情况。通过分析可以了解分析对象覆盖的技术类别及各技术分支的创新热度。

对国内丝绢纺织及印染精加工领域专利按照国际专利分类号（IPC）进行的统计显示，D06M 小类（对纤维、纱、线、织物、羽毛或由这些材料制成的纤维制品进行 D06 类内其他类目所不包括的处理）的专利数量最多，达 38 992 件；其次是 D06B 小类［纺织材料的液相、气相或蒸汽处理（为生产纤维或长丝而对天然纤维或长丝原料进行的机械处理入 D01B）〔2〕］，专利数量为 37 960 件；再次是 D03D 小类（机织织物；织造方法；织机），专利数量为 25 131 件。

表 3-36 丝绢纺织及印染精加工领域国内专利主要技术构成 单位：件

IPC 分类号（小类）	专利数量
D06M（对纤维、纱、线、织物、羽毛或由这些材料制成的纤维制品进行 D06 类内其他类目所不包括的处理）	38 992

续表

IPC 分类号（小类）	专利数量
D06B［纺织材料的液相、气相或蒸汽处理（为生产纤维或长丝而对天然纤维或长丝原料进行的机械处理入 D01B)〔2〕］	37 960
D03D（机织织物；织造方法；织机）	25 131
D06C（织物的整理、上浆、拉幅或伸长〔2〕）	21 009
D02G（纤维；长丝；纱或线的卷曲；纱或线）	20 169
D06P（纺织品的染色或印花；皮革、毛皮或各种形状的固体高分子物质的染色）	18 068
B32B（层状产品，即由扁平的或非扁平的薄层，例如泡沫状的、蜂窝状的薄层构成的产品）	7 551
D01F（制作人造长丝，线，纤维，鬃或带子的化学特征；专用于生产碳纤维的设备〔2〕）	6 301
D06L（干洗、水洗或漂白纤维、长丝、纱、线、织物、羽毛或纤维制品；漂白皮革或毛皮）	5 089
A41D（外衣；防护服；衣饰配件）	5 057

单位：件

图 3-32　丝绢纺织及印染精加工领域国内专利主要技术构成

3.4.2.6　国内专利主要省份分布

表 3-37 展示的是丝绢纺织及印染精加工领域国内专利在中国省级行政区域的分布情况，仅统计中国专利。通过分析可以了解在中国申请专利保护较多的省份及各省市的创新活跃程度。

表 3-37　丝绢纺织及印染精加工领域国内专利主要省份分布　　单位：件

申请人所在省份	专利数量
江苏省	287 585

续表

申请人所在省份	专利数量
浙江省	105 723
广东省	13 034
上海市	10 067
山东省	9 302
福建省	7 316
安徽省	7 029
河南省	3 404
湖北省	2 626
天津市	2 469

由表 3-37 可知，江苏省以 287 585 件专利排名第一；浙江省以 105 723 件专利排名第二；第三是广东省，共申请丝绢纺织及印染精加工领域专利 13 034 件；第四是上海市，共申请丝绢纺织及印染精加工领域专利 10 067 件。山东省、福建省、安徽省、河南省、湖北省、天津市的专利申请量均在 10 000 件以下。

3.4.2.7 重点省市专利申请人布局

(1) 江苏省申请人排名

表 3-38 列出了丝绢纺织及印染精加工领域国内发明专利江苏省主要申请人排名。

表 3-38 丝绢纺织及印染精加工领域国内发明专利江苏省主要申请人排名 单位：件

排名	申请人名称	专利数量
1	江南大学	941
2	苏州大学	441
3	东丽纤维研究所（中国）有限公司	440
4	江苏工程职业技术学院	357
5	南通大学	280
6	江苏阳光股份有限公司	195
7	江阴芗菲服饰有限公司	189
8	江苏宝泽高分子材料股份有限公司	182
9	盛虹集团有限公司	155
10	盐城工学院	135

(2) 浙江省申请人排名

表 3-39 列出了丝绢纺织及印染精加工领域国内发明专利浙江省主要申请人排名。

表 3-39　丝绢纺织及印染精加工领域国内发明专利浙江省主要申请人排名　　单位：件

排名	申请人名称	专利数量
1	浙江理工大学	659
2	绍兴文理学院	232
3	嘉兴学院	106
4	浙江龙盛集团股份有限公司	106
5	桐乡市濮院毛针织技术服务中心	103
6	宁波大千纺织品有限公司	100
7	浙江闰土股份有限公司	92
8	浙江大学	90
9	浙江华孚色纺有限公司	61
10	浙江龙盛染料化工有限公司	61

（3）广东省申请人排名

表 3-40 列出了丝绢纺织及印染精加工领域国内发明专利广东省主要申请人排名。

表 3-40　国内丝绢纺织及印染精加工领域广东省发明专利主要申请人排名　　单位：件

排名	申请人名称	专利数量
1	广东溢达纺织有限公司	365
2	华南理工大学	132
3	五邑大学	75
4	广东德美精细化工股份有限公司	60
5	广州番禺高勋染整设备制造有限公司	40
6	立信染整机械（深圳）有限公司	34
7	广东工业大学	32
8	中山大学	28
9	中科院广州化学有限公司	28
10	互太（番禺）纺织印染有限公司	28

3.5　化纤织造及印染精加工领域

3.5.1　全球专利概况

3.5.1.1　全球专利申请趋势

图 3-33 展示的是化纤织造及印染精加工领域全球专利申请量的发展趋势。通过申请趋

势可以从宏观层面把握分析对象在各时期的专利申请热度变化。申请数量的统计范围是目前已公开的专利。一般发明专利在申请后3~18个月公开，实用新型专利和外观设计专利在申请后6个月左右公开。

从图3-33可以看出，2000—2006年，化纤织造及印染精加工领域全球专利申请量基本平稳；2007—2012年化纤织造及印染精加工领域全球专利申请量快速增加，2007年化纤织造及印染精加工领域全球专利申请量为36 408件，2012年化纤织造及印染精加工领域全球专利申请量达117 202件；2013—2020年化纤织造及印染精加工领域全球专利申请量整体呈现下降趋势。[1]

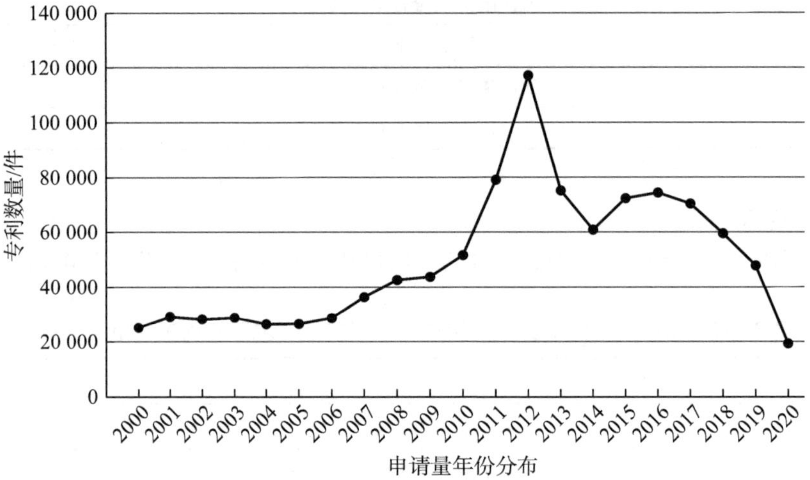

图3-33　化纤织造及印染精加工领域全球专利申请趋势

3.5.1.2　全球专利申请国家、地区、组织分布

图3-34展示的是化纤织造及印染精加工领域全球专利主要申请国家、地区、组织的专利数量分布情况。通过分析可以了解分析对象在不同国家、地区、组织技术创新的活跃情况，从而发现主要的技术创新来源地区和重要的目标市场。

图3-34显示，中国、日本、美国是化纤织造及印染精加工领域专利重点申请国家，数量分别为中国559 697件、日本142 724件、美国92 802件。紧跟其后的是韩国60 327件，德国37 035件。企业可以跟踪、引进和消化相关领域技术，在此基础上实现技术突破。中国、日本、美国在化纤织造及印染精加工领域专利类型及数量如表3-41至表3-43所示。

[1] 陈汉君. 化纤织造及印染精加工产业专利分析［J］. 科技信息，2021（5）：48.

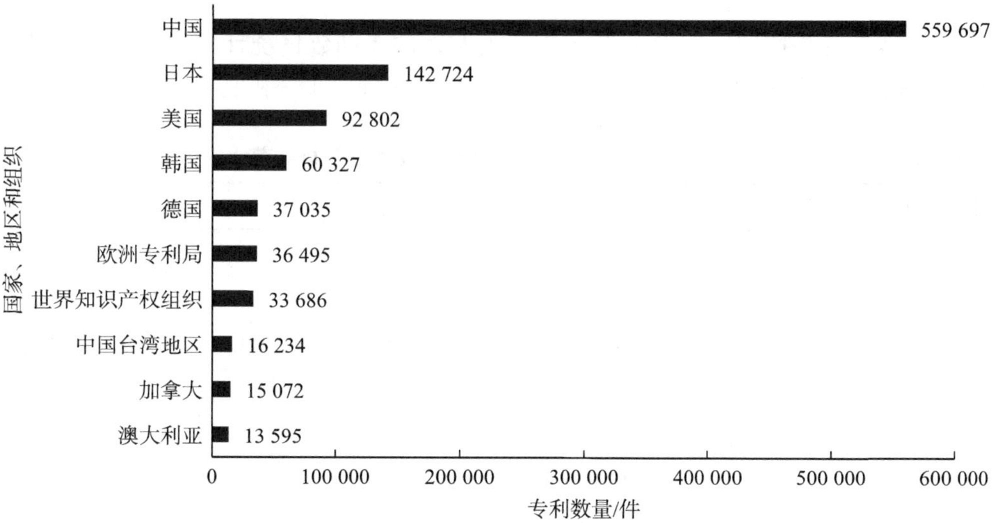

图 3-34　化纤织造及印染精加工领域全球专利主要申请国家、地区、组织分布

表 3-41　化纤织造及印染精加工领域中国专利类型及数量　　单位：件

专利类型		专利数量
发明	发明申请	93 676
	发明授权	39 942
实用新型		87 935
外观设计		338 144

表 3-42　化纤织造及印染精加工领域日本专利类型及数量　　单位：件

专利类型		专利数量
发明	发明申请	71 202
	发明授权	54 587
实用新型		10 089
外观设计		6 846

表 3-43　化纤织造及印染精加工领域美国专利类型及数量　　单位：件

专利类型		专利数量
发明	发明授权	58 041
	发明申请	34 130
外观设计		631

3.5.1.3 全球专利申请人排名

表 3-44 展示的是按照所属申请人（专利权人）的专利数量统计的申请人排名情况。该分析可以发现创新成果积累较多的专利申请人，并据此进一步分析其专利竞争实力。

表 3-44 化纤织造及印染精加工领域全球专利数量排名前十的申请人 单位：件

排名	申请人名称	专利数量
1	PROCTER GAMBLE	7269
2	TORAY INDUSTRIES	6978
3	WESTFÄLISCHE TEXTIL GESELLSCHAFT KLINGENTHAL CO MBH	4886
4	DAINIPPON PRINTING CO LTD	4501
5	THE PROCTER GAMBLE COMPANY	4455
6	HOECHST AG	4386
7	TEIJIN LTD	4382
8	DU PONT	4204
9	CIBA GEIGY AG	4175
10	BAYER AG	3994

3.5.1.4 全球专利技术构成

表 3-45 和图 3-35 展示的是化纤织造及印染精加工领域全球专利主要技术构成的数量分布情况。通过分析可以了解分析对象覆盖的技术类别及各技术分支的创新热度。

由表 3-45 可知，B32B 小类（层状产品，即由扁平的或非扁平的薄层，例如泡沫状的、蜂窝状的薄层构成的产品）的专利数量最多，达 453 088 件；其次为 D06M 小类（对纤维、纱、线、织物、羽毛或由这些材料制成的纤维制品进行 D06 类内其他类目所不包括的处理），专利数量为 218 496 件；再次是 D03D 小类（机织织物；织造方法；织机），专利数量为 108 383 件。

表 3-45 化纤织造及印染精加工领域全球专利主要技术构成 单位：件

IPC 分类号（小类）	专利数量
B32B（层状产品，即由扁平的或非扁平的薄层，例如泡沫状的、蜂窝状的薄层构成的产品）	453 088
D06M（对纤维、纱、线、织物、羽毛或由这些材料制成的纤维制品进行 D06 类内其他类目所不包括的处理）	218 496
D03D（机织织物；织造方法；织机）	108 383
D06P（纺织品的染色或印花；皮革、毛皮或各种形状的固体高分子物质的染色）	100 019
D06B［纺织材料的液相、气相或蒸汽处理（为生产纤维或长丝而对天然纤维或长丝原料进行的机械处理入 D01B）〔2〕］	83 136

续表

IPC 分类号（小类）	专利数量
B29C（塑料的成型连接；塑性状态材或料的成型，不包含在其他类目中的；已成型产品的后处理，如修整）	73 519
D06C（织物的整理、上浆、拉幅或伸长〔2〕）	54 226
C08J（加工；配料的一般工艺过程）	50 712
C08L（高分子化合物的组合物）	50 662
D01F（制作人造长丝，线，纤维，鬃或带子的化学特征；专用于生产碳纤维的设备〔2〕）	46 290

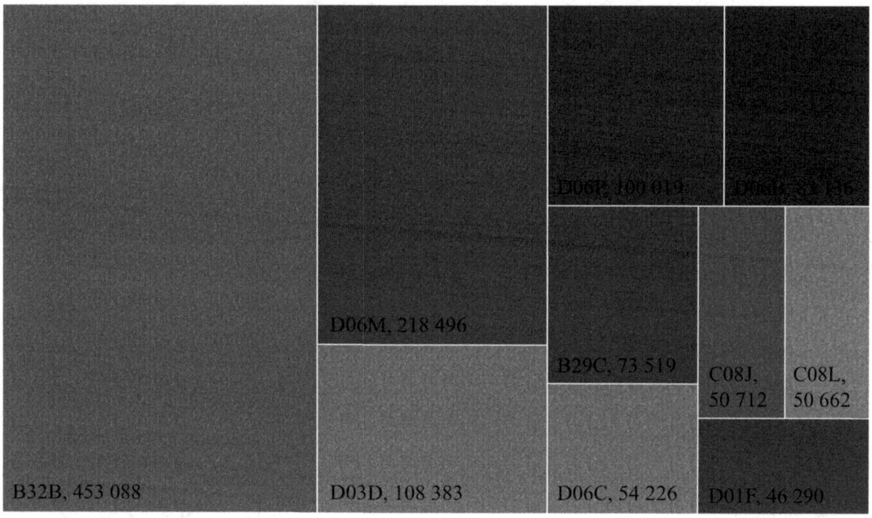

图 3-35　化纤织造及印染精加工领域全球专利主要技术构成

3.5.2　国内专利概况

3.5.2.1　国内专利申请趋势

图 3-36 展示的是化纤织造及印染精加工领域国内专利申请量的发展趋势。通过申请趋势可以从宏观层面把握分析对象在各时期的专利申请热度变化。申请数量的统计范围是已公开的专利。一般发明专利在申请后 3~18 个月公开，实用新型专利和外观设计专利在申请后 6 个月左右公开。

由图 3-36 可以看到，2000—2005 年，化纤织造及印染精加工领域国内专利申请量增长缓慢；2006—2012 年化纤织造及印染精加工领域国内专利申请量快速增加，2012 年专利申请量达 92 041 件；2013—2020 年化纤织造及印染精加工领域国内专利申请量整体呈现下降趋势。

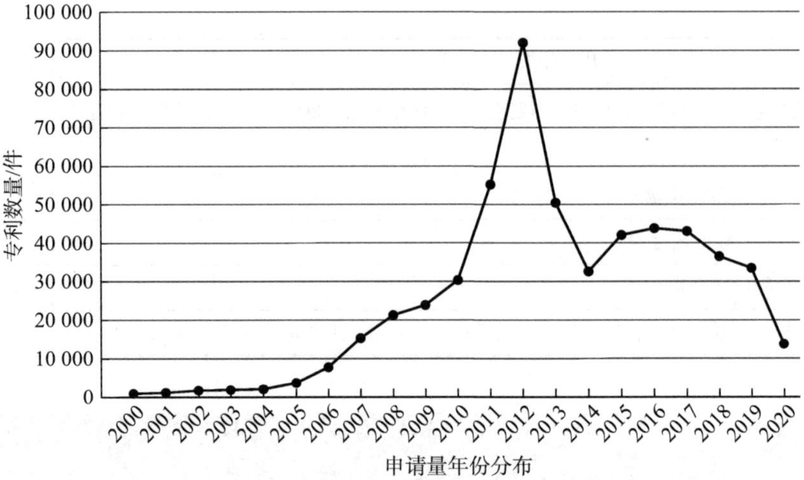

图 3-36　化纤织造及印染精加工领域国内专利申请趋势

3.5.2.2　国内专利公开趋势

图 3-37 展示的是化纤织造及印染精加工领域国内专利公开量的发展趋势。通过公开趋势可以从宏观层面把握分析对象各时期专利公开数量变化。

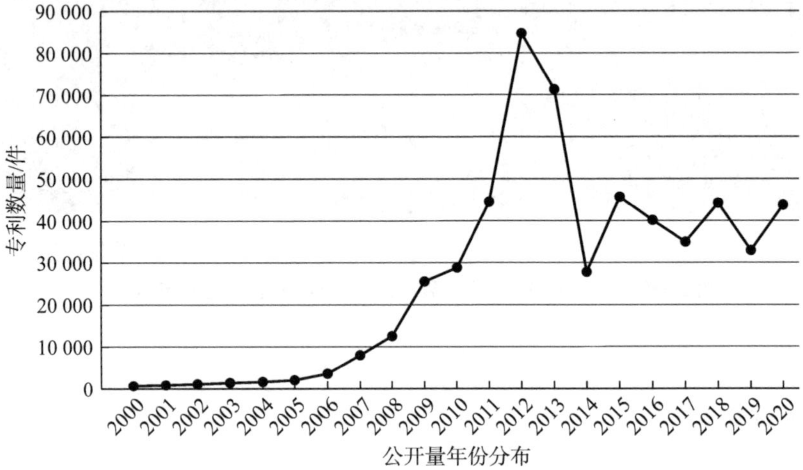

图 3-37　化纤织造及印染精加工领域国内专利公开趋势

由图 3-37 可知，2000—2007 年化纤织造及印染精加工领域国内专利公开数量均在 10 000 件以下，增幅缓慢；2008—2012 年国内化纤织造及印染精加工领域专利公开数量增长迅速，2008 年专利公开量为 12 558 件，2012 年专利公开量达 84 698 件；2013—2014 年化纤织造及印染精加工领域国内专利公开量快速下降，2014 年专利公开量为 27 759 件；2015—2020 年化纤织造及印染精加工领域国内专利公开量波动增加。

3.5.2.3　国内专利类型分布

图 3-38 展示的是化纤织造及印染精加工领域国内专利类型分布，专利类型分为发明专利、实用新型专利、外观设计专利。根据发明专利授权与否，又将发明细分为发明申请和发明授权。

在中国专利中，经过检索获得化纤织造及印染精加工领域专利共 559 697 件。如图 3-38 所示，其中发明申请 93 676 件，占总数的 17%；发明授权 39 942 件，占总数的 7%；实用新型 87 935 件，占总数的 16%；外观设计 338 144 件，占总数的 60%。

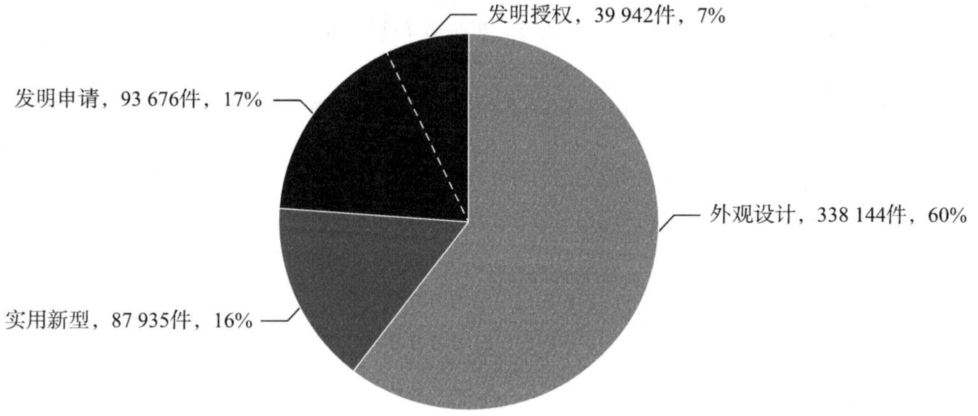

图 3-38　化纤织造及印染精加工领域国内专利类型分布

3.5.2.4　国内专利法律状态

图 3-39 展示的是化纤织造及印染精加工领域专利有效、失效、审中三种状态的占比情况，仅统计中国专利。通过分析可以了解分析对象当前已获得实质性保护、已失去专利权保护或正在审查中的专利数量分布情况，以从整体上掌握专利的权利保护和潜在风险情况，为专利权的法律性调查提供依据。筛选进入公知技术领域的失效专利，可以进行无偿使用或改进利用。

图 3-39 显示，有效专利 90 936 件，占专利总数的 16%；失效专利 444 824 件，占专利总数的 80%；审中专利 23 937 件，占专利总数的 4%。

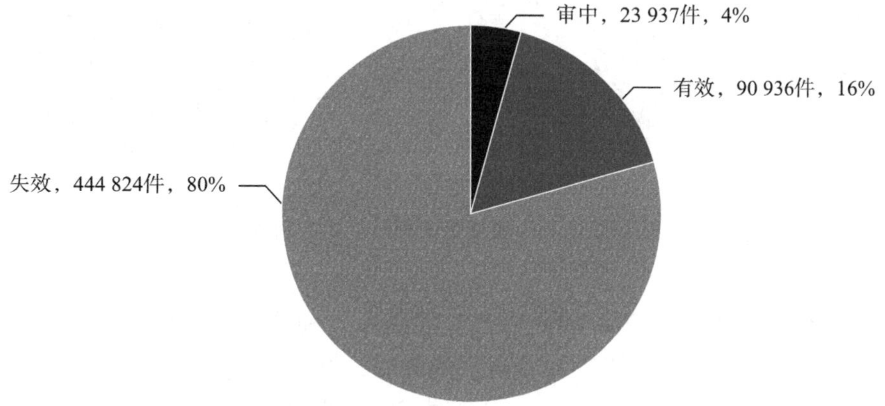

图 3-39　化纤织造及印染精加工领域国内专利法律状态分布

3.5.2.5　国内专利技术领域分布

表 3-46 和图 3-40 展示的是化纤织造及印染精加工领域国内专利主要技术构成的数量分布情况。通过分析可以了解分析对象覆盖的技术类别及各技术分支的创新热度。

表 3-46　化纤织造及印染精加工领域国内专利主要技术构成　　单位：件

IPC 分类号（小类）	专利数量
B32B（层状产品，即由扁平的或非扁平的薄层，例如泡沫状的、蜂窝状的薄层构成的产品）	102 358
D06M（对纤维、纱、线、织物、羽毛或由这些材料制成的纤维制品进行 D06 类内其他类目所不包括的处理）	38 992
D06B［纺织材料的液相、气相或蒸汽处理（为生产纤维或长丝而对天然纤维或长丝原料进行的机械处理入 D01B）〔2〕］	37 959
D03D（机织织物；织造方法；织机）	25 133
D06C（织物的整理、上浆、拉幅或伸长〔2〕）	21 009
D06P（纺织品的染色或印花；皮革、毛皮或各种形状的固体高分子物质的染色）	18 068
D02G（纤维；长丝；纱或线的卷曲；纱或线）	7 944
A41D（外衣；防护服；衣饰配件）	7 689
C08L（高分子化合物的组合物）	6 382
D01F（制作人造长丝，线，纤维，鬃或带子的化学特征；专用于生产碳纤维的设备〔2〕）	5 389

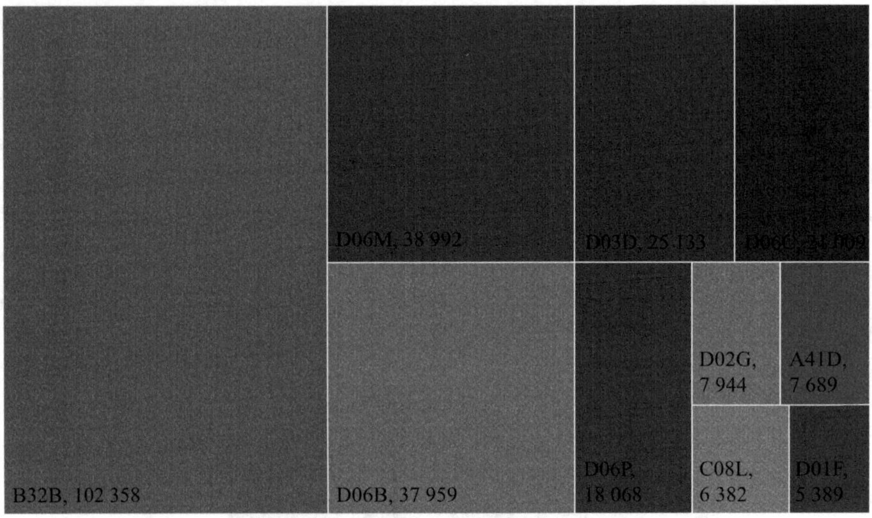

单位：件

图 3-40　化纤织造及印染精加工领域国内专利主要技术构成

对化纤织造及印染精加工领域国内专利按照国际专利分类号（IPC）进行的统计显示，B32B 小类（层状产品，即由扁平的或非扁平的薄层，例如泡沫状的、蜂窝状的薄层构成的产品）的专利数量最多，达 102 358 件；其次是 D06M 小类（对纤维、纱、线、织物、羽毛或由这些材料制成的纤维制品进行 D06 类内其他类目所不包括的处理），专利数量 38 992 件；再次是 D06B 小类［纺织材料的液相、气相或蒸汽处理（为生产纤维或长丝而对天然纤维或长丝原料进行的机械处理入 D01B）〔2〕］，专利数量 37 959 件。

3.5.2.6　国内专利主要省份分布

表 3-47 展示的是化纤织造及印染精加工领域国内专利在中国省级行政区域的分布情

况，仅统计中国专利。通过分析可以了解在中国申请专利保护较多的省份及各省市的创新活跃程度。

表 3-47　化纤织造及印染精加工领域国内专利主要省份分布　单位：件

申请人所在省份	专利数量
江苏省	306 064
浙江省	114 286
广东省	26 090
上海市	12 973
山东省	12 428
福建省	10 829
安徽省	10 201
北京市	4 962
河南省	4 645
天津市	4 286

表 3-47 显示，江苏省以 306 064 件专利排名第一；浙江省以 114 286 件专利排名第二；第三是广东省，共申请化纤织造及印染精加工领域专利 26 090 件。上海市、山东省、福建省、安徽省、北京市、河南省、天津市的专利申请量均在 20 000 件以下。

3.5.2.7　重点省市发明专利申请人布局

(1) 江苏省申请人排名

表 3-48 列出了化纤织造及印染精加工领域国内发明专利江苏省主要申请人排名。

表 3-48　化纤织造及印染精加工领域国内发明专利江苏省主要申请人排名　单位：件

排名	申请人名称	专利数量
1	江南大学	740
2	苏州大学	431
3	东丽纤维研究所（中国）有限公司	388
4	江苏工程职业技术学院	330
5	南通大学	288
6	江苏阳光股份有限公司	208
7	江苏宝泽高分子材料股份有限公司	182
8	江阴市瀚新纺织有限公司	141
9	盐城工学院	141
10	盛虹集团有限公司	140

（2）浙江省申请人排名

表 3-49 列出了化纤织造及印染精加工领域国内发明专利浙江省主要申请人排名。

表 3-49　化纤织造及印染精加工领域国内发明专利浙江省主要申请人排名　　单位：件

排名	申请人名称	专利数量
1	浙江理工大学	596
2	绍兴文理学院	217
3	浙江大学	121
4	浙江龙盛集团股份有限公司	106
5	桐乡市濮院毛针织技术服务中心	103
6	宁波大千纺织品有限公司	96
7	嘉兴学院	93
8	浙江闰土股份有限公司	92
9	中国科学院宁波材料技术与工程研究所	85
10	浙江龙盛染料化工有限公司	61

（3）广东省申请人排名

表 3-50 列出了化纤织造及印染精加工领域国内发明专利广东省主要申请人排名。

表 3-50　化纤织造及印染精加工领域国内发明专利广东省主要申请人排名　　单位：件

排名	申请人名称	专利数量
1	广东溢达纺织有限公司	367
2	华南理工大学	184
3	广东生益科技股份有限公司	139
4	比亚迪股份有限公司	104
5	鸿海精密工业股份有限公司	96
6	鸿富锦精密工业（深圳）有限公司	94
7	五邑大学	76
8	广东德美精细化工股份有限公司	60
9	深圳富泰宏精密工业有限公司	50
10	广东工业大学	48

3.6　针织或钩针编织物及其制品制造领域

3.6.1　全球专利概况

3.6.1.1　全球专利申请趋势

图 3-41 展示的是针织或钩针编织物及其制品制造领域全球专利申请量的发展趋势。通过申请趋势可以从宏观层面把握分析对象在各时期的专利申请热度变化。申请数量的统计范围是已公开的专利。一般发明专利在申请后 3~18 个月公开，实用新型专利和外观设计专利在申请后 6 个月左右公开。

从图 3-41 可以看出，2000—2006 年，针织或钩针编织物及其制品制造领域全球专利申请量缓慢增加；2007—2012 年针织或钩针编织物及其制品制造领域全球专利申请量快速增加，2007 年该领域全球专利申请量为 33 702 件，2012 年该领域全球专利申请量达 110 507 件；2013—2020 年针织或钩针编织物及其制品制造领域全球专利申请量整体呈现下降趋势。❶

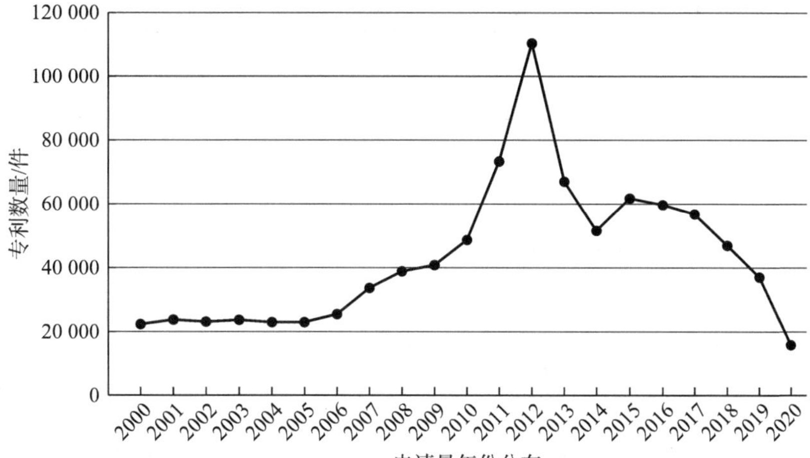

3-41　针织或钩针编织物及其制品制造领域全球专利申请趋势

3.6.1.2　全球专利申请国家、地区、组织分布

图 3-42 展示的是针织或钩针编织物及其制品制造领域全球专利主要申请国家、地区、组织的专利数量分布情况。通过分析可以了解分析对象在不同国家、地区、组织技术创新的活跃情况，从而发现主要的技术创新来源地区和重要的目标市场。

图 3-42 显示，中国、日本、韩国是针织或钩针编织物及其制品制造领域专利重点申请国家，数量分别为中国 541 526 件、日本 103 303 件，韩国 62 426 件。紧跟其后的是美国

❶ 陈汉君. 针织或钩针编织物及其制品制造产业专利分析［J］. 科技信息，2021（7）：316.

51 173 件，德国 34 169 件。企业可以跟踪、引进和消化相关领域技术，在此基础上实现技术突破。中国、日本、韩国针织或钩针编织物及其制品制造领域专利类型及数量如表 3-51 至表 3-53 所示。

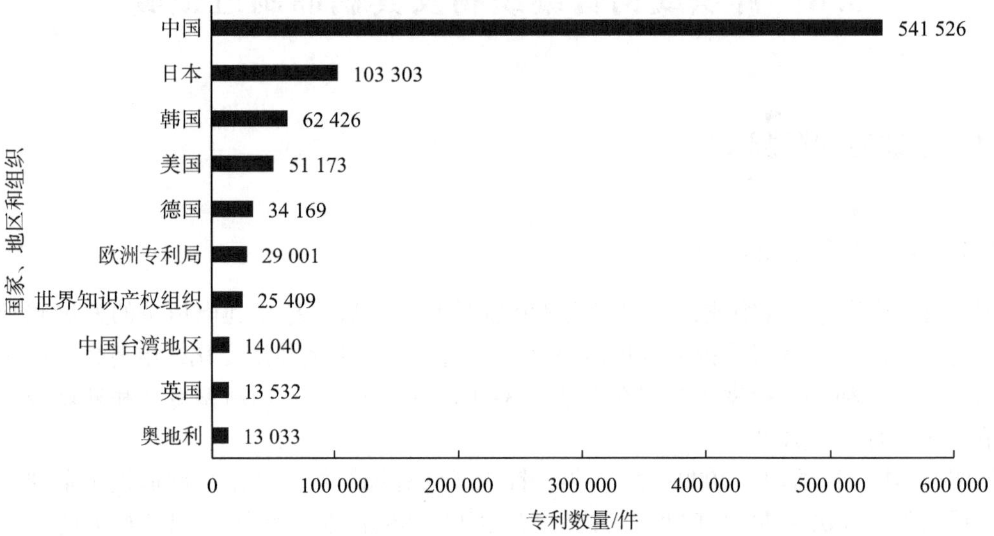

图 3-42　针织或钩针编织物及其制品制造领域全球专利主要申请国家、地区、组织分布

表 3-51　针织或钩针编织物及其制品制造领域中国专利类型及数量　　单位：件

专利类型		专利数量
发明	发明申请	73 843
	发明授权	29 125
实用新型		100 414
外观设计		338 144

表 3-52　针织或钩针编织物及其制品制造领域日本专利类型及数量　　单位：件

专利类型		专利数量
发明	发明申请	45 074
	发明授权	32 283
实用新型		19 100
外观设计		6 846

表 3-53　针织或钩针编织物及其制品制造领域韩国专利类型及数量　　单位：件

专利类型		专利数量
发明	发明申请	10 502
	发明授权	15 380
外观设计		25 459
实用新型		11 085

3.6.1.3　全球专利申请人排行

表 3-54 展示的是按照所属申请人（专利权人）的专利数量统计的申请人排名情况。通过分析可以发现创新成果积累较多的专利申请人，并据此进一步分析其专利竞争实力。

表 3-54　针织或钩针编织物及其制品制造领域全球专利数量排名前十的申请人　单位：件

排行	申请人名称	专利数量
1	PROCTER GAMBLE	6273
2	WESTFÄLISCHE TEXTIL GESELLSCHAFT KLINGENTHAL CO MBH	4886
3	TORAY INDUSTRIES	4449
4	NIKE INC	4363
5	CIBA GEIGY AG	4041
6	BAYER AG	3633
7	THE PROCTER GAMBLE COMPANY	3628
8	HOECHST AG	3626
9	NIKE INNOVATE C V	3227
10	BASF AG	3010

3.6.1.4　全球专利技术构成

表 3-55 和图 3-43 展示的是针织或钩针编织物及其制品制造领域全球专利主要技术构成的数量分布情况。通过分析可以了解分析对象覆盖的技术类别及各技术分支的创新热度。

表 3-55　针织或钩针编织物及其制品制造领域全球专利主要技术构成　单位：件

IPC 分类号（小类）	专利数量
D06M（对纤维、纱、线、织物、羽毛或由这些材料制成的纤维制品进行 D06 类内其他类目所不包括的处理）	218 496
A43B（鞋类的特征；鞋类的部件）	210 855
D06P（纺织品的染色或印花；皮革、毛皮或各种形状的固体高分子物质的染色）	100 019
D06B［纺织材料的液相、气相或蒸汽处理（为生产纤维或长丝而对天然纤维或长丝原料进行的机械处理入 D01B）〔2〕］	83 136
A47G［家庭用具或餐桌用具（书档入 A47B65/00；刀具入 B26B）］	76 108
D04B（针织）	57 417
D06C（织物的整理、上浆、拉幅或伸长〔2〕）	54 226
C11D（洗涤剂组合物；用单一物质作为洗涤剂；皂或制皂；树脂皂；甘油的回收）	43 586
D06L（干洗、水洗或漂白纤维、长丝、纱、线、织物、羽毛或纤维制品；漂白皮革或毛皮）	38 191
C09B［有机染料或用于制造染料的有关化合物；媒染剂；色淀（发酵或用酶的方法合成的目标化合物入 C12P）］	35 728

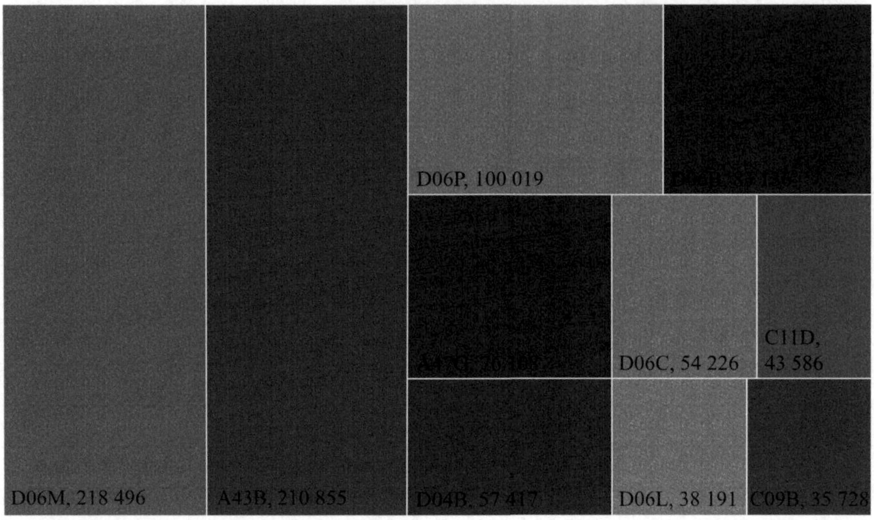

单位：件

图 3-43　针织或钩针编织物及其制品制造领域全球专利主要技术构成

对针织或钩针编织物及其制品制造领域专利按照国际专利分类号（IPC）进行统计的结果显示，D06M 小类（对纤维、纱、线、织物、羽毛或由这些材料制成的纤维制品进行 D06 类内其他类目所不包括的处理）的专利数量最多，达 218 496 件；其次是 A43B 小类（鞋类的特征；鞋类的部件），专利数量 210 855 件；再次是 D06P 小类（纺织品的染色或印花；皮革、毛皮或各种形状的固体高分子物质的染色），专利数量 100 019 件。

3.6.2　国内专利概况

3.6.2.1　国内专利申请趋势

图 3-44 展示的是针织或钩针编织物及其制品制造领域国内专利申请量的发展趋势。通过申请趋势可以从宏观层面把握分析对象在各时期的专利申请热度变化。申请数量的统计范围是已公开的专利。一般发明专利在申请后 3~18 个月公开，实用新型专利和外观设计专利在申请后 6 个月左右公开。

由图 3-44 可以看出，2000—2005 年，针织或钩针编织物及其制品制造领域专利申请量增长缓慢；2006—2012 年针织或钩针编织物及其制品制造领域专利申请量增长迅速，2006 年该领域国内专利申请量为 8628 件，2012 年该领域国内专利申请量达 92 401 件；2013—2020 年针织或钩针编织物及其制品制造领域专利申请量整体呈现下降趋势。

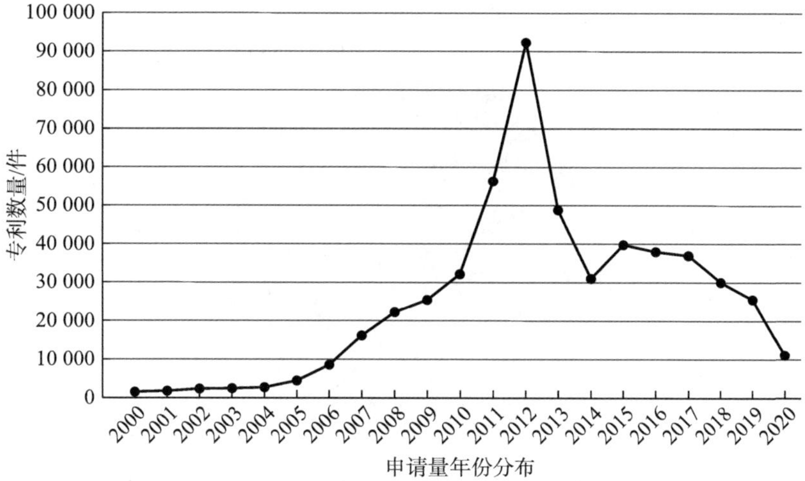

图 3-44 针织或钩针编织物及其制品制造领域国内专利申请趋势

3.6.2.2 国内专利公开趋势

图 3-45 展示的是针织或钩针编织物及其制品制造领域国内专利公开量的发展趋势。通过公开趋势可以从宏观层面把握分析对象在各时期的专利公开数量变化。

图 3-45 显示，2000—2007 年针织或钩针编织物及其制品制造领域国内专利公开数量均在 10 000 件以下；2008—2012 年针织或钩针编织物及其制品制造领域国内专利公开数量增长迅速，其中 2008 年该领域专利公开数量 13 719 件，2012 年该领域专利公开量 86 006 件；2013—2014 年该领域专利公开量迅速下降，2014 年该领域专利公开量 26 368 件；2015—2020 年针织或钩针编织物及其制品制造领域国内专利公开量整体呈现波动增加趋势。

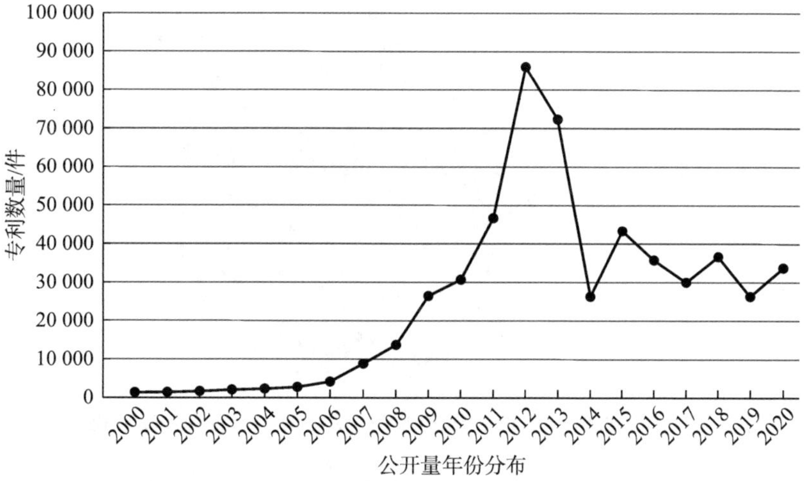

图 3-45 针织或钩针编织物及其制品制造领域国内专利公开趋势

3.6.2.3 国内专利类型分布

图 3-46 展示的是针织或钩针编织物及其制品制造领域国内专利类型分布。专利类型分

为发明专利、实用新型专利、外观设计专利。根据发明专利授权与否，又将发明细分为发明申请和发明授权。

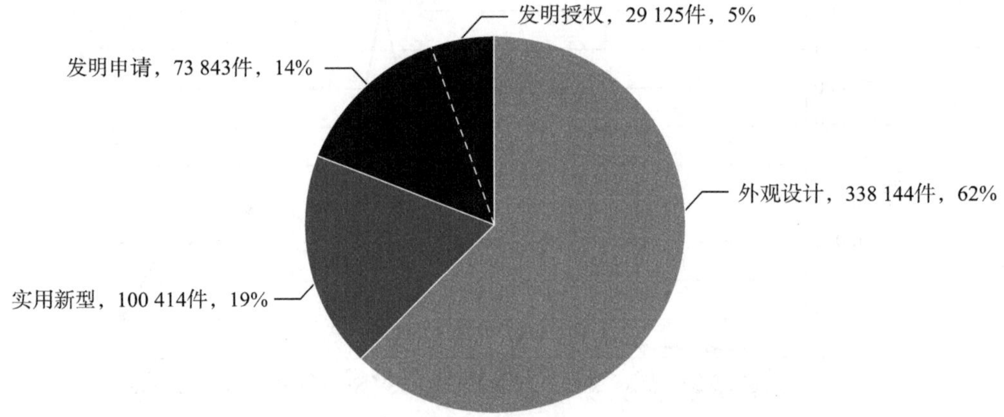

图 3-46　针织或钩针编织物及其制品制造领域国内专利类型分布

在中国专利中，经过检索获得针织或钩针编织物及其制品制造领域专利共 541 526 件。如图 3-46 所示，其中发明申请 73 843 件，占总数的 14%；发明授权 29 125 件，占总数的 5%；实用新型 100 414 件，占总数的 19%；外观设计 338 144 件，占总数的 62%。

3.6.2.4　国内专利法律状态

图 3-47 展示的是专利有效、失效、审中三种状态的占比情况，仅统计中国专利。通过该分析可以分别了解分析对象中当前已获得实质性保护、已失去专利权保护或正在审查中的专利数量分布情况，以从整体上掌握专利的权利保护和潜在风险情况，为专利权的法律性调查提供依据。筛选进入公知技术领域的失效专利，可以进行无偿使用或改进利用。

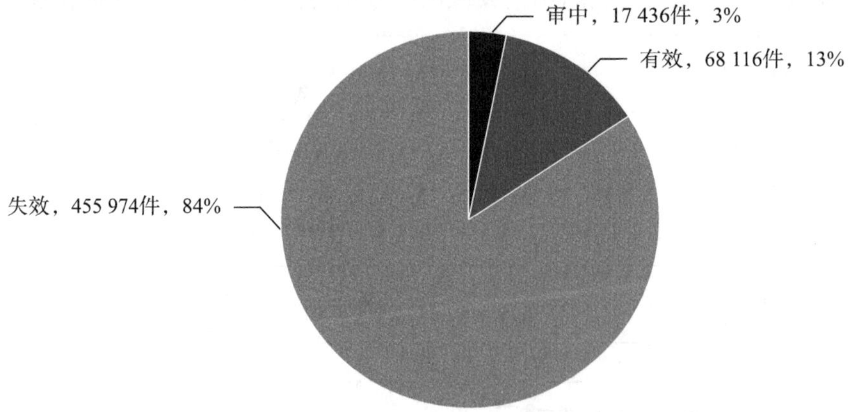

图 3-47　针织或钩针编织物及其制品制造领域国内专利法律状态分布

图 3-47 显示，有效专利 68 116 件，占专利总数的 13%；失效专利 455 974 件，占专利总数的 84%；审中专利 17 436 件，占专利总数的 3%。

3.6.2.5　国内专利技术领域分布

表 3-56 和图 3-48 展示的是针织或钩针编织物及其制品制造领域国内专利主要技术构成的数量分布情况。通过分析可以了解分析对象覆盖的技术类别及各技术分支的创新热度。

对国内针织或钩针编织物及其制品制造领域专利按照国际专利分类号（IPC）进行统计的结果显示，A43B 小类（鞋类的特征；鞋类的部件）的专利数量最多，达 57 154 件；其次是 D06M 小类（对纤维、纱、线、织物、羽毛或由这些材料制成的纤维制品进行 D06 类内其他类目所不包括的处理），专利数量 38 996 件；再次是 D06B 小类［纺织材料的液相、气相或蒸汽处理（为生产纤维或长丝而对天然纤维或长丝原料进行的机械处理入 D01B）〔2〕］，专利数量 37 961 件。

表 3-56　针织或钩针编织物及其制品制造领域国内专利主要技术构成　　单位：件

IPC 分类号（小类）	专利数量
A43B（鞋类的特征；鞋类的部件）	57 154
D06M（对纤维、纱、线、织物、羽毛或由这些材料制成的纤维制品进行 D06 类内其他类目所不包括的处理）	38 996
D06B［纺织材料的液相、气相或蒸汽处理（为生产纤维或长丝而对天然纤维或长丝原料进行的机械处理入 D01B）〔2〕］	37 961
A47G［家庭用具或餐桌用具（书档入 A47B65/00；刀具入 B26B）］	30 991
D06C（织物的整理、上浆、拉幅或伸长〔2〕）	21 010
D06P（纺织品的染色或印花；皮革、毛皮或各种形状的固体高分子物质的染色）	18 069
D04B（针织）	10 989
D03D（机织织物；织造方法；织机）	7 053
B32B（层状产品，即由扁平的或非扁平的薄层，例如泡沫状的、蜂窝状的薄层构成的产品）	6 018
A61H（理疗装置）	5 431

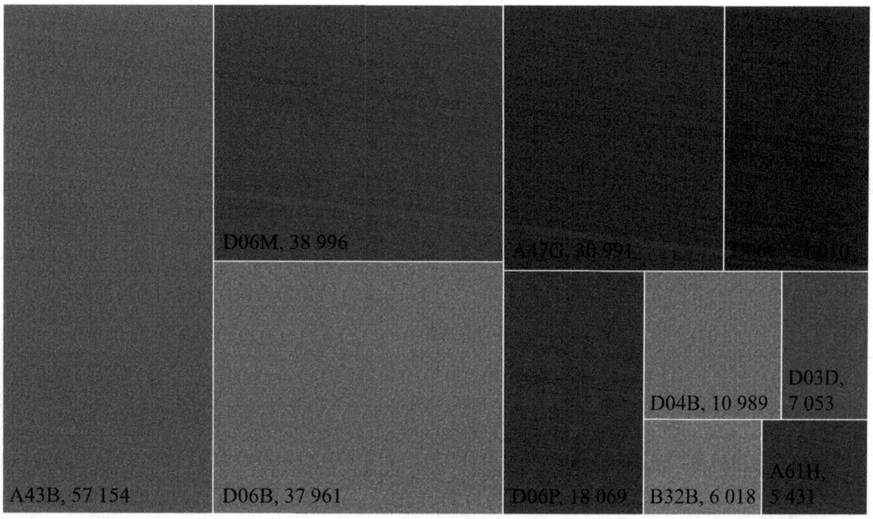

单位：件

图 3-48　针织或钩针编织物及其制品制造领域国内专利主要技术构成

3.6.2.6 国内专利主要省份分布

表3-57展示的是针织或钩针编织物及其制品制造领域国内专利在中国省级行政区域的分布情况，仅统计中国专利。通过分析可以了解在中国申请专利保护较多的省份及各省市的创新活跃程度。

表3-57 针织或钩针编织物及其制品制造领域国内专利主要省份分布 单位：件

申请人所在省份	专利数量
江苏省	286 288
浙江省	114 167
广东省	22 894
福建省	16 691
山东省	13 691
上海市	11 862
安徽省	8 522
湖北省	5 347
河南省	5 081
北京市	4 365

表3-57显示，江苏省以286 288件专利排名第一；浙江省以114 167件专利排名第二；第三是广东省，共申请针织或钩针编织物及其制品制造领域专利22 894件。福建省、山东省、上海市、安徽省、湖北省、河南省、北京市的专利数量均在20 000件以下。

3.6.2.7 重点省市发明专利申请人布局

(1) 江苏省申请人排名

表3-58列出了针织或钩针编织物及其制品制造领域国内发明专利江苏省主要申请人排名。

表3-58 针织或钩针编织物及其制品制造领域国内发明专利江苏省主要申请人排名 单位：件

排名	申请人名称	专利数量
1	江南大学	744
2	苏州大学	393
3	东丽纤维研究所（中国）有限公司	339
4	南通大学	267
5	江苏工程职业技术学院	247
6	江苏宝泽高分子材料股份有限公司	182
7	江苏阳光股份有限公司	175

续表

排名	申请人名称	专利数量
8	苏州市景荣科技有限公司	166
9	盐城工学院	129
10	江阴芗菲服饰有限公司	127

（2）浙江省申请人排名

表 3-59 列出了针织或钩针编织物及其制品制造领域国内发明专利浙江省主要申请人排名。

表 3-59 针织或钩针编织物及其制品制造领域国内发明专利浙江省主要申请人排名 单位：件

排名	申请人名称	专利数量
1	浙江理工大学	523
2	绍兴文理学院	200
3	宁波大千纺织品有限公司	115
4	浙江龙盛集团股份有限公司	106
5	桐乡市濮院毛针织技术服务中心	101
6	浙江闰土股份有限公司	92
7	嘉兴学院	90
8	浙江大学	86
9	浙江龙盛染料化工有限公司	61
10	浙江同辉纺织股份有限公司	51

（3）广东省申请人排名

表 3-60 列出了针织或钩针编织物及其制品制造领域国内发明专利广东省主要申请人排名。

表 3-60 针织或钩针编织物及其制品制造领域国内发明专利广东省主要申请人排名 单位：件

排名	申请人名称	专利数量
1	广东溢达纺织有限公司	352
2	华南理工大学	138
3	五邑大学	72
4	广东德美精细化工股份有限公司	60
5	广州番禺高勋染整设备制造有限公司	40
6	互太（番禺）纺织印染有限公司	38
7	广东工业大学	38
8	惠州市欧野科技有限公司	38

续表

排名	申请人名称	专利数量
9	立信染整机械（深圳）有限公司	34
10	广州番禺职业技术学院	33

3.7 家用纺织制成品制造领域

3.7.1 全球专利概况

3.7.1.1 全球专利申请趋势

图 3-49 展示的是家用纺织制成品制造领域全球专利申请量的发展趋势。通过申请趋势可以从宏观层面把握分析对象在各时期的专利申请热度变化。申请数量的统计范围是已公开的专利。一般发明专利在申请后 3~18 个月公开，实用新型专利和外观设计专利在申请后 6 个月左右公开。

从图 3-49 可以看出，2000—2010 年，家用纺织制成品制造领域全球专利申请量缓慢增加；2011—2016 年家用纺织制成品制造领域全球专利申请量快速增加，2011 年该领域全球专利申请量为 78 706 件，2016 年该领域全球专利申请量达 101 550 件；2017—2020 年家用纺织制成品制造领域全球专利申请量整体呈现下降趋势。

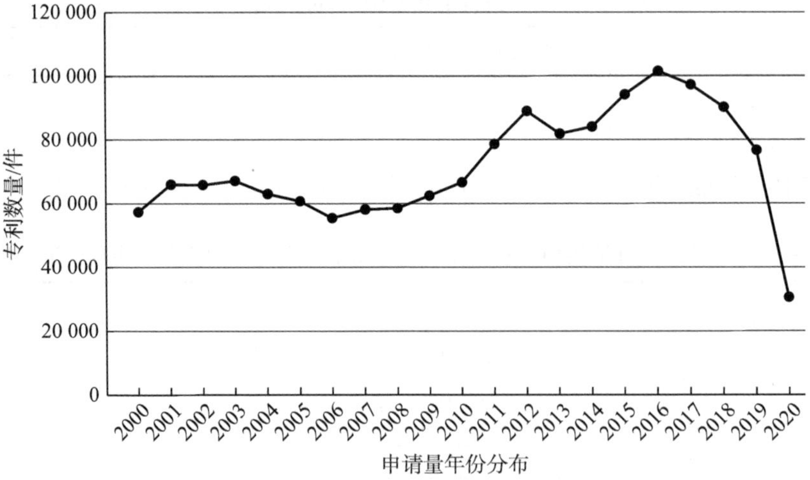

图 3-49 家用纺织制成品制造领域全球专利申请趋势

3.7.1.2　全球专利申请国家、地区、组织分布

图 3-50 展示的是家用纺织制成品制造领域全球专利在主要申请国家、地区、组织的专利数量分布情况。通过分析可以了解分析对象在不同国家、地区、组织技术创新的活跃情况，从而发现主要的技术创新来源地区和重要的目标市场。

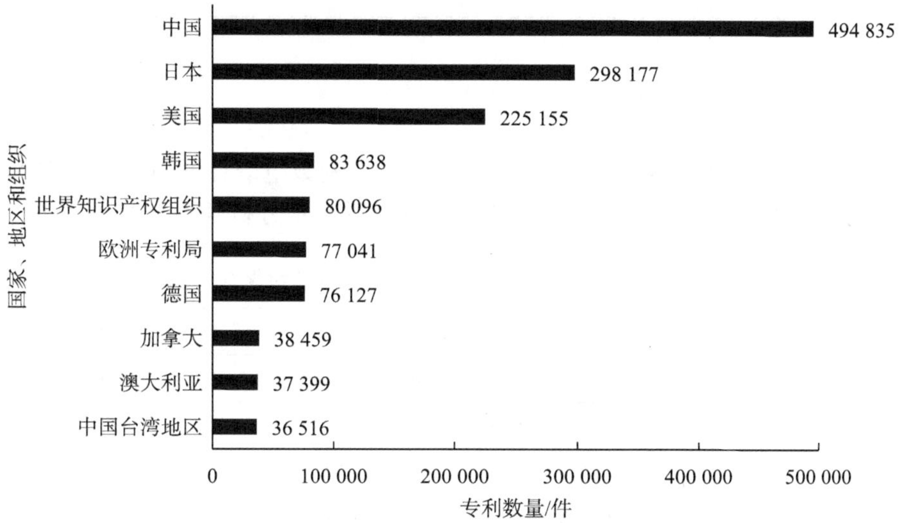

图 3-50　家用纺织制成品制造领域全球专利主要申请国家、地区、组织分布

图 3-50 显示，中国、日本、美国是家用纺织制成品制造领域专利重点申请国家，数量分别为中国 494 835 件，日本 298 177 件，美国 225 155 件。紧跟其后的是韩国 83 638 件，世界知识产权组织 80 096 件。企业可以跟踪、引进和消化相关领域技术，在此基础上实现技术突破。中国、日本、美国在家用纺织制成品制造领域专利类型及数量如表 3-61 至表 3-63 所示。

表 3-61　家用纺织制成品制造领域中国专利类型及数量　单位：件

专利类型		专利数量
发明	发明申请	122 600
	发明授权	49 888
实用新型		198 307
外观设计		124 040

表 3-62　家用纺织制成品制造领域日本专利类型及数量　单位：件

专利类型		专利数量
发明	发明申请	133 876
	发明授权	97 618
实用新型		56 691
外观设计		9 992

表 3-63　家用纺织制成品制造领域美国专利类型及数量　　单位：件

专利类型		专利数量
发明	发明授权	140 046
	发明申请	79 389
外观设计		5 720

3.7.1.3　全球专利申请人排行

表 3-64 展示的是按照所属申请人（专利权人）专利数量统计的申请人排名情况。该分析可以发现创新成果积累较多的专利申请人，并据此进一步分析其专利竞争实力。

表 3-64　家用纺织制成品制造领域全球专利数量排名前十的申请人　　单位：件

排名	申请人名称	专利数量
1	PROCTER GAMBLE	21 227
2	KIMBERLY CLARK CO	17 983
3	THE PROCTER GAMBLE COMPANY	16 991
4	KIMBERLY CLARK WORLDWIDE INC	14 538
5	UNI CHARM CORP	10 291
6	3M INNOVATIVE PROPERTIES COMPANY	7 525
7	DAINIPPON PRINTING CO LTD	7 219
8	MINNESOTA MINING MFG	7 073
9	TORAY INDUSTRIES	6 670
10	KAO CORP	6 466

3.7.1.4　全球专利技术构成

表 3-65 和图 3-51 展示的是家用纺织制成品制造领域全球专利在主要技术方向的数量分布情况。通过分析可以了解分析对象覆盖的技术类别及各技术分支的创新热度。

表 3-65　家用纺织制成品制造领域全球专利主要技术构成　　单位：件

IPC 分类号（小类）	专利数量
B32B（层状产品，即由扁平的或非扁平的薄层，例如泡沫状的、蜂窝状的薄层构成的产品）	755 817
A61F［可植入血管内的滤器；假体；为人体管状结构提供开口或防止其塌陷的装置，例如支架；整形外科、护理或避孕装置；热敷；眼或耳的治疗或保护；绷带、敷料或吸收垫；急救箱（假牙入 A61C）］	347 890
A47K（未列入其他类目的卫生设备）	290 220
D04H（制造纺织品，例如用纤维或长丝原料）	172 160
A61L（材料或消毒的一般方法或装置；空气的灭菌、消毒或除臭；绷带、敷料、吸收垫或外科用品的化学方面；绷带、敷料、吸收垫或外科用品的材料）	155 794

续表

IPC 分类号（小类）	专利数量
B29C（塑料的成型连接；塑性状态材或料的成型，不包含在其他类目中的；已成型产品的后处理，如修整）	142 452
D03D（机织织物；织造方法；织机）	108 368
D06P（纺织品的染色或印花；皮革、毛皮或各种形状的固体高分子物质的染色）	100 019
A47G［家庭用具或餐桌用具（书档入 A47B65/00；刀具入 B26B）］	90 841
C08J［加工；配料的一般工艺过程；不包括在 C08B，C08C，C08F，C08G 或 C08H 小类中的后处理（塑料的加工，如成型入 B29）〔2〕］	81 622

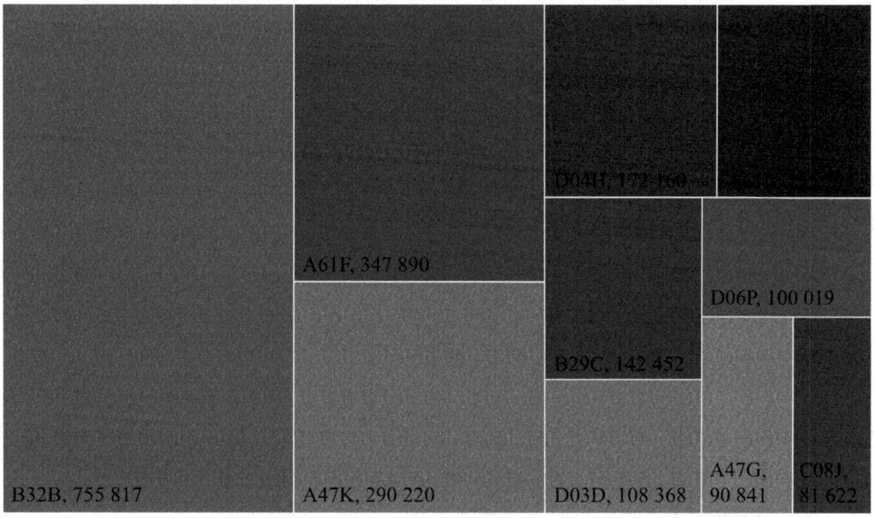

单位：件

图 3-51　家用纺织制成品制造领域全球专利主要技术构成

对家用纺织制成品制造领域专利按照国际专利分类号（IPC）进行统计的结果显示，B32B 小类（层状产品，即由扁平的或非扁平的薄层，例如泡沫状的、蜂窝状的薄层构成的产品）的专利数量最多，达 755 817 件；其次是 A61F 小类［可植入血管内的滤器；假体；为人体管状结构提供开口或防止其塌陷的装置，例如支架；整形外科、护理或避孕装置；热敷；眼或耳的治疗或保护；绷带、敷料或吸收垫；急救箱（假牙入 A61C）］，专利数量 347 890 件；再次是 A47K 小类（未列入其他类目的卫生设备），专利数量 290 220 件。

3.7.2　国内专利概况

3.7.2.1　国内专利申请趋势

图 3-52 展示的是家用纺织制成品制造领域国内专利申请量的发展趋势。通过申请趋势可以从宏观层面把握分析对象在各时期的专利申请热度变化。申请数量的统计范围是已公开

的专利。一般发明专利在申请后 3~18 个月公开，实用新型专利和外观设计专利在申请后 6 个月左右公开。

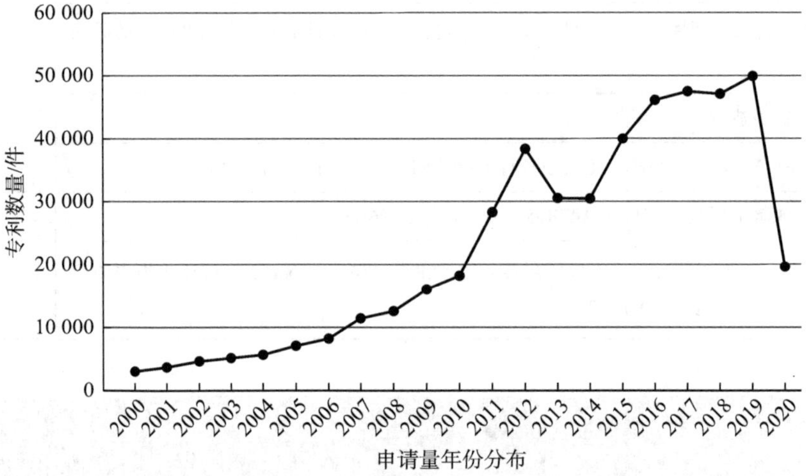

图 3-52　家用纺织制成品制造领域国内专利申请趋势

由图 3-52 可以看出，2000—2012 年，家用纺织制成品制造领域国内专利申请量逐年增加，2012 年达 38 361 件；2013—2014 年家用纺织制成品制造领域国内专利申请量有所回落；2015—2019 年家用纺织制成品制造领域国内专利申请量快速增加，2019 年达 49 937 件。

3.7.2.2　国内专利公开趋势

图 3-53 展示的是家用纺织制成品制造领域国内专利公开量的发展趋势。通过公开趋势可以从宏观层面把握分析对象在各时期的专利公开数量变化。

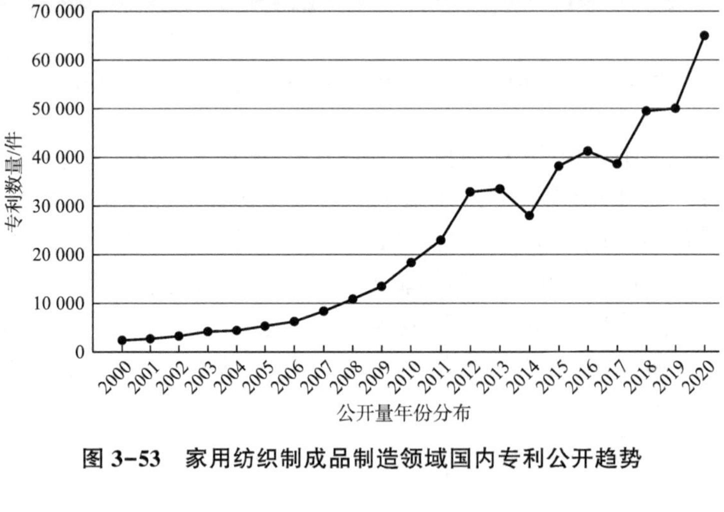

图 3-53　家用纺织制成品制造领域国内专利公开趋势

图 3-53 显示，2000—2007 年家用纺织制成品制造领域国内专利公开数量均在 10 000 件以下；2008—2020 年家用纺织制成品制造领域国内专利公开数量呈现波动增加趋势，其中 2008 年为 10 847 件，2020 年达 65 017 件。

3.7.2.3　国内专利类型分布

图 3-54 展示的是家用纺织制成品制造领域国内专利类型分布。专利类型分为发明专利、实用新型专利、外观设计专利。根据发明专利授权与否，又将发明细分为发明申请和发明授权。

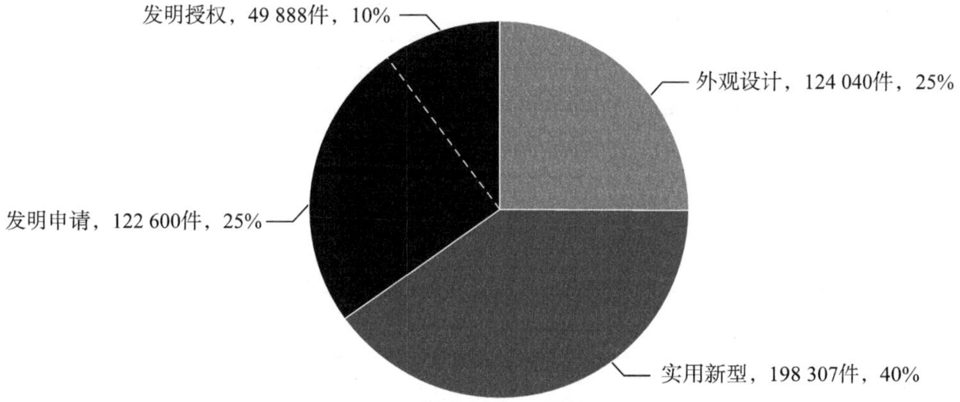

图 3-54　家用纺织制成品制造领域国内专利类型分布

在中国专利中，经过检索获得家用纺织制成品制造领域专利共 494 835 件。如图 3-54 所示，其中发明申请 122 600 件，占总数的 25%；发明授权 49 888 件，占总数的 10%；实用新型 198 307 件，占总数的 40%；外观设计 124 040 件，占总数的 25%。

3.7.2.4　国内专利法律状态

图 3-55 展示的是专利有效、失效、审中三种状态的占比情况，仅统计中国专利。通过分析可以了解分析对象当前已获得实质性保护、已失去专利权保护或正在审查中的专利数量分布情况，以从整体上掌握专利的权利保护和潜在风险情况，为专利权的法律性调查提供依据。筛选进入公知技术领域的失效专利，可以进行无偿使用或改进利用。

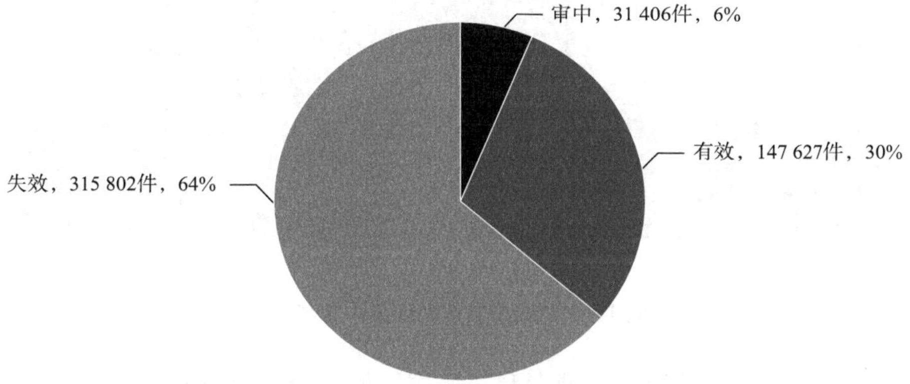

图 3-55　家用纺织制成品制造领域国内专利法律状态分布

3.7.2.5　国内专利技术领域分布

表 3-66 和图 3-56 展示的是家用纺织制成品制造领域国内专利主要技术构成的数量分

布情况。通过分析可以了解分析对象覆盖的技术类别及各技术分支的创新热度。

表 3-66 家用纺织制成品制造领域国内专利主要技术构成 单位：件

IPC 分类号（小类）	专利数量
B32B（层状产品，即由扁平的或非扁平的薄层，例如泡沫状的、蜂窝状的薄层构成的产品）	134 422
A47K（未列入其他类目的卫生设备）	68 086
A61F［可植入血管内的滤器；假体；为人体管状结构提供开口或防止其塌陷的装置，例如支架；整形外科、护理或避孕装置；热敷；眼或耳的治疗或保护；绷带、敷料或吸收垫；急救箱（假牙入 A61C）］	37 380
A47G［家庭用具或餐桌用具（书档入 A47B65/00；刀具入 B26B）］	34 896
D03D（机织织物；织造方法；织机）	25 052
D06P（纺织品的染色或印花；皮革、毛皮或各种形状的固体高分子物质的染色）	18 070
A45F（旅行或野营装备；随身携带的袋或包〔1，8〕）	17 034
D04H（制造纺织品，如用纤维或长丝原料）	16 148
A61L（材料或消毒的一般方法或装置；空气的灭菌、消毒或除臭；绷带、敷料、吸收垫或外科用品的化学方面；绷带、敷料、吸收垫或外科用品的材料）	14 191
A41D（外衣；防护服；衣饰配件）	10 867

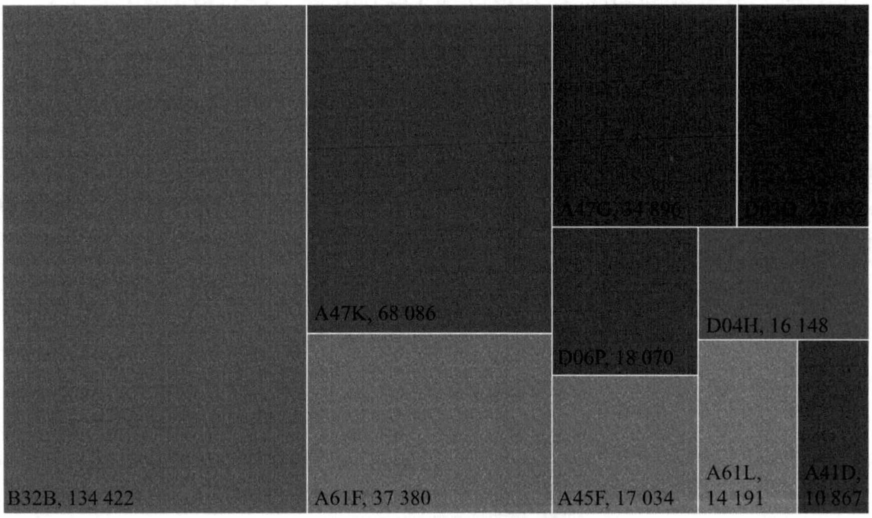

单位：件

图 3-56 家用纺织制成品制造领域国内专利主要技术构成

对国内家用纺织制成品制造领域专利按照国际专利分类号（IPC）的统计结果显示，B32B 小类（层状产品，即由扁平的或非扁平的薄层，例如泡沫状的、蜂窝状的薄层构成的产品）的专利数量最多，达 134 422 件；其次是 A47K 小类（未列入其他类目的卫生设备），专利数量为 68 086 件；再次是 A61F 小类［可植入血管内的滤器；假体；为人体管状结构提供开口或防止其塌陷的装置，例如支架；整形外科、护理或避孕装置；热敷；眼或耳的治疗或保护；绷带、敷料或吸收垫；急救箱（假牙入 A61C）］，专利申请量为 37 380 件。

3.7.2.6　国内专利省份分布

表 3-67 展示的是家用纺织制成品制造领域全球专利在中国省级行政区域的分布情况，仅统计中国专利。通过分析可以了解在中国申请专利保护较多的省份及各省份的创新活跃程度。

表 3-67　家用纺织制成品制造领域国内专利主要省份分布　单位：件

申请人所在省份	专利数量
江苏省	125 156
浙江省	76 141
广东省	53 834
山东省	28 158
福建省	21 531
上海市	19 907
安徽省	13 571
北京市	11 379
湖北省	9 961
四川省	9 720

表 3-67 显示，江苏省以 125 156 件专利排名第一；浙江省以 76 141 件专利排名第二；第三是广东省，共申请家用纺织制成品制造领域专利 53 834 件。山东省、福建省、上海市、安徽省、北京市、湖北省、四川省的专利申请量均在 30 000 件以下。

3.7.2.7　重点省市专利申请人布局

（1）江苏省申请人排名

表 3-68 列出了家用纺织制成品制造领域国内发明专利江苏省主要申请人排名。

表 3-68　家用纺织制成品制造领域国内发明专利江苏省主要申请人排名　单位：件

排名	申请人名称	专利数量
1	江南大学	533
2	东丽纤维研究所（中国）有限公司	421
3	江苏工程职业技术学院	296
4	苏州大学	267
5	南通大学	183
6	江阴芗菲服饰有限公司	183
7	江阴市杜鹃珠绣有限公司	180
8	江阴东发制衣有限公司	177
9	江阴市瀚新纺织有限公司	175

续表

排名	申请人名称	专利数量
10	江阴拓邦威纺织有限公司	168

（2）浙江省申请人排名

表 3-69 列出了家用纺织制成品制造领域国内发明专利浙江省主要申请人排名。

表 3-69　家用纺织制成品制造领域国内发明专利浙江省主要申请人排名　　单位：件

排名	申请人名称	专利数量
1	浙江理工大学	390
2	浙江大学	169
3	宁波大千纺织品有限公司	110
4	浙江龙盛集团股份有限公司	106
5	嘉兴学院	104
6	绍兴文理学院	103
7	浙江闰土股份有限公司	90
8	桐乡市濮院毛针织技术服务中心	70
9	中国科学院宁波材料技术与工程研究所	65
10	浙江工业大学	62

（3）广东省申请人排名

表 3-70 列出了家用纺织制成品制造领域国内发明专利广东省主要申请人排名。

表 3-70　家用纺织制成品制造领域国内发明专利广东省主要申请人排名　　单位：件

排名	申请人名称	专利数量
1	华南理工大学	199
2	广东溢达纺织有限公司	176
3	鸿海精密工业股份有限公司	124
4	广东生益科技股份有限公司	117
5	鸿富锦精密工业（深圳）有限公司	116
6	比亚迪股份有限公司	112
7	广东工业大学	67
8	深圳富泰宏精密工业有限公司	63
9	五邑大学	62
10	广东泰宝医疗科技股份有限公司	56

3.8　产业用纺织制成品制造领域

3.8.1　全球专利概况

3.8.1.1　全球专利申请趋势

图 3-57 展示的是产业用纺织制成品制造领域全球专利申请量的发展趋势。通过申请趋势可以从宏观层面把握分析对象在各时期的专利申请热度变化。申请数量的统计范围是已公开的专利。一般发明专利在申请后 3～18 个月公开，实用新型专利和外观设计专利在申请后 6 个月左右公开。

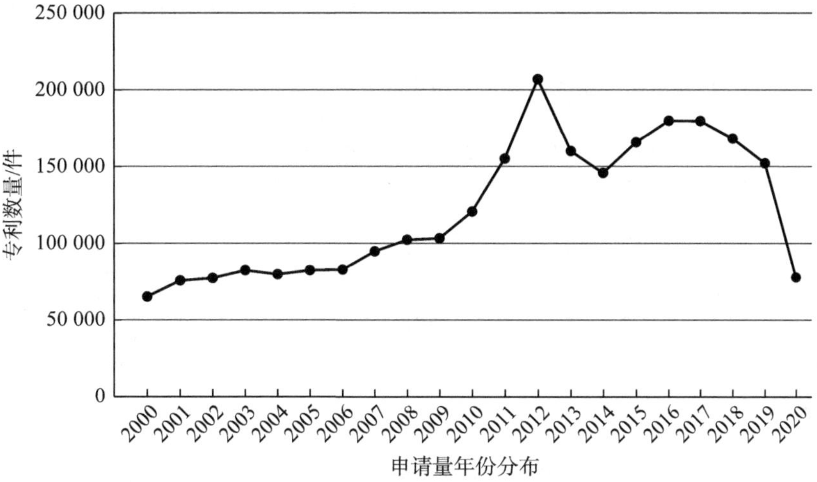

图 3-57　产业用纺织制成品制造领域全球专利申请趋势

从图 3-57 可以看出，2000—2009 年，产业用纺织制成品制造领域全球专利申请量缓慢增加；2010—2012 年产业用纺织制成品制造领域全球专利申请量快速增加，2010 年产业用纺织制成品制造领域全球专利申请量为 120 605 件，到 2012 年达到峰值，当年专利申请量达 206 936 件；2013—2014 年产业用纺织制成品制造领域全球专利申请量有所回落；2015—2020 年产业用纺织制成品制造领域全球专利申请量呈现稳定增加后回落趋势。

3.8.1.2　全球专利申请国家、地区、组织分布

图 3-58 展示的是产业用纺织制成品制造领域全球专利主要申请国家、地区、组织的专利数量分布情况。通过分析可以了解分析对象在不同国家、地区、组织技术创新的活跃情况，从而发现主要的技术创新来源地区和重要的目标市场。

图 3-58 显示，中国、日本、美国是产业用纺织制成品制造领域专利重点申请国家，数量分别为中国 1 160 008 件，日本 308 449 件，美国 235 904 件。紧跟其后的是韩国 164 248 件，英国 123 264 件。企业可以跟踪、引进和消化相关领域技术，在此基础上实现技术突

破。中国、日本、美国产业用纺织制成品制造领域专利类型及数量如表 3-71 至表 3-73 所示。

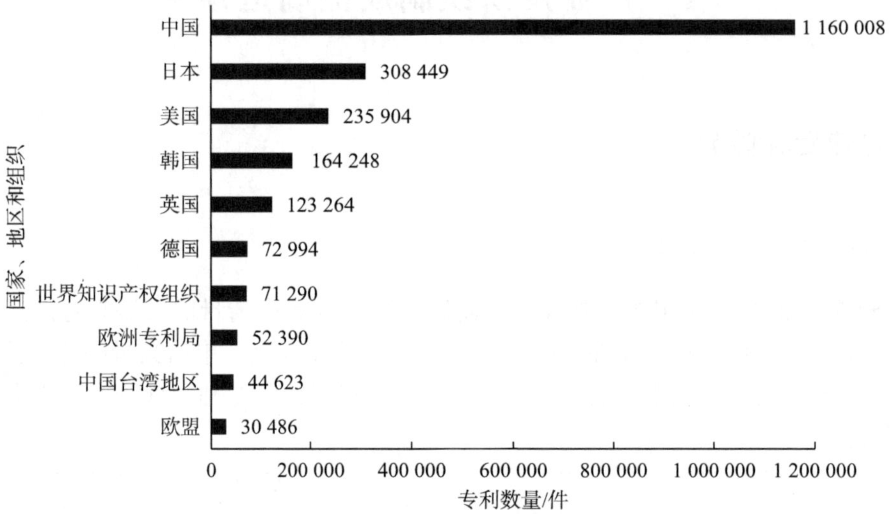

图 3-58　产业用纺织制成品制造领域全球专利主要申请国家、地区、组织分布

表 3-71　产业用纺织制成品制造领域中国专利类型及数量　　单位：件

专利类型		专利数量
发明	发明申请	132 362
	发明授权	52 674
实用新型		163 487
外观设计		811 485

表 3-72　产业用纺织制成品制造领域日本专利类型及数量　　单位：件

专利类型		专利数量
发明	发明申请	112 558
	发明授权	83 283
外观设计		80 961
实用新型		31 647

表 3-73　产业用纺织制成品制造领域美国专利类型及数量　　单位：件

专利类型		专利数量
发明	发明授权	117 117
	发明申请	72 053
外观设计		46 734

3.8.1.3　全球专利申请人排行

表 3-74 展示的是按照所属申请人（专利权人）的专利数量统计的申请人排名情况。通过分析可以发现创新成果积累较多的专利申请人，并据此进一步分析其专利竞争实力。

表 3-74　产业用纺织制成品制造领域全球专利数量排名前十的申请人　　单位：件

排名	申请人名称	专利数量
1	TORAY INDUSTRIES	8326
2	PROCTER GAMBLE	7995
3	DAINIPPON PRINTING CO LTD	7059
4	KIMBERLY CLARK CO	7033
5	3M INNOVATIVE PROPERTIES COMPANY	6367
6	THE PROCTER GAMBLE COMPANY	6011
7	MINNESOTA MINING MFG	5804
8	DU PONT	5492
9	TOPPAN PRINTING CO LTD	5420
10	DAIMLER AG	5057

3.8.1.4　全球专利技术构成

表 3-75 和图 3-59 展示的是产业用纺织制成品制造领域全球专利主要技术构成的数量分布情况。通过分析可以了解分析对象覆盖的技术类别及各技术分支的创新热度。

表 3-75　产业用纺织制成品制造领域全球专利主要技术构成　　单位：件

IPC 分类号（小类）	专利数量
B32B（层状产品，即由扁平的或非扁平的薄层，例如泡沫状的、蜂窝状的薄层构成的产品）	756 661
D06M（对纤维、纱、线、织物、羽毛或由这些材料制成的纤维制品进行 D06 类内其他类目所不包括的处理）	218 496
D04H（制造纺织品，例如用纤维或长丝原料）	172 188
A01K（畜牧业；养鸟业；养蜂业；养鱼业；捕鱼业；饲养或养殖其他类不包含的动物；动物的新品种）	139 052
B29C（塑料的成型连接；塑性状态材或料的成型，不包含在其他类目中的；已成型产品的后处理，例如修整）	136 162
D03D（机织织物；织造方法；织机）	108 523
D06B［纺织材料的液相、气相或蒸汽处理（为生产纤维或长丝而对天然纤维或长丝原料进行的机械处理入 D01B）〔2〕］	83 136
C08J［加工；配料的一般工艺过程；不包括在 C08B，C08C，C08F，C08G 或 C08H 小类中的后处理（塑料的加工，如成型入 B29）〔2〕］	82 155
C08L（高分子化合物的组合物）	74 595

续表

IPC 分类号（小类）	专利数量
C12N［微生物或酶；其组合物；繁殖、保藏或维持微生物；变异或遗传工程；培养基（微生物学的试验介质入 C12Q1/00）］	69 760

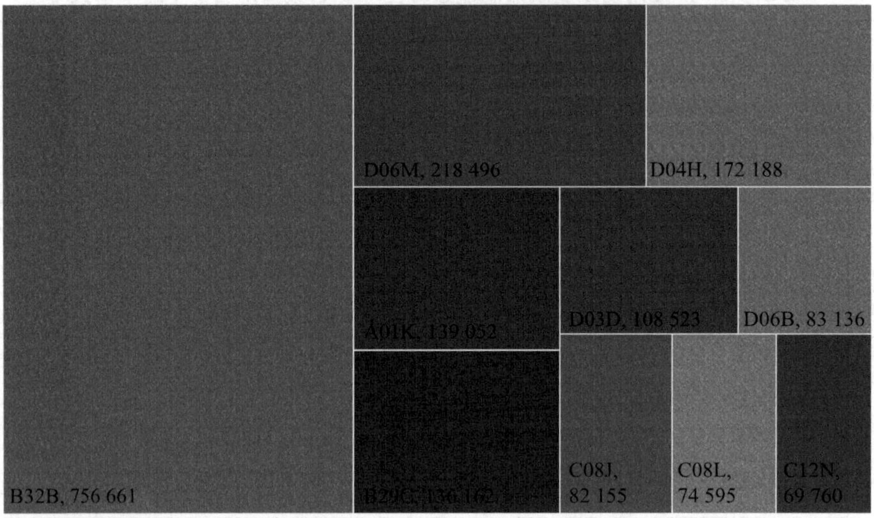

图 3-59　产业用纺织制成品制造领域全球专利主要技术构成

对产业用纺织制成品制造领域专利按照国际专利分类号（IPC）进行统计的结果显示，B32B 小类（层状产品，即由扁平的或非扁平的薄层，例如泡沫状的、蜂窝状的薄层构成的产品）的专利数量最多，达 756 661 件；其次是 D06M 小类（对纤维、纱、线、织物、羽毛或由这些材料制成的纤维制品进行 D06 类内其他类目所不包括的处理），专利数量 218 496 件；再次是 D04H 小类（制造纺织品，例如用纤维或长丝原料），专利数量 172 188 件。

3.8.2　国内专利概况

3.8.2.1　国内专利申请趋势

图 3-60 展示的是产业用纺织制成品制造领域国内专利申请量的发展趋势。通过申请趋势可以从宏观层面把握分析对象在各时期的专利申请热度变化。申请数量的统计范围是已公开的专利。一般发明专利在申请后 3~18 个月公开，实用新型专利和外观设计专利在申请后 6 个月左右公开。

由图 3-60 可以看出，2000—2012 年，产业用纺织制成品制造领域专利申请量增长迅速，2012 年该领域专利申请量达 140 498 件；2013—2014 年产业用纺织制成品制造领域专利申请量开始下降，2015—2019 年产业用纺织制成品制造领域专利申请量开始回升，2019 年达到 93 545 件。

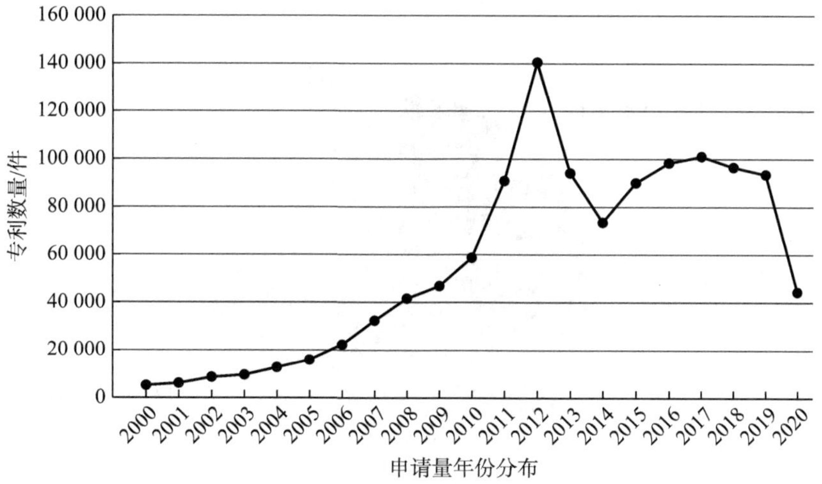

图 3-60　产业用纺织制成品制造领域国内专利申请趋势

3.8.2.2　国内专利公开趋势

图 3-61 展示的是产业用纺织制成品制造领域国内专利公开量的发展趋势。通过公开趋势可以从宏观层面把握分析对象在各时期的专利公开数量变化。

图 3-61 显示，2000—2006 年产业用纺织制成品制造领域国内专利公开数量均在 20 000 件以下；2007—2012 年产业用纺织制成品制造领域国内专利公开数量增长幅度加快，其中 2007 年 22 422 件，2012 年 130 678 件；2013—2014 年产业用纺织制成品制造领域国内专利公开数量快速下降，2014 年专利公开量为 66 374 件；2015—2020 年产业用纺织制成品制造领域国内专利公开数量呈现波动上升趋势。

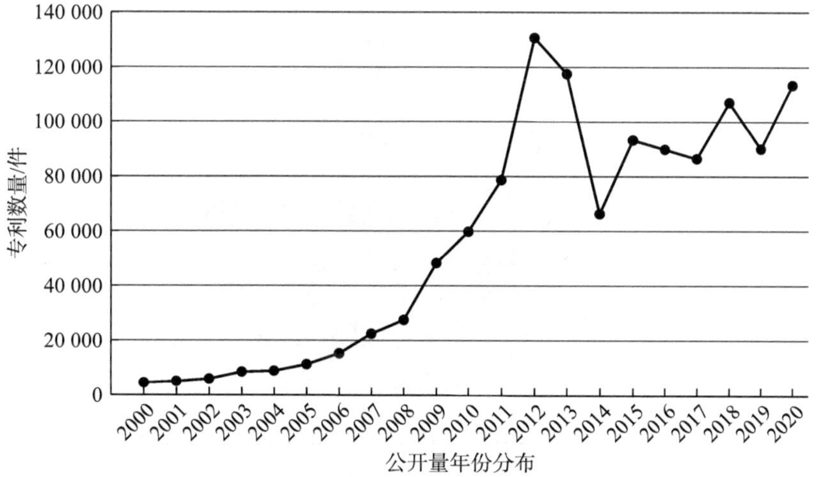

图 3-61　产业用纺织制成品制造领域国内专利公开趋势

3.8.2.3　国内专利类型分布

图 3-62 展示的是产业用纺织制成品制造领域国内专利类型分布。专利类型分为发明专

利、实用新型专利、外观设计专利。根据发明专利授权与否，又将发明细分为发明申请和发明授权。

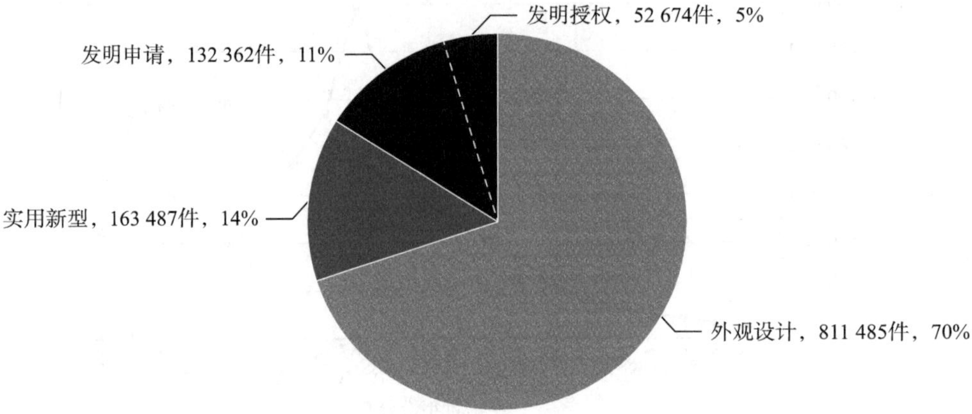

图 3-62　产业用纺织制成品制造领域国内专利类型分布

在中国专利中，经过检索获得产业用纺织制成品制造领域专利共 1 160 008 件。如图 3-62 所示，其中发明申请 132 362 件，占总数的 11%；发明授权 52 674 件，占总数的 5%；实用新型 163 487 件，占总数的 14%；外观设计 811 485 件，占总数的 70%。

3.8.2.4　国内专利法律状态

图 3-63 展示的是专利有效、失效、审中三种状态的占比情况，仅统计中国专利。通过分析可以了解分析对象当前已获得实质性保护、已失去专利权保护或正在审查中的专利数量分布情况，以从整体上掌握专利的权利保护和潜在风险情况，为专利权的法律性调查提供依据。筛选进入公知技术领域的失效专利，可以进行无偿使用或改进利用。

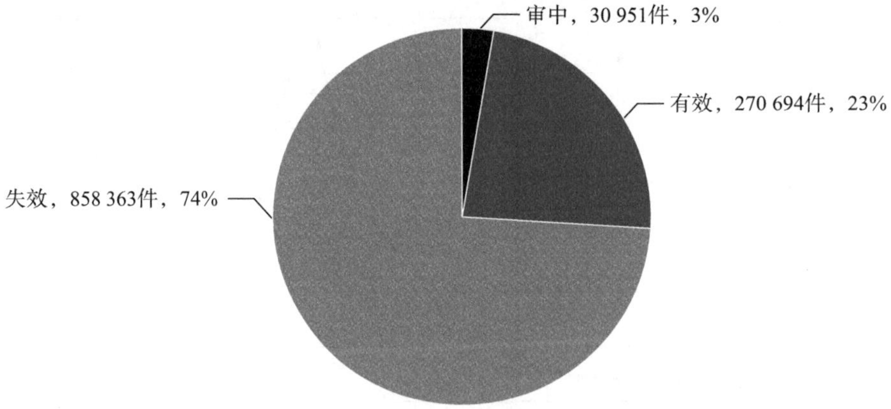

图 3-63　产业用纺织制成品制造领域国内专利法律状态分布

3.8.2.5　国内专利技术领域分布

表 3-76 和图 3-64 展示的是产业用纺织制成品制造领域国内专利主要技术构成的数量分布情况。通过分析可以了解分析对象覆盖的技术类别及各技术分支的创新热度。

对国内产业用纺织制成品制造领域专利按照国际专利分类号（IPC）进行统计的结果显

示，B32B 小类（层状产品，即由扁平的或非扁平的薄层，例如泡沫状的、蜂窝状的薄层构成的产品）的专利数量最多，达 153 092 件；其次是 D06M 小类（对纤维、纱、线、织物、羽毛或由这些材料制成的纤维制品进行 D06 类内其他类目所不包括的处理），专利数量 51 102 件；再次是 D06B 小类［纺织材料的液相、气相或蒸汽处理（为生产纤维或长丝而对天然纤维或长丝原料进行的机械处理入 D01B）〔2〕］，专利数量 42 417 件。

表 3-76　产业用纺织制成品制造领域国内专利主要技术构成　　单位：件

IPC 分类号（小类）	专利数量
B32B（层状产品，即由扁平的或非扁平的薄层，例如泡沫状的、蜂窝状的薄层构成的产品）	153 092
D06M（对纤维、纱、线、织物、羽毛或由这些材料制成的纤维制品进行 D06 类内其他类目所不包括的处理）	51 102
D06B［纺织材料的液相、气相或蒸汽处理（为生产纤维或长丝而对天然纤维或长丝原料进行的机械处理入 D01B）〔2〕］	42 417
A01K（畜牧业；禽类、鱼类、昆虫的管理；捕鱼；饲养或养殖其他类不包含的动物；动物的新品种）	39 368
D03D（机织织物；织造方法；织机）	28 816
D04H（制造纺织品，例如用纤维或长丝原料）	21 572
A62B（救生设备、救生装置或救生方法）	17 870
A45F（旅行或野营装备；随身携带的袋或包〔1，8〕）	17 558
E06C［梯子（E04F11/00 优先；阶梯式凳子入 A47C12/00；船上用梯入 B63B，飞机用梯入 B64；脚手架入 E04G）〔5，6〕［2006．01］］	15 529
D04B（针织）	13 054

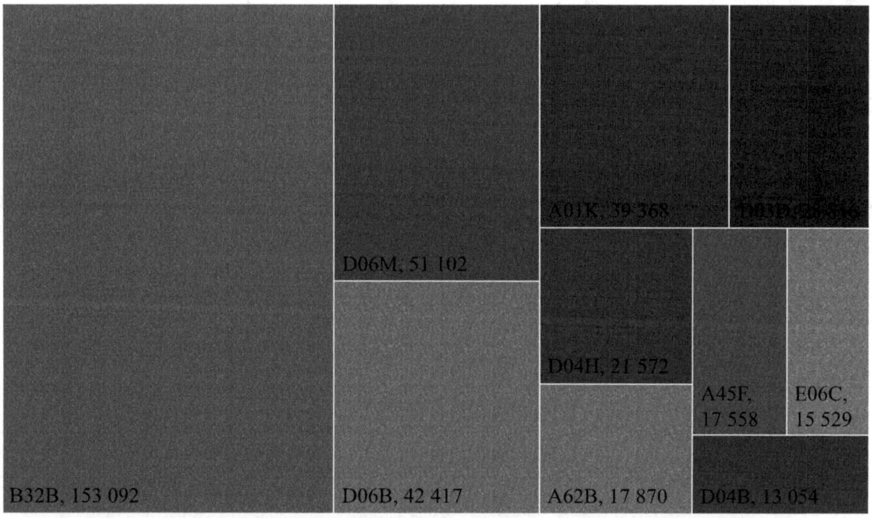

单位：件

图 3-64　产业用纺织制成品制造领域国内专利主要技术构成

3.8.2.6 国内专利省份分布

表 3-77 展示的是产业用纺织制成品制造领域国内专利在中国省级行政区域的分布情况，仅统计中国专利。通过分析可以了解在中国申请专利保护较多的省份及各省市的创新活跃程度。

表 3-77 产业用纺织制成品制造领域国内专利主要省份分布 单位：件

申请人所在省份	专利数量
江苏省	415 606
浙江省	211 423
广东省	152 362
上海市	38 183
山东省	36 451
安徽省	31 337
福建省	30 504
北京市	27 046
河北省	19 589
河南省	17 698

表 3-77 显示，江苏省以 415 606 件专利排名第一；浙江省以 211 423 件专利排名第二；第三是广东省，共申请产业用纺织制成品制造领域专利 152 362 件。上海市、山东省、安徽省、福建省、北京市、河北省、河南省的专利数量均在 50 000 件以下。

3.8.2.7 重点省市发明专利申请人布局

(1) 江苏省申请人排名

表 3-78 列出了产业用纺织制成品制造领域国内发明专利江苏省主要申请人排名。

表 3-78 产业用纺织制成品制造领域国内发明专利江苏省主要申请人排名 单位：件

排名	申请人名称	专利数量
1	江南大学	786
2	东丽纤维研究所（中国）有限公司	503
3	苏州大学	452
4	徐州一统渔具有限公司	312
5	江苏工程职业技术学院	304
6	南通大学	282
7	江阴芗菲服饰有限公司	199
8	江苏宝泽高分子材料股份有限公司	181
9	江阴东发制衣有限公司	181

续表

排名	申请人名称	专利数量
10	江苏阳光股份有限公司	179

(2) 浙江省申请人排名

表 3-79 列出了产业用纺织制成品制造领域国内发明专利浙江省主要申请人排名。

表 3-79　产业用纺织制成品制造领域国内发明专利浙江省主要申请人排名　　单位：件

排名	申请人名称	专利数量
1	浙江理工大学	517
2	浙江大学	325
3	绍兴文理学院	159
4	宁波大千纺织品有限公司	111
5	嘉兴学院	109
6	中国科学院宁波材料技术与工程研究所	98
7	浙江省农业科学院	77
8	浙江工业大学	72
9	浙江海洋大学	72
10	嵊州陌桑高科股份有限公司	69

(3) 广东省申请人排名

表 3-80 列出了产业用纺织制成品制造领域国内发明专利广东省主要申请人排名。

表 3-80　产业用纺织制成品制造领域国内发明专利广东省主要申请人排名　　单位：件

排名	申请人名称	专利数量
1	广东溢达纺织有限公司	283
2	华南理工大学	226
3	华南农业大学	159
4	中山大学	126
5	广东生益科技股份有限公司	125
6	鸿海精密工业股份有限公司	124
7	鸿富锦精密工业（深圳）有限公司	118
8	比亚迪股份有限公司	117
9	广东工业大学	74
10	深圳富泰宏精密工业有限公司	63

3.9 机织服装制造领域

3.9.1 全球专利概况

3.9.1.1 全球专利申请趋势

图 3-65 展示的是机织服装制造领域全球专利申请量的发展趋势。通过申请趋势可以从宏观层面把握分析对象在各时期的专利申请热度变化。申请数量的统计范围是已公开的专利。一般发明专利在申请后 3~18 个月公开，实用新型专利和外观设计专利在申请后 6 个月左右公开。

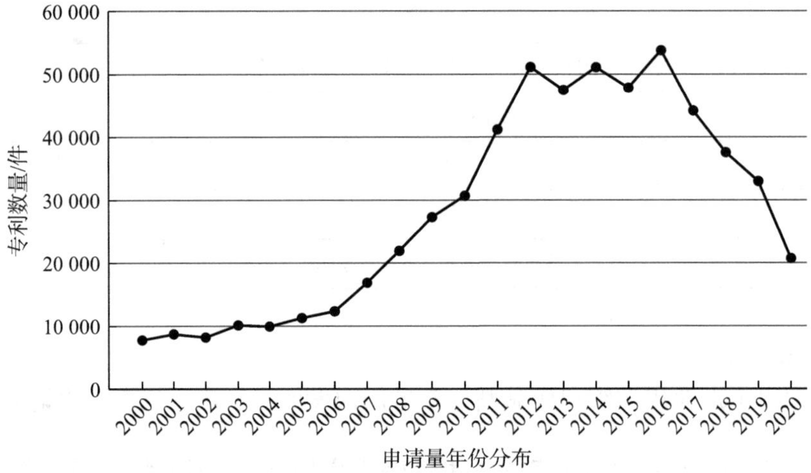

图 3-65　机织服装制造领域全球专利申请趋势

由图 3-65 可知，2000—2006 年，机织服装制造领域全球专利申请量缓慢增加，2007—2012 年机织服装制造领域全球专利申请量快速增加，其中 2007 年该领域全球专利申请量为 16 862 件，2012 年该领域全球专利申请量达 51 141 件；2013—2016 年机织服装制造领域全球专利申请量波动增加，2016 年达到峰值，当年专利申请量达 53 785 件；2017—2020 年机织服装制造领域全球专利申请量呈现迅速下降趋势。

3.9.1.2 全球专利申请国家、地区、组织分布

图 3-66 展示的是机织服装制造领域全球专利主要申请国家、地区、组织的专利数量分布情况。通过分析可以了解分析对象在不同国家、地区、组织技术创新的活跃情况，从而发现主要的技术创新来源地区和重要的目标市场。

图 3-66 显示，中国、日本、英国是机织服装制造领域专利重点申请国家，数量分别为中国 355 977 件，日本 35 958 件，英国 33 669 件。紧跟其后的是美国 23 969 件，韩国

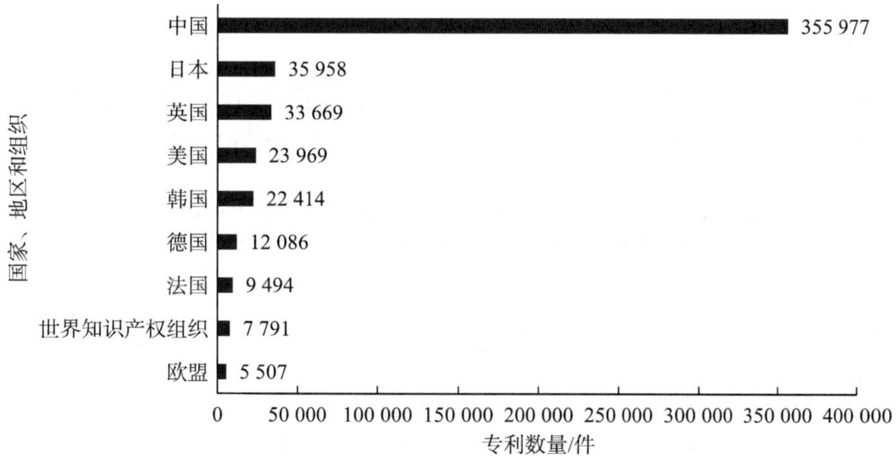

图 3-66　机织服装制造领域全球专利主要申请国家、地区、组织分布

22 414 件。企业可以跟踪、引进和消化相关领域技术，在此基础上实现技术突破。中国、日本、英国在机织服装制造领域专利类型及数量如表 3-81 至表 3-83 所示。

表 3-81　机织服装制造领域中国专利类型及数量　　单位：件

专利类型		专利数量
外观设计		282 314
实用新型		46 810
发明	发明申请	23 641
	发明授权	3 212

表 3-82　机织服装制造领域日本专利类型及数量　　单位：件

专利类型		专利数量
实用新型		12 392
发明	发明申请	11 829
	发明授权	5 263
外观设计		6 474

表 3-83　机织服装制造领域英国专利类型及数量　　单位：件

专利类型		专利数量
外观设计		31 659
发明	发明申请	1 190
	发明授权	820

3.9.1.3 全球专利申请人排行

表3-84展示的是按照所属申请人（专利权人）的专利数量统计的申请人排名情况。该分析可以发现创新成果积累较多的专利申请人，并据此进一步分析其专利竞争实力。

表3-84 机织服装制造领域全球专利数量排名前十的申请人 单位：件

排名	申请人名称	专利数量
1	PIERRE BALMAIN S A S	4679
2	NAKETANO GMBH	3684
3	JEANTEX SPORTSWEAR GMBH CO	3647
4	BUENA VISTA MODEVERTRIEBS GMBH CO KG	2967
5	宇旭时装（上海）有限公司	2947
6	衣恋时装（上海）有限公司	2862
7	TEDDY S P A	2717
8	NIKE INNOVATE C V	2612
9	BUECKLE GMBH LAUFFENER STRICKWARENFABRIK	2200
10	DAGMAR THIERSCHMIDT GMBH	2043

3.9.1.4 全球专利技术构成

表3-85、图3-67展示的是机织服装制造领域全球专利主要技术构成的数量分布情况。通过分析可以了解分析对象覆盖的技术类别及各技术分支的创新热度。

表3-85 机织服装制造领域全球专利主要技术构成 单位：件

IPC分类号（小类）	专利数量
A41D（外衣；防护服；衣饰配件）	180 764
A41B（衬衣；内衣；婴儿内衣；手帕）	53 849
A61F［可植入血管内的滤器；假体；为人体管状结构提供开口或防止其塌陷的装置，例如支架；整形外科、护理或避孕装置；热敷；眼或耳的治疗或保护；绷带、敷料或吸收垫；急救箱（假牙入A61C）］	21 732
B32B（层状产品，即由扁平的或非扁平的薄层，例如泡沫状的、蜂窝状的薄层构成的产品）	18 578
D03D（机织织物；织造方法；织机）	10 062
D06M（对纤维、纱、线、织物、羽毛或由这些材料制成的纤维制品进行D06类内其他类目所不包括的处理）	8 321
D04B（针织）	7 540
A41C（妇女紧身衣；乳罩）	6 326
A62B（救生设备、救生装置或救生方法）	5 738
D04H（制造纺织品，例如用纤维或长丝原料）	5 553

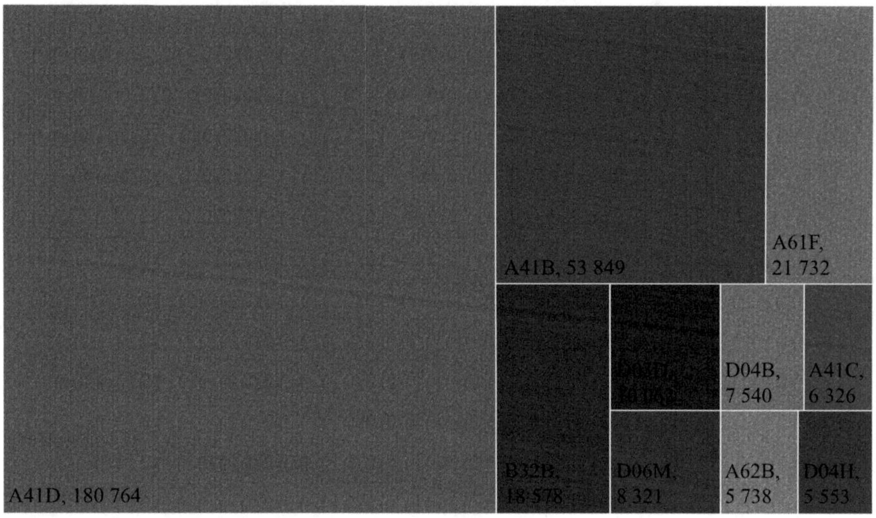

图 3-67　机织服装制造领域全球专利主要技术构成

对机织服装制造领域专利按照国际专利分类号（IPC）进行统计的结果显示，A41D 小类（外衣；防护服；衣饰配件）的专利数量最多，达 180 764 件；其次是 A41B 小类（衬衣；内衣；婴儿内衣；手帕），专利数量 53 849 件；再次是 A61F 小类［可植入血管内的滤器；假体；为人体管状结构提供开口或防止其塌陷的装置，例如支架；整形外科、护理或避孕装置；热敷；眼或耳的治疗或保护；绷带、敷料或吸收垫；急救箱（假牙入 A61C）］，专利数量 21 732 件。

3.9.2　国内专利概况

3.9.2.1　国内专利申请趋势

图 3-68 展示的是机织服装制造领域国内专利申请量的发展趋势。通过申请趋势可以从宏观层面把握分析对象在各时期的专利申请热度变化。申请数量的统计范围是已公开的专利。一般发明专利在申请后 3~18 个月公开，实用新型专利和外观设计专利在申请后 6 个月左右公开。

由图 3-68 可以看出，2000—2006 年，机织服装制造领域国内专利申请量增长缓慢，2006 年该领域国内专利申请量为 2885 件；2007—2012 年，该领域国内专利申请量快速增加，2012 年国内专利申请量达 38 326 件；2013—2014 年该领域国内专利申请量小幅增加；2015—2020 年该领域国内专利申请量波动减少，2020 年机织服装制造领域专利申请量为 12 535 件。

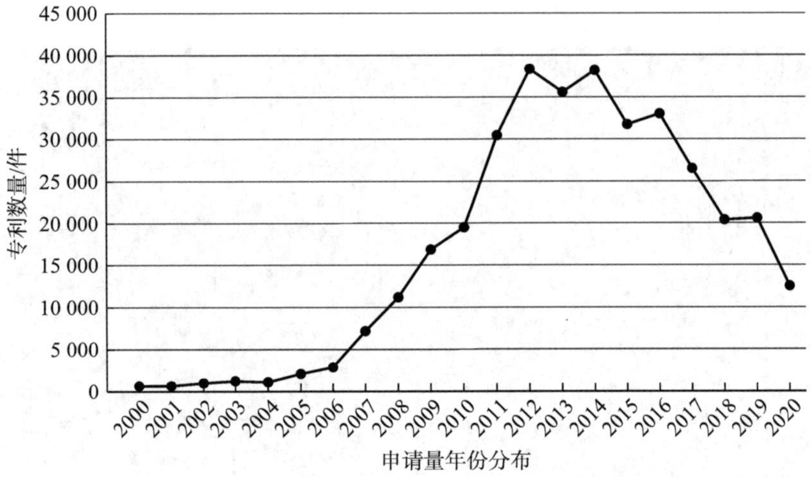

图 3-68　机织服装制造领域国内专利申请趋势

3.9.2.2　国内专利公开趋势

图 3-69 展示的是机织服装制造领域国内专利公开量的发展趋势。通过公开趋势可以从宏观层面把握分析对象在各时期的专利公开数量变化。

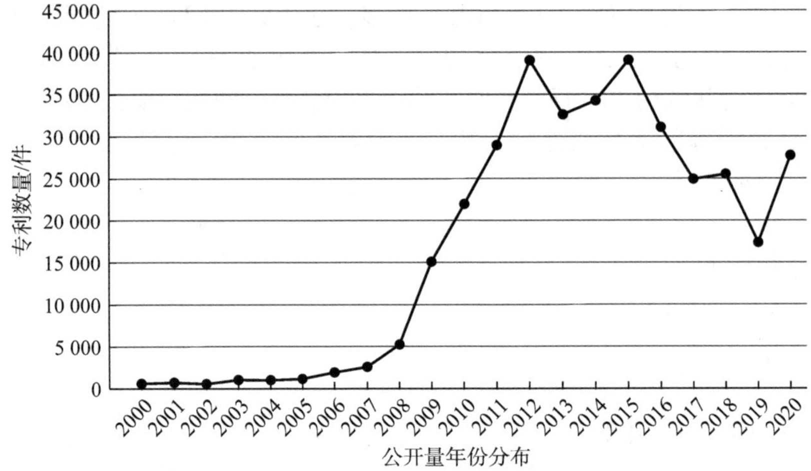

图 3-69　机织服装制造领域国内专利公开趋势

由图 3-69 可知，2000—2007 年机织服装制造领域国内专利公开量增长缓慢，总量较少，2007 年该领域国内专利公开量为 2575 件；2008—2012 年该领域国内专利公开量呈快速增加趋势，2012 年该领域国内专利公开量达 39 054 件；2013 年该领域国内专利公开量有所回落；2014—2015 年该领域国内专利公开量开始回升，2015 年该领域国内专利公开量增加至 39 073 件；2016—2019 年机织服装制造领域国内专利公开数量整体呈下降趋势，2019 年为 17 378 件；2020 年该领域专利公开量有所增加，专利公开量为 27 714 件。

3.9.2.3　国内专利类型分布

图 3-70 展示的是机织服装制造领域国内专利类型分布。专利类型分为发明专利、实用

新型专利、外观设计专利。根据发明专利授权与否，又将发明细分为发明申请和发明授权。

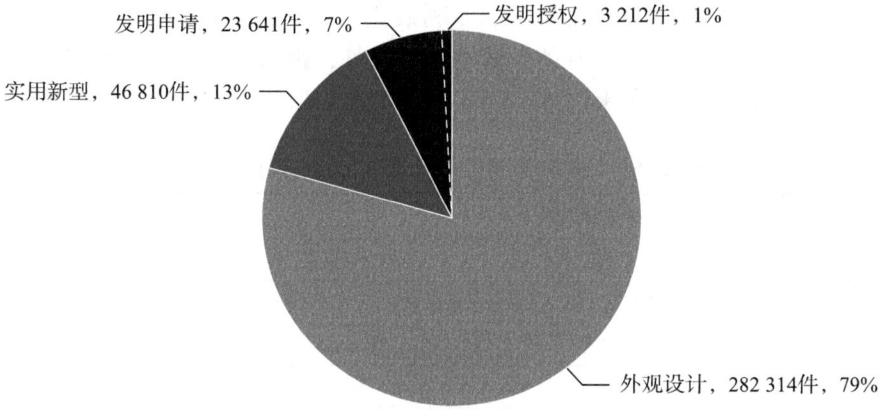

图 3–70　机织服装制造领域国内专利类型分布

在中国专利中，经过检索获得机织服装制造领域专利共 355 977 件。如图 3–70 所示，其中发明申请 23 641 件，占总数的 7%；发明授权 3212 件，占总数的 1%；实用新型 46 810 件，占总数的 13%；外观设计 282 314 件，占总数的 79%。

3.9.2.4　国内专利法律状态

图 3–71 展示的是专利有效、失效、审中三种状态的占比情况，仅统计中国专利。通过该分析可以了解分析对象当前已获得实质性保护、已失去专利权保护或正在审查中的专利数量分布情况，以从整体上掌握专利的权利保护和潜在风险情况，为专利权的法律性调查提供依据。筛选进入公知技术领域的失效专利，可以进行无偿使用或改进利用。

由图 3–71 可知，有效专利 42 720 件，占专利总数的 12%；失效专利 309 566 件，占专利总数的 87%；审中专利 3691 件，占专利总数的 1%。

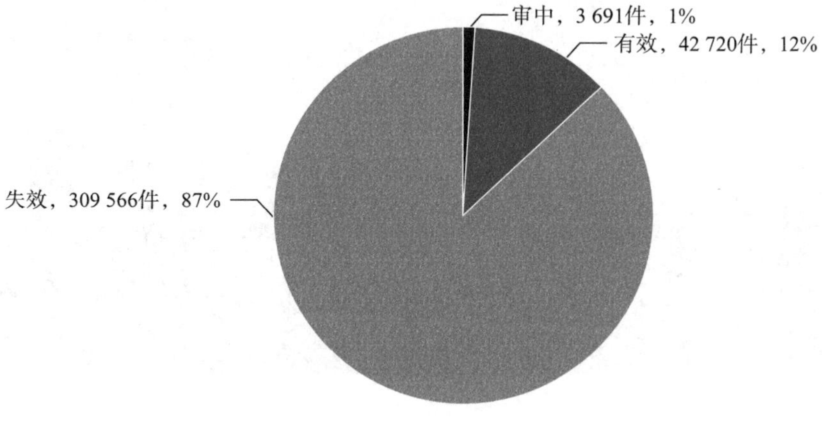

图 3–71　机织服装制造领域国内专利法律状态分布

3.9.2.5　国内专利技术领域分布

表 3–86 和图 3–72 展示的是机织服装制造领域国内专利主要技术构成的数量分布情况。通过分析可以了解分析对象覆盖的技术类别及各技术分支的创新热度。

对国内机织服装制造领域专利按照国际专利分类号（IPC）进行统计的结果显示，A41D 小类（外衣；防护服；衣饰配件）的专利数量最多，达 63 374 件；其次是 A41B 小类（衬衣；内衣；婴儿内衣；手帕），专利申请量 11 860 件；再次是 B32B 小类（层状产品，即由扁平的或非扁平的薄层，例如泡沫状的、蜂窝状的薄层构成的产品），专利数量 6316 件。

表 3-86　机织服装制造领域国内专利主要技术构成　　单位：件

IPC 分类号（小类）	专利数量
A41D（外衣；防护服；衣饰配件）	63 374
A41B（衬衣；内衣；婴儿内衣；手帕）	11 860
B32B（层状产品，即由扁平的或非扁平的薄层，例如泡沫状的、蜂窝状的薄层构成的产品）	6 316
D03D（机织织物；织造方法；织机）	3 376
A61F［可植入血管内的滤器；假体；为人体管状结构提供开口或防止其塌陷的装置，例如支架；整形外科、护理或避孕装置；热敷；眼或耳的治疗或保护；绷带、敷料或吸收垫；急救箱（假牙入 A61C）］	2 025
A61N（电疗；磁疗；放射疗；超声波疗）	1 732
D06M（对纤维、纱、线、织物、羽毛或由这些材料制成的纤维制品进行 D06 类内其他类目所不包括的处理）	1 557
A61H（理疗装置）	1 325
D04B（针织）	1 265
A61M（将介质输入人体内或输到人体上的器械）	1 154

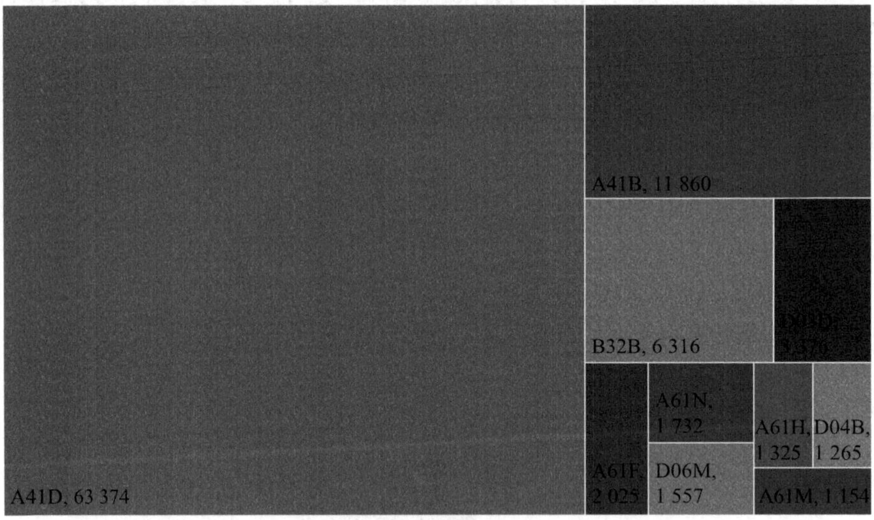

单位：件

图 3-72　机织服装制造领域国内专利主要技术构成

3.9.2.6　国内专利主要省份分布

表 3-87 展示的是机织服装制造领域国内专利在中国省级行政区域的分布情况，仅统计中国专利。通过该分析可以了解在中国申请专利保护较多的省份及各省市的创新活跃程度。

表 3-87　机织服装制造领域国内专利主要省份分布　　单位：件

申请人所在省份	专利数量
江苏省	181 761
浙江省	60 386
广东省	26 891
上海市	15 021
福建省	11 782
山东省	7 388
辽宁省	4 934
北京市	4 855
河南省	4 471
安徽省	4 196

表 3-87 显示，江苏省以 181 761 件专利排名第一；浙江省以 60 386 件专利排名第二；第三是广东省，共申请机织服装制造领域专利 26 891 件；第四是上海市，共申请机织服装制造领域专利 15 021 件；第五是福建省，共申请机织服装制造领域专利 11 782 件。山东省、辽宁省、北京市、河南省、安徽省的专利申请量均在 10 000 件以下。

3.9.2.7　重点省市发明专利申请人布局

(1) 江苏省申请人排名

表 3-88 列出了机织服装制造领域国内发明专利江苏省主要申请人排名。

表 3-88　机织服装制造领域国内发明专利江苏省主要申请人排名　　单位：件

排名	申请人名称	专利数量
1	江阴芗菲服饰有限公司	126
2	江苏阳光毛纺服装技术开发有限公司	111
3	江阴拓邦威纺织有限公司	110
4	江阴市瀚新纺织有限公司	109
5	江阴捷豹针织制衣有限公司	108
6	江阴东发制衣有限公司	107
7	江阴市红卫青山纺织有限公司	107
8	江阴市诚信特种印花有限公司	107
9	江阴新全盛纺织印染有限公司	107
10	江苏云蝠服饰股份有限公司	105

（2）浙江省申请人排名

表 3-89 列出了机织服装制造领域国内发明专利浙江省主要申请人排名。

表 3-89 机织服装制造领域国内发明专利浙江省主要申请人排名 单位：件

排名	申请人名称	专利数量
1	浙江理工大学	52
2	宁波市镇海锐得贸易有限公司	33
3	海宁汉德袜业有限公司	30
4	绍兴哈通针纺有限公司	23
5	浙江金三发粘合衬有限公司	21
6	浙江大学	17
7	海宁市万事达袜业有限公司	17
8	宁波江北怡和工业设计有限公司	16
9	宁波市晶杰国际物流有限公司	15
10	宁波六艺服饰设计有限公司	14

（3）广东省申请人排名

表 3-90 列出了机织服装制造领域国内发明专利广东省主要申请人排名。

表 3-90 机织服装制造领域国内发明专利广东省主要申请人排名 单位：件

排名	申请人名称	专利数量
1	广东溢达纺织有限公司	41
2	深圳沃海森科技有限公司	19
3	广东电网有限责任公司	14
4	佛山市南海区佳妍内衣有限公司	12
5	华南理工大学	12
6	宏杰内衣股份有限公司	11
7	广州市极合技术咨询有限公司	10
8	惠州市埃里克科技有限公司	10
9	惠州学院	9
10	东莞市汇星染织有限公司	8
11	广东天物新材料科技有限公司	8

3. 10　针织或钩针编织服装制造领域

3. 10. 1　全球专利概况

3. 10. 1. 1　全球专利申请趋势

图 3-73 展示的是针织或钩针编织服装制造领域全球专利申请量的发展趋势。通过申请趋势可以从宏观层面把握分析对象在各时期的专利申请热度变化。申请数量的统计范围是已公开的专利。一般发明专利在申请后 3~18 个月公开，实用新型专利和外观设计专利在申请后 6 个月左右公开。

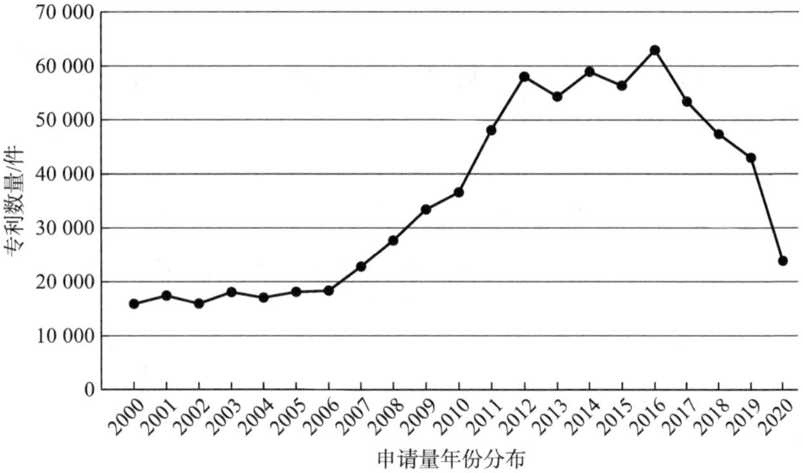

图 3-73　针织或钩针编织服装制造领域全球专利申请趋势

由图 3-73 可以看出，2000—2006 年，针织或钩针编织服装制造领域全球专利申请量缓慢增加；2007—2012 年针织或钩针编织服装制造领域全球专利申请量逐年增加；2013—2016 年针织或钩针编织服装制造领域全球专利申请量波动增加，2016 年该领域全球专利申请量达 62 965 件；2017—2020 年针织或钩针编织服装制造领域全球专利申请量呈下降趋势，2020 年针织或钩针编织服装制造领域全球专利申请量为 23 894 件。

3. 10. 1. 2　全球专利申请国家、地区、组织分布

图 3-74 展示的是针织或钩针编织服装制造领域全球专利主要申请国家、地区、组织的专利数量分布情况。通过分析可以了解分析对象在不同专利申请国家、地区、组织技术创新的活跃情况，从而发现主要的技术创新来源地区和重要的目标市场。

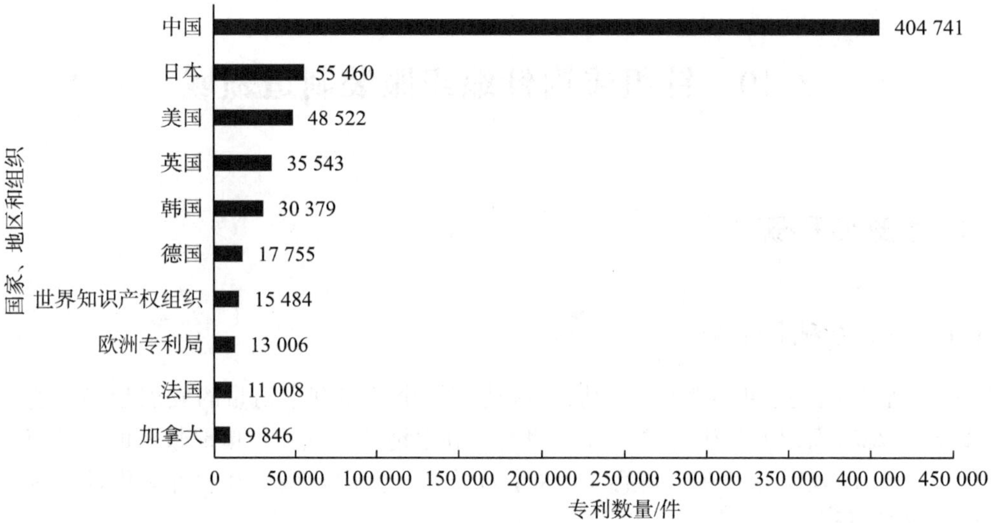

图 3-74　针织或钩针编织服装制造领域全球专利主要申请国家、地区、组织分布

图 3-74 显示，中国、日本、美国是针织或钩针编织服装制造领域专利重点申请国家，数量分别为中国 404 741 件，日本 55 460 件，美国 48 522 件。紧跟其后的是英国 35 543 件，韩国 30 379 件等。企业可以跟踪、引进和消化相关领域技术，在此基础上实现技术突破。中国、日本、美国在针织或钩针编织服装制造领域专利类型及数量如表 3-91 至表 3-93 所示。

表 3-91　针织或钩针编织服装制造领域中国专利类型及数量　　单位：件

专利类型		专利数量
外观设计		282 314
实用新型		82 640
发明	发明申请	32 443
	发明授权	7 304

表 3-92　针织或钩针编织服装制造领域日本专利类型及数量　　单位：件

专利类型		专利数量
发明	发明申请	20 150
	发明授权	11 670
实用新型		17 166
外观设计		6 474

表 3-93　针织或钩针编织服装制造领域美国专利类型及数量　　单位：件

专利类型		专利数量
发明	发明授权	28 298
	发明申请	14 980
外观设计		5 244

3.10.1.3　全球专利申请人排行

表 3-94 展示的是按照所属申请人（专利权人）的专利数量统计的申请人排名情况。该分析可以发现创新成果积累较多的专利申请人，并据此进一步分析其专利竞争实力。

表 3-94　针织或钩针编织服装制造领域全球专利数量排名前十的申请人　　单位：件

排名	申请人名称	专利数量
1	PROCTER GAMBLE	9129
2	PIERRE BALMAIN S A S	4679
3	THE PROCTER GAMBLE COMPANY	4437
4	UNI CHARM CORP	4372
5	KIMBERLY CLARK CO	4365
6	NAKETANO GMBH	3684
7	JEANTEX SPORTSWEAR GMBH CO	3647
8	BUENA VISTA MODEVERTRIEBS GMBH CO KG	2967
9	宇旭时装（上海）有限公司	2947
10	衣恋时装（上海）有限公司	2862

3.10.1.4　全球专利技术构成

表 3-95 和图 3-75 展示的是针织或钩针编织服装制造领域全球专利主要技术构成的数量分布情况。通过该分析可以了解分析对象覆盖的技术类别及各技术分支的创新热度。

表 3-95　针织或钩针编织服装制造领域全球专利主要技术构成　　单位：件

IPC 分类号（小类）	专利数量
A61F［可植入血管内的滤器；假体；为人体管状结构提供开口或防止其塌陷的装置，例如支架；整形外科、护理或避孕装置；热敷；眼或耳的治疗或保护；绷带、敷料或吸收垫；急救箱（假牙入 A61C）］	224 836
A41D（外衣；防护服；衣饰配件）	182 566
A41B（衬衣；内衣；婴儿内衣；手帕）	54 738
A41C（妇女紧身衣；乳罩）	30 649
B32B（层状产品，即由扁平的或非扁平的薄层，例如泡沫状的、蜂窝状的薄层构成的产品）	27 418
A61B［诊断；外科；鉴定（分析生物材料入 G01N，如 G01N33/48）］	23 739
A61H（理疗装置）	16 465
A61L（材料或消毒的一般方法或装置；空气的灭菌、消毒或除臭；绷带、敷料、吸收垫或外科用品的化学方面；绷带、敷料、吸收垫或外科用品的材料）	16 435
A61M（将介质输入人体内或输到人体上的器械）	15 622
D03D（机织织物；织造方法；织机）	10 560

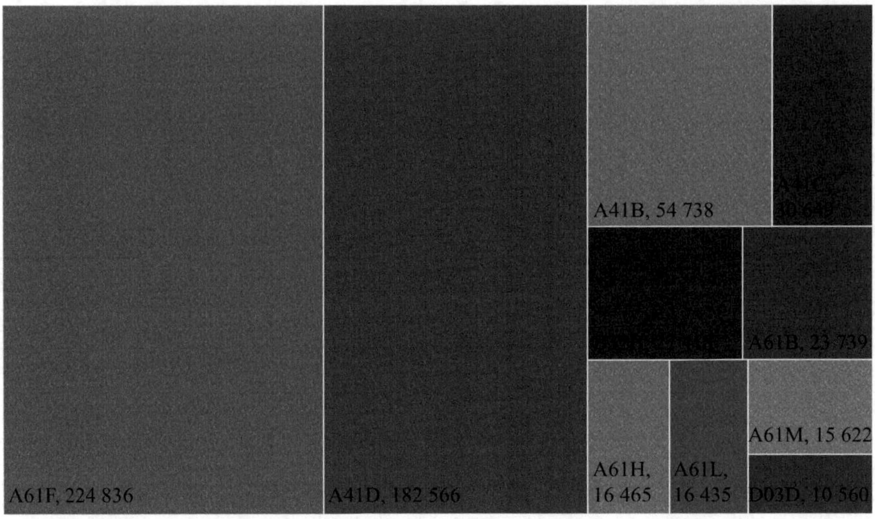

单位：件

图 3-75 针织或钩针编织服装制造领域全球专利主要技术构成

对针织或钩针编织服装制造领域专利按照国际专利分类号（IPC）进行的统计显示，A61F 小类［可植入血管内的滤器；假体；为人体管状结构提供开口或防止其塌陷的装置，例如支架；整形外科、护理或避孕装置；热敷；眼或耳的治疗或保护；绷带、敷料或吸收垫；急救箱（假牙入 A61C）］的专利数量最多，达 224 836 件；其次是 A41D 小类（外衣；防护服；衣饰配件），专利数量 182 566 件；第三是 A41B 小类（衬衣；内衣；婴儿内衣；手帕），专利数量 54 738 件。

3. 10. 2 国内专利概况

3. 10. 2. 1 国内专利申请趋势

图 3-76 展示的是针织或钩针编织服装制造领域国内专利申请量的发展趋势。通过申请趋势可以从宏观层面把握分析对象在各时期的专利申请热度变化。申请数量的统计范围是已公开的专利。一般发明专利在申请后 3~18 个月公开，实用新型专利和外观设计专利在申请后 6 个月左右公开。

由图 3-76 可以看出，2000—2006 年，针织或钩针编织服装制造领域国内专利申请量增长缓慢，2006 年达 3733 件；2007—2012 年针织或钩针编织服装制造领域国内专利申请量增长快速，2012 年申请量达 40 213 件；2013 年该领域国内专利申请量有所回落，2014 年该领域专利申请量达到峰值 40 684 件；2015—2020 年针织或钩针编织服装制造领域国内专利申请量呈波动下降趋势，2020 年该领域国内专利申请量为 14 787 件。

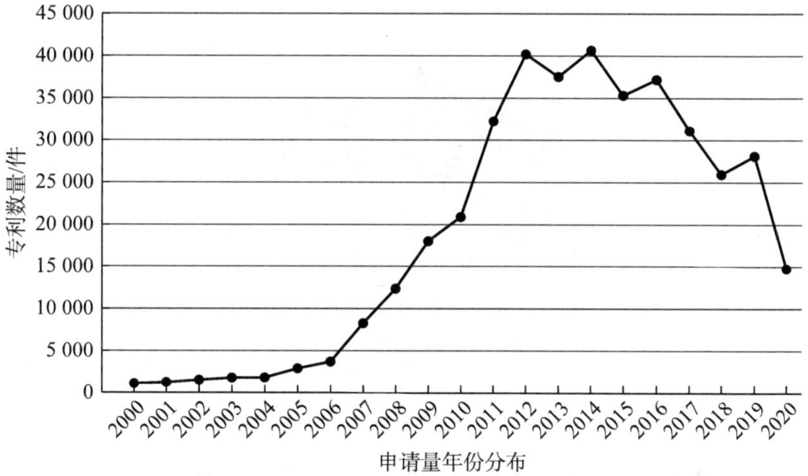

图 3-76　针织或钩针编织服装制造领域国内专利申请趋势

3.10.2.2　国内专利公开趋势

图 3-77 展示的是针织或钩针编织服装制造领域国内专利公开量的发展趋势。通过公开趋势可以从宏观层面把握分析对象在各时期的专利公开数量变化。

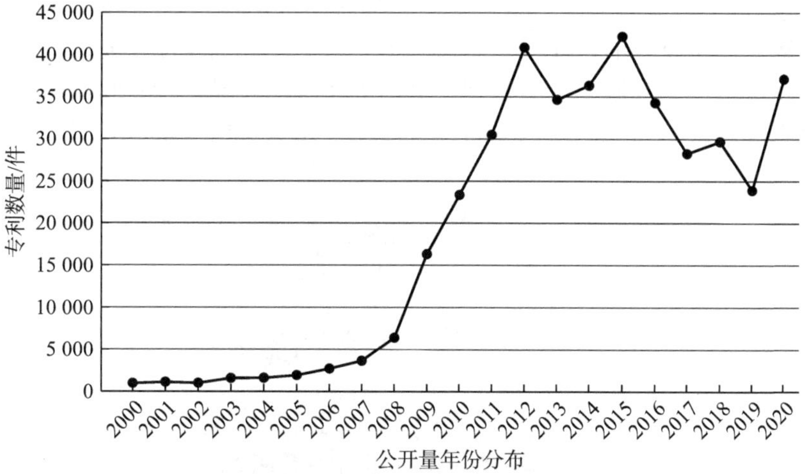

图 3-77　针织或钩针编织服装制造领域国内专利公开趋势

由图 3-77 可知，2000—2007 年国内针织或钩针编织服装制造领域专利公开数量增幅缓慢；2008—2012 年该领域国内专利公开数量快速增加，2012 年专利公开量达 40 894 件；2013—2014 年该领域国内专利公开量有所回落，2015 年达到峰值 42 205 件；2016—2019 年国内针织或钩针编织服装制造领域专利公开数量整体呈现下降趋势，2020 年专利公开数量有所回升，当年专利公开量为 37 156 件。

3.10.2.3　国内专利类型分布

图 3-78 展示的是针织或钩针编织服装制造领域国内专利类型分布。专利类型分为发明专利、实用新型专利、外观设计专利。根据发明专利授权与否，又将发明细分为发明申请和发明授权。

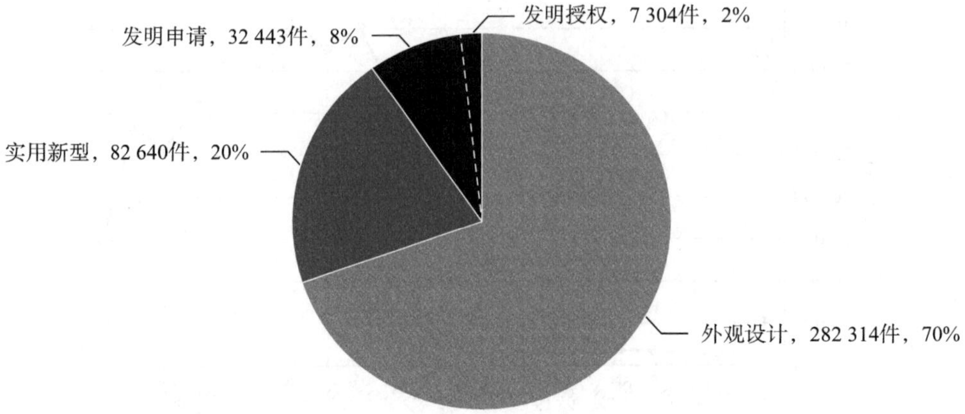

图 3-78 针织或钩针编织服装制造领域国内专利类型分布

在中国专利中，经过检索获得针织或钩针编织服装制造领域专利共 404 701 件。如图 3-78 所示，其中发明申请 32 443 件，占总数的 8%；发明授权 7304 件，占总数的 2%；实用新型 82 640 件，占总数的 20%；外观设计 282 314 件，占总数的 70%。

3.10.2.4 国内专利法律状态

图 3-79 展示的是专利有效、失效、审中三种状态的占比情况，仅统计中国专利。通过该分析可以了解分析对象当前已获得实质性保护、已失去专利权保护或正在审查中的专利数量分布情况，以从整体上掌握专利的权利保护和潜在风险情况，为专利权的法律性调查提供依据。筛选进入公知技术领域的失效专利，可以进行无偿使用或改进利用。

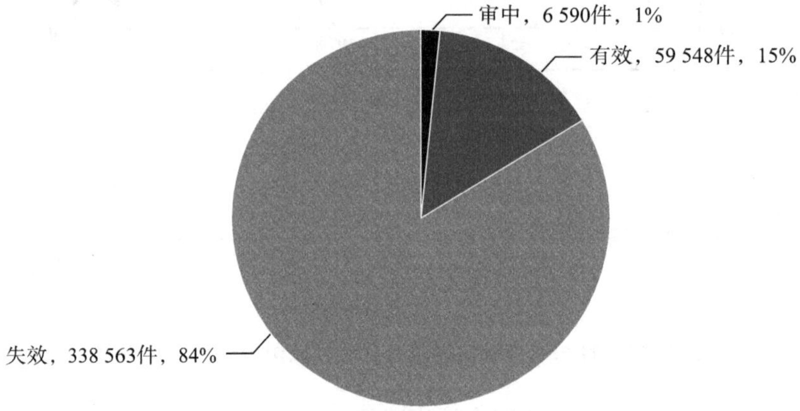

图 3-79 针织或钩针编织服装制造领域国内专利法律状态分布

由图 3-79 可知，有效专利 59 548 件，占专利总数的 15%；失效专利 338 563 件，占专利总数的 84%；审中专利 6590 件，占专利总数的 1%。

3.10.2.5 国内专利技术领域分布

表 3-96 和图 3-80 展示的是针织或钩针编织服装制造领域国内专利主要技术构成的数量分布情况。通过分析可以了解分析对象覆盖的技术类别及各技术分支的创新热度。

对国内针织或钩针编织服装制造领域专利按照国际专利分类号（IPC）统计的结果显示，A41D 小类（外衣；防护服；衣饰配件）的专利数量最多，达 63 677 件；其次是 A61F 小类［可植入血管内的滤器；假体；为人体管状结构提供开口或防止其塌陷的装置，例如支架；整形外科、护理或避孕装置；热敷；眼或耳的治疗或保护；绷带、敷料或吸收垫；急救箱（假牙入 A61C）］，专利数量 43 228 件；再次是 A41B 小类（衬衣；内衣；婴儿内衣；手帕），专利数量 11 901 件。

表 3-96 针织或钩针编织服装制造领域国内专利主要技术构成 单位：件

IPC 分类号（小类）	专利数量
A41D（外衣；防护服；衣饰配件）	63 677
A61F［可植入血管内的滤器；假体；为人体管状结构提供开口或防止其塌陷的装置，例如支架；整形外科、护理或避孕装置；热敷；眼或耳的治疗或保护；绷带、敷料或吸收垫；急救箱（假牙入 A61C）］	43 228
A41B（衬衣；内衣；婴儿内衣；手帕）	11 901
A41C（妇女紧身衣；乳罩）	8 685
B32B（层状产品，即由扁平的或非扁平的薄层，例如泡沫状的、蜂窝状的薄层构成的产品）	6 670
A61H（理疗装置）	6 557
A61M（将介质输入人体内或输到人体上的器械）	4 664
A61N（电疗；磁疗；放射疗；超声波疗）	3 610
A61B［诊断；外科；鉴定（分析生物材料入 G01N，如 G01N33/48）］	3 592
D03D（机织织物；织造方法；织机）	3 427

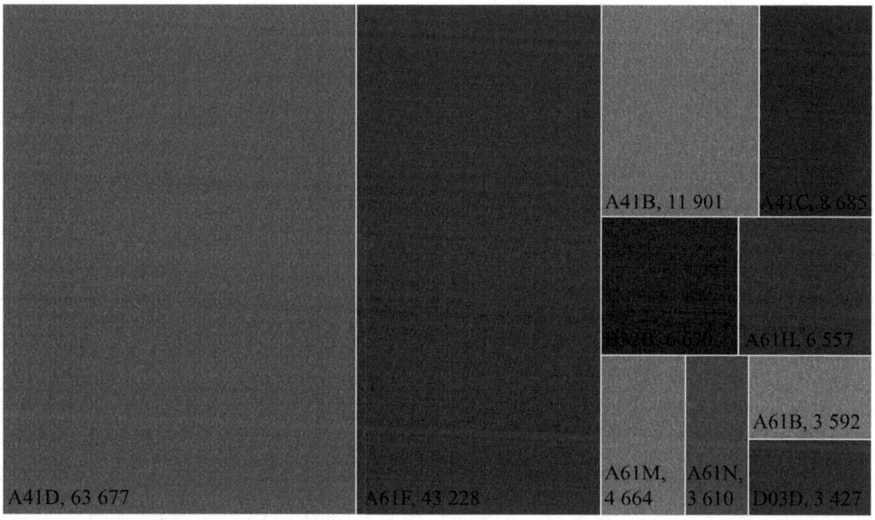

单位：件

图 3-80 针织或钩针编织服装制造领域国内专利主要技术构成

3.10.2.6 国内专利省份分布

表 3-97 展示的是针织或钩针编织服装制造领域国内专利在中国省级行政区域的分布情

况，仅统计中国专利。通过分析可以了解在中国申请专利保护较多的省份及其创新活跃程度。

表 3-97　针织或钩针编织服装制造领域国内专利主要省份分布　　单位：件

申请人所在省份	专利数量
江苏省	186 335
浙江省	63 747
广东省	32 813
上海市	17 039
山东省	14 767
福建省	12 773
北京市	6 969
河南省	6 480
辽宁省	5 912
四川省	5 561

表 3-97 显示，江苏省以 186 335 件专利排名第一；浙江省以 63 747 件专利排名第二；第三是广东省，共申请针织或钩针编织服装制造领域专利 32 813 件；第四是上海市，共申请专利 17 039 件；第五是山东省，共申请专利 14 767 件；第六是福建省，共申请专利 127 73 件。北京市、河南省、辽宁省、四川省的专利申请量均在 10 000 件以下。

3.10.2.7　重点省市发明专利申请人布局

(1) 江苏省申请人排名

表 3-98 列出了针织或钩针编织服装制造领域国内发明专利江苏省主要申请人排名。

表 3-98　针织或钩针编织服装制造领域国内发明专利江苏省主要申请人排名　　单位：件

排名	申请人排名	专利数量
1	江阴芗菲服饰有限公司	126
2	江苏阳光毛纺服装技术开发有限公司	112
3	江阴拓邦威纺织有限公司	110
4	江阴市瀚新纺织有限公司	109
5	江阴捷豹针织制衣有限公司	108
6	江阴东发制衣有限公司	107
7	江阴市红卫青山纺织有限公司	107
8	江阴市诚信特种印花有限公司	107
9	江阴新全盛纺织印染有限公司	107
10	江苏云蝠服饰股份有限公司	105

（2）广东省申请人排名

表 3-99 列出了针织或钩针编织服装制造领域国内发明专利广东省主要申请人排名。

表 3-99　针织或钩针编织服装制造领域国内发明专利广东省主要申请人排名　单位：件

排名	申请人名称	专利数量
1	广东溢达纺织有限公司	43
2	宏杰内衣股份有限公司	36
3	安莉芳（中国）服装有限公司	35
4	广东工业大学	21
5	北京大学深圳医院	19
6	深圳沃海森科技有限公司	19
7	佛山市南海区佳妍内衣有限公司	17
8	广东都市丽人实业有限公司	15
9	东莞市魔丽身段服装有限公司	14
10	华南理工大学	14

（3）浙江省申请人排名

表 3-100 列出了针织或钩针编织服装制造领域国内发明专利浙江省主要申请人排名。

表 3-100　针织或钩针编织服装制造领域国内发明专利浙江省主要申请人排名　单位：件

排名	申请人名称	专利数量
1	浙江理工大学	57
2	浙江大学	35
3	宁波市镇海锐得贸易有限公司	33
4	海宁汉德袜业有限公司	30
5	绍兴哈通针纺有限公司	25
6	浙江金三发粘合衬有限公司	21
7	海宁市叶氏针织有限公司	20
8	海宁市万事达袜业有限公司	17
9	宁波江北怡和工业设计有限公司	16
10	宁波市晶杰国际物流有限公司	15

3.11 服饰制造领域

3.11.1 全球专利概况

3.11.1.1 全球专利申请趋势

图 3-81 展示的是服饰制造领域全球专利申请量的发展趋势。通过申请趋势可以从宏观层面把握分析对象在各时期的专利申请热度变化。申请数量的统计范围是已公开的专利。一般发明专利在申请后 3~18 个月公开，实用新型专利和外观设计专利在申请后 6 个月左右公开。

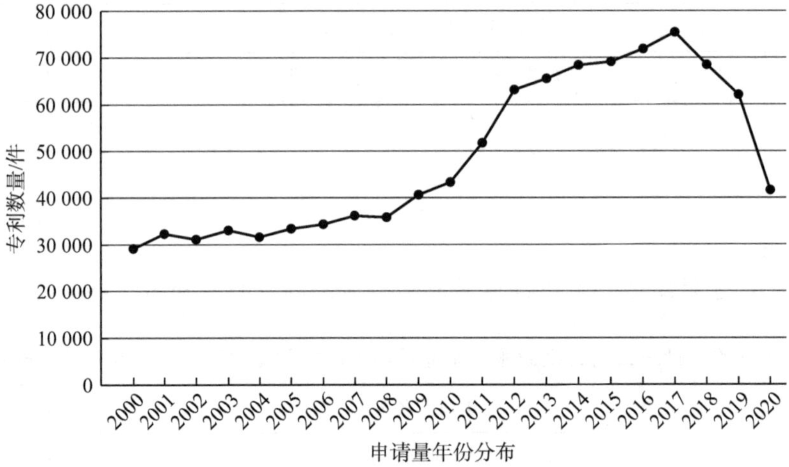

图 3-81 服饰制造领域全球专利申请趋势

从图 3-81 可以看出，2000—2008 年，服饰制造领域全球专利申请量缓慢增加；2009—2017 年服饰制造领域全球专利申请量快速增加，2017 年申请量达 75 468 件；2018—2020 年服饰制造领域全球专利申请量呈下降趋势。

3.11.1.2 全球专利申请国家、地区、组织分布

图 3-82 展示的是服饰制造领域全球专利主要申请国家、地区、组织的专利数量分布情况。通过分析可以了解分析对象在不同国家、地区、组织技术创新的活跃情况，从而发现主要的技术创新来源地区和重要的目标市场。

图 3-82 显示，中国、日本、美国三国是服饰制造领域专利重点申请国家，数量分别为中国 365 374 件，日本 117 485 件，美国 80 100 件。紧跟其后的是英国 67 049 件，韩国 57 842 件。企业可以跟踪、引进和消化相关领域技术，在此基础上实现技术突破。中国、日本、美国在服饰制造领域专利类型及数量如表 3-101 至表 3-103 所示。

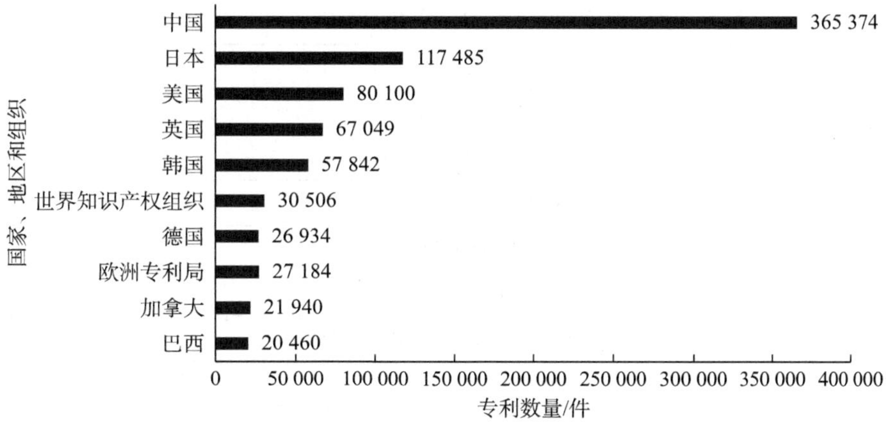

图 3-82 服饰制造领域全球专利主要申请国家、地区、组织分布

表 3-101 服饰制造领域中国专利类型及数量 单位：件

专利类型		专利数量
外观设计		229 857
实用新型		60 794
发明	发明申请	52 144
	发明授权	22 579

表 3-102 服饰制造领域日本专利类型及数量 单位：件

专利类型		专利数量
发明	发明申请	44 310
	发明授权	36 061
实用新型		18 943
外观设计		18 171

表 3-103 服饰制造领域美国专利类型及数量 单位：件

专利类型		专利数量
发明	发明授权	43 032
	发明申请	20 312
外观设计		16 756

3.11.1.3 全球专利申请人排行

表 3-104 展示的是按照所属申请人（专利权人）的专利数量统计的申请人排名情况。通过分析可以发现创新成果积累较多的专利申请人，并据此进一步分析其专利竞争实力。

表 3-104 服饰制造领域全球专利数量排名前十的申请人

单位：件

排名	申请人名称	专利数量
1	PROCTER GAMBLE	20 495
2	NIKE INNOVATE C V	20 377
3	RIEKER SCHUH AG	17 450
4	THE PROCTER GAMBLE COMPANY	14 885
5	KIMBERLY CLARK CO	13 242
6	KIMBERLY CLARK WORLDWIDE INC	10 523
7	UNI CHARM CORP	9 218
8	KAO CORP	6 732
9	UNI-CHARM CORPORATION	5 211
10	Unicharm Corporation	5 181

3.11.1.4 全球专利技术构成

表 3-105 和图 3-83 展示的是服饰制造领域全球专利主要技术构成的数量分布情况。通过该分析可以了解分析对象覆盖的技术类别及各技术分支的创新热度。

表 3-105 服饰制造领域全球专利主要技术构成

单位：件

IPC 分类号（小类）	专利数量
A61F［可植入血管内的滤器；假体；为人体管状结构提供开口或防止其塌陷的装置，例如支架；整形外科、护理或避孕装置；热敷；眼或耳的治疗或保护；绷带、敷料或吸收垫；急救箱（假牙入 A61C）］	335 989
D06M（对纤维、纱、线、织物、羽毛或由这些材料制成的纤维制品进行 D06 类内其他类目所不包括的处理）	218 496
A41D（外衣；防护服；衣饰配件）	116 797
A61L（材料或消毒的一般方法或装置；空气的灭菌、消毒或除臭；绷带、敷料、吸收垫或外科用品的化学方面；绷带、敷料、吸收垫或外科用品的材料）	66 965
D04B（针织）	57 125
B32B（层状产品，即由扁平的或非扁平的薄层，例如泡沫状的、蜂窝状的薄层构成的产品）	55 821
D04H（制造纺织品）	43 153
A41B（衬衣；内衣；婴儿内衣；手帕）	39 878
A42B［帽子；头部覆盖物（头带入 A41D20/00）（头巾入 A41D23/00）］	35 610
A61K（医用、牙科用或梳妆用的配制品）	33 638

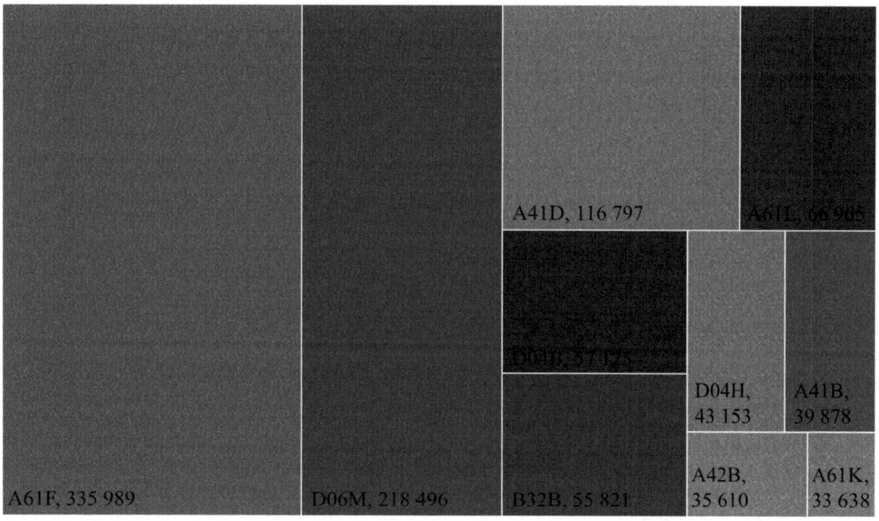

单位：件

图 3-83　服饰制造领域全球专利主要技术构成

对服饰制造领域专利按照国际专利分类号（IPC）进行统计结果显示，A61F 小类［可植入血管内的滤器；假体；为人体管状结构提供开口或防止其塌陷的装置，例如支架；整形外科、护理或避孕装置；热敷；眼或耳的治疗或保护；绷带、敷料或吸收垫；急救箱（假牙入 A61C）］的专利数量最多，达 335 989 件；其次是 D06M 小类（对纤维、纱、线、织物、羽毛或由这些材料制成的纤维制品进行 D06 类内其他类目所不包括的处理），专利数量 218 496 件；再次是 A41D 小类（外衣；防护服；衣饰配件），专利数量 116 797 件。

3.11.2　国内专利概况

3.11.2.1　国内专利申请趋势

图 3-84 展示的是服饰制造领域国内专利申请量的发展趋势。通过申请趋势可以从宏观层面把握分析对象在各时期的专利申请热度变化。申请数量的统计范围是已公开的专利。一般发明专利在申请后 3~18 个月公开，实用新型专利和外观设计专利在申请后 6 个月左右公开。

由图 3-84 可以看出，2000—2004 年，服饰制造领域专利申请量增长缓慢，2004 年服饰制造领域专利申请量为 2473 件；2005—2014 年服饰制造领域专利申请量增长迅速，2014 年该领域专利申请量达 33 903 件；2015—2016 年该领域专利申请量有所回落，2017 年上升达到峰值 35 325 件；2018—2020 年服饰制造领域国内专利申请量呈现下降趋势。

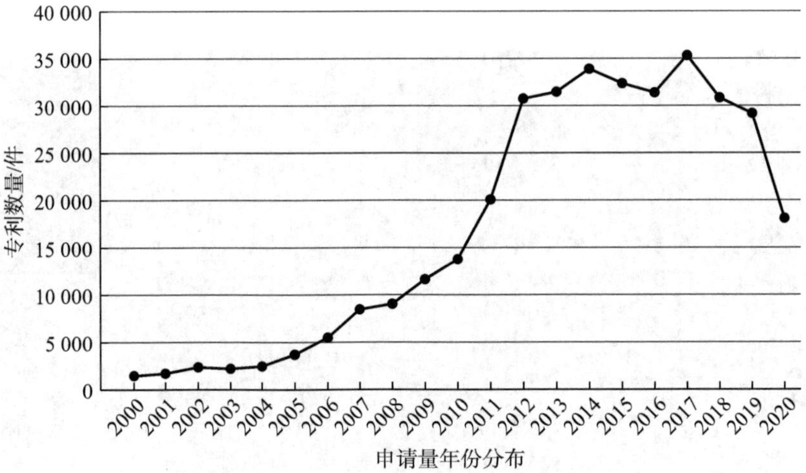

图 3-84　服饰制造领域国内专利申请趋势

3.11.2.2　国内专利公开趋势

图 3-85 展示的是服饰制造领域国内专利公开量的发展趋势。通过公开趋势可以从宏观层面把握分析对象在各时期的专利公开数量变化。

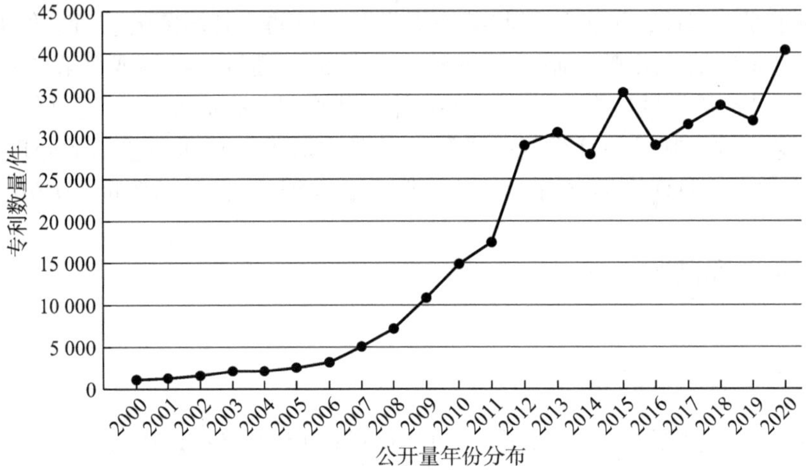

图 3-85　服饰制造领域国内专利公开趋势

由图 3-85 可以看出，服饰制造领域国内专利公开数量整体呈上升态势。2000—2006 年服饰制造领域国内专利公开数量增幅缓慢，2006 年专利公开量 3188 件；2007—2013 年服饰制造领域国内专利公开数量增长迅速，2013 年专利公开数量达 30 503 件；2014 年该领域专利公开量有所回落，2015 年专利公开量增长至 35 262 件；2016—2020 年国内服饰制造领域专利公开量整体呈现上升趋势，2020 年国内服饰制造领域专利公开量达到峰值 40 325 件。

3.11.2.3　国内专利类型分布

图 3-86 展示的是服饰制造领域国内专利类型分布。专利类型分为发明专利、实用新型专利、外观设计专利。根据发明专利授权与否，又将发明细分为发明申请和发明授权。

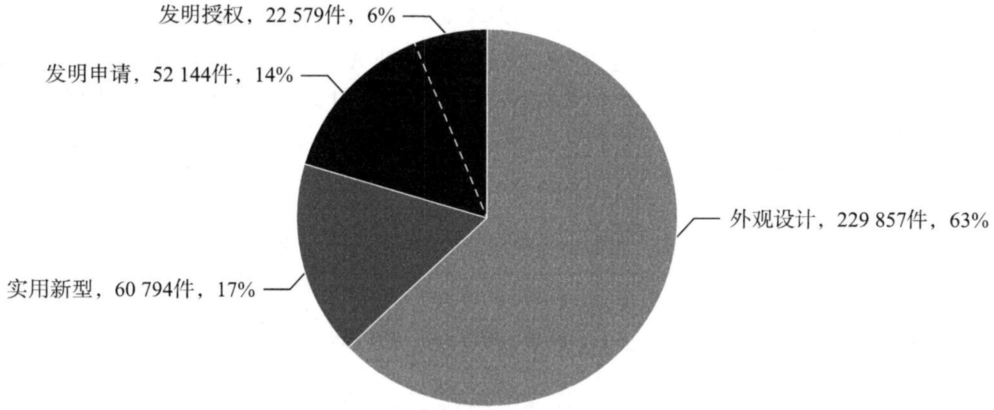

图 3-86　服饰制造领域国内专利类型分布

在中国专利中，经过检索获得服饰制造领域专利共 365 374 件。如图 3-86 所示，其中发明申请 52 144 件，占总数的 14%；发明授权 22 579 件，占总数的 6%；实用新型 60 794 件，占总数的 17%；外观设计 229 857 件，占总数的 63%。

3. 11. 2. 4　国内专利法律状态

图 3-87 展示的是专利有效、失效、审中三种状态的占比情况，仅统计中国专利。通过分析可以了解分析对象当前已获得实质性保护、已失去专利权保护或正在审查中的专利数量分布情况，以从整体上掌握专利的权利保护和潜在风险情况，为专利权的法律调查提供依据。筛选进入公知技术领域的失效专利，可以进行无偿使用或改进利用。

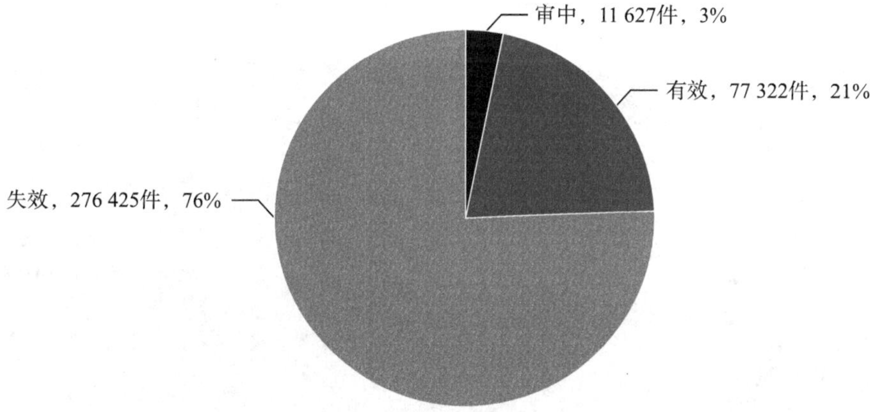

图 3-87　服饰制造领域国内专利法律状态分布

图 3-87 显示，有效专利 77 322 件，占专利总数的 21%；失效专利 276 425 件，占专利总数的 76%；审中专利 11 627 件，占专利总数的 3%。

3. 11. 2. 5　国内专利技术领域分布

表 3-106 和图 3-88 展示的是服饰制造领域国内专利主要技术构成的数量分布情况。通过该分析可以了解分析对象覆盖的技术类别及各技术分支的创新热度。

对国内服饰制造领域专利按照国际专利分类号（IPC）进行的统计结果显示，D06M 小类（对纤维、纱、线、织物、羽毛或由这些材料制成的纤维制品进行 D06 类内其他类目所不包括的处理）的专利数量最多，达 38 999 件；其次是 A61F 小类［可植入血管内的滤器；假体；为人体管状结构提供开口或防止其塌陷的装置，例如支架；整形外科、护理或避孕装置；热敷；眼或耳的治疗或保护；绷带、敷料或吸收垫；急救箱（假牙入 A61C）］，专利数量 36 815 件；再次是 A41D 小类（外衣；防护服；衣饰配件），专利数量 33 981 件。

表 3-106　服饰制造领域国内专利主要技术构成　　单位：件

IPC 分类号（小类）	专利数量
D06M（对纤维、纱、线、织物、羽毛或由这些材料制成的纤维制品进行 D06 类内其他类目所不包括的处理）	38 999
A61F［可植入血管内的滤器；假体；为人体管状结构提供开口或防止其塌陷的装置，例如支架；整形外科、护理或避孕装置；热敷；眼或耳的治疗或保护；绷带、敷料或吸收垫；急救箱（假牙入 A61C）］	36 815
A41D（外衣；防护服；衣饰配件）	33 981
D04B（针织）	10 870
A42B［帽子；头部覆盖物（头带入 A41D20/00）（头巾入 A41D23/00）］	10 486
A41B（衬衣；内衣；婴儿内衣；手帕）	6 751
B32B（层状产品，即由扁平的或非扁平的薄层，例如泡沫状的、蜂窝状的薄层构成的产品）	5 499
A61L（材料或消毒的一般方法或装置；空气的灭菌、消毒或除臭；绷带、敷料、吸收垫或外科用品的化学方面；绷带、敷料、吸收垫或外科用品的材料）	5 487
D03D（机织织物；织造方法；织机）	4 889
A61M（将介质输入人体内或输到人体上的器械）	4 706

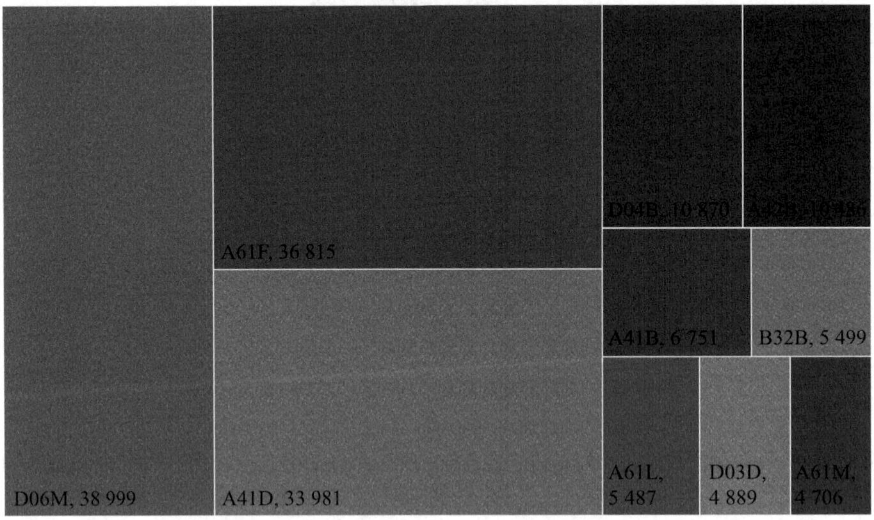

单位：件

图 3-88　服饰制造领域国内专利主要技术构成

3. 11. 2. 6　国内专利主要省份分布

表 3-107 展示的是服饰制造领域国内专利在中国省级行政区域的分布情况，仅统计中国专利。通过分析可以了解在中国申请专利保护较多的省份及其创新活跃程度。

表 3-107　服饰制造领域国内专利主要省份分布　　单位：件

申请人所在省份	专利数量
江苏省	106 034
浙江省	63 180
广东省	31 544
福建省	29 436
四川省	28 151
山东省	13 243
上海市	10 446
安徽省	6 538
北京市	5 782
湖北省	4 588

表 3-107 显示，江苏省以 106 034 件专利排名第一；浙江省以 63 180 件专利排名第二；第三是广东省，共申请服饰制造领域专利 31 544 件；第四是福建省，共申请服饰制造领域专利 29 436 件；第五是四川省，共申请服饰制造领域专利 28 151 件。山东省、上海市、安徽省、北京市、湖北省的专利申请量均在 20 000 件以下。

3. 11. 2. 7　重点省市发明专利申请人布局

（1）江苏省申请人排名

表 3-108 列出了服饰制造领域国内发明专利江苏省主要申请人排名。

表 3-108　服饰制造领域国内发明专利江苏省主要申请人排名　　单位：件

排名	申请人名称	专利数量
1	江南大学	576
2	苏州大学	269
3	东丽纤维研究所（中国）有限公司	268
4	南通大学	202
5	江苏宝泽高分子材料股份有限公司	181
6	江苏工程职业技术学院	153
7	江苏阳光股份有限公司	124
8	江阴芗菲服饰有限公司	118
9	江苏申利实业股份有限公司	105

续表

排名	申请人名称	专利数量
10	江阴嘉美生物技术有限公司	99

(2) 浙江省申请人排名

表 3-109 列出了服饰制造领域国内发明专利浙江省主要申请人排名。

表 3-109 服饰制造领域国内发明专利浙江省主要申请人排名 单位：件

排名	申请人名称	专利数量
1	浙江理工大学	354
2	宁波大千纺织品有限公司	96
3	浙江大学	91
4	绍兴文理学院	71
5	海宁汉德袜业有限公司	66
6	嘉兴学院	64
7	杭州珂瑞特机械制造有限公司	58
8	杭州可靠护理用品股份有限公司	52
9	浙江真爱毯业科技有限公司	40
10	浙江工业大学	39

(3) 广东省申请人排名

表 3-110 列出了服饰制造领域国内发明专利广东省主要申请人排名。

表 3-110 服饰制造领域国内发明专利广东省主要申请人排名 单位：件

排名	申请人名称	专利数量
1	广东溢达纺织有限公司	122
2	华南理工大学	117
3	五邑大学	41
4	广东茵茵股份有限公司	40
5	广东工业大学	38
6	广东德美精细化工股份有限公司	36
7	惠州学院	32
8	中科院广州化学有限公司	27
9	东莞百宏实业有限公司	24
10	金发科技股份有限公司	24

第 4 章 纺织行业全球重点专利分析

4.1 重点技术领域一

B32B（层状产品，即由扁平的或非扁平的薄层，例如泡沫状的、蜂窝状的薄层构成的产品）

4.1.1 全球专利分析

4.1.1.1 申请趋势

图 4-1 展示的是纺织行业重点技术领域一 B32B 全球专利申请量的发展趋势。通过申请趋势可以从宏观层面把握分析对象在各时期的专利申请热度变化。申请数量的统计范围是已公开的专利。一般发明专利在申请后 3~18 个月公开，实用新型专利和外观设计专利在申请后 6 个月左右公开。

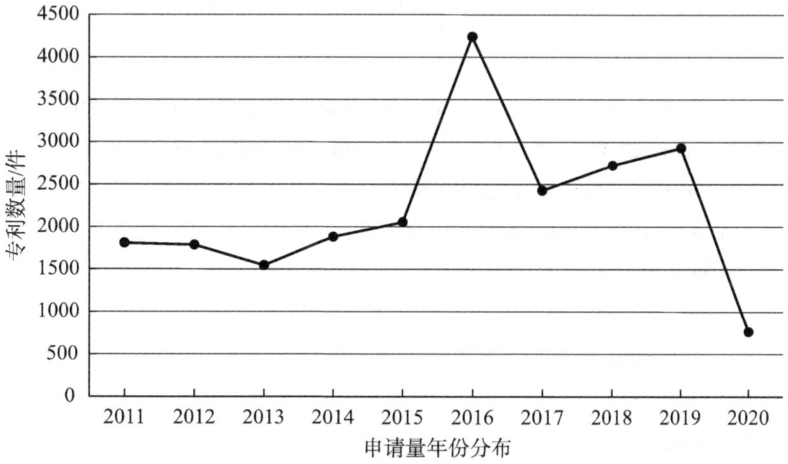

图 4-1 纺织行业重点技术领域一 B32B 全球专利申请趋势

从图 4-1 中可以看出，2011—2013 年，纺织行业重点技术领域一 B32B 全球专利申请量小幅减少；2014—2016 年申请量快速增加，2016 年全球专利申请量达到 4236 件，2017 年减少至 2428 件；2018—2019 年纺织行业重点技术领域一 B32B 全球专利申请量有所增加；2020 年纺织行业重点技术领域一 B32B 全球专利申请量呈现下滑趋势。

4.1.1.2 专利申请国家、地区、组织分布

专利申请国家、地区、组织可以体现专利权人想在哪些国家或地区、组织保护该技术。由图 4-2 可以发现，中国、美国、日本是纺织行业重点技术领域一 B32B 专利重点申请国家，数量分别为中国 16 221 件，美国 9066 件，日本 4154 件；其他还包括欧洲专利局（EPO）2478 件，世界知识产权组织（WIPO）2413 件，韩国 1305 件，加拿大 1209 件，德国 1087 件，中国台湾地区 538 件，印度 449 件。

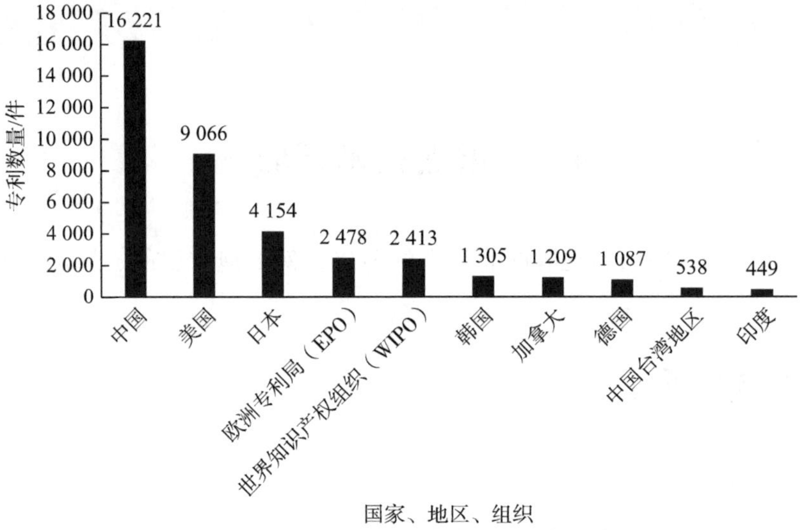

图 4-2 纺织行业重点技术领域一 B32B 全球专利主要申请国家、地区、组织分布

4.1.1.3 专利 IPC 分布

图 4-3 展示的是纺织行业重点技术领域一 B32B 全球专利在各细分技术方向的数量分布情况。通过分析可以了解该技术领域下覆盖的技术类别，以及各技术分支的创新热度。

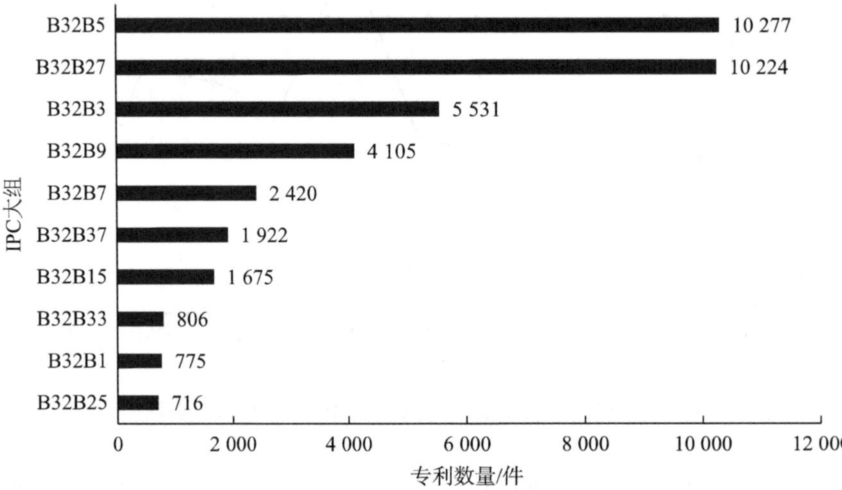

图 4-3 纺织行业重点技术领域一 B32B 全球专利 IPC 分布

B32B5［以非同质性或物理结构薄层为特征的层状产品（B32B9/00 至 B32B29/00 优先）］的专利数量最多，达到 10 277 件；第二位是 B32B27（实质上由合成树脂组成的层状产品［2006. 01］），专利数量为 10 224 件；第三位是 B32B3［实质上由带有外部或内部不连续的或不平整的薄层，或非平面形状的薄层构成的层状产品（纤维或细丝层入 B32B5/02；颗粒层入 B32B5/16；泡沫层入 B32B5/18）；形状实质上具有特殊特征的层状产品（B32B1/00 优先）］，有 5531 件。

4. 1. 1. 4　竞争态势分析

如图 4-4 所示，纳幕尔杜邦公司在纺织行业重点技术领域一 B32B 的专利申请量最多，达 542 件；第二是金伯利-克拉克环球有限公司，专利申请量 430 件；第三是 3M 创新有限公司，专利申请量 414 件；第四是美利肯公司，专利申请量 345 件，其他申请人的专利申请量均在 300 件以下。

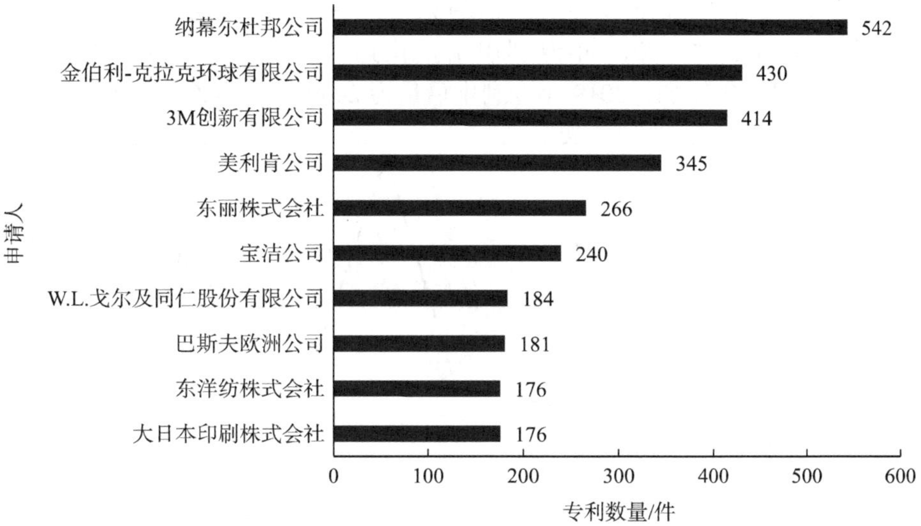

图 4-4　纺织行业重点技术领域一 B32B 全球专利申请量前十申请人排名

4. 1. 2　国内专利分析

4. 1. 2. 1　专利概况

如图 4-5 所示，经过检索得到纺织行业重点技术领域一 B32B 国内的专利量为 16 221 件，其中发明申请专利 7793 件，占总数的 48%；发明授权专利 1 540 件，占总数的 10%；实用新型专利 6 888 件，占总数的 42%。

4. 1. 2. 2　专利申请趋势

图 4-6 展示的是纺织行业重点技术领域一 B32B 国内专利申请量的发展趋势。通过申请趋势可以从宏观层面把握分析对象在各时期的专利申请热度变化。申请数量的统计范围是已公开的专利。

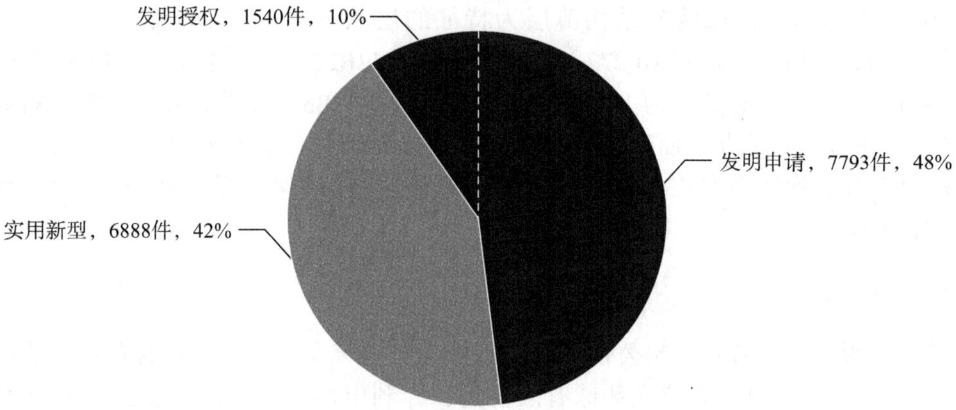

图 4-5　纺织行业重点技术领域一 B32B 国内专利类型分布

由图 4-6 可知，2011—2015 年专利申请趋势较为平缓；2016 年专利申请量快速增加，当年专利申请量达 3358 件；2017 年专利申请量快速减少，当年专利申请量为 1613 件；2018—2019 年申请量逐年增加，2019 年专利申请量为 2459 件；2020 年专利申请量回落。

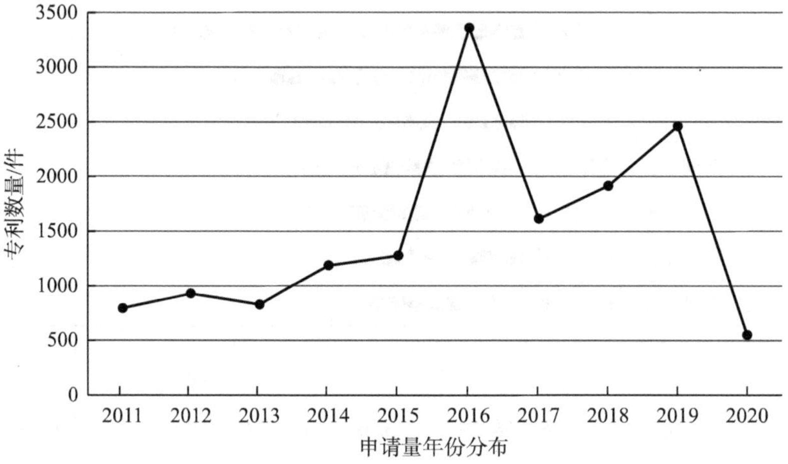

图 4-6　纺织行业重点技术领域一 B32B 国内专利申请趋势

4. 1. 2. 3　专利 IPC 分布

图 4-7 展示的是纺织行业重点技术领域一 B32B 国内专利在各细分技术方向的数量分布情况。通过该分析可以了解该技术领域下覆盖的技术类别，以及各技术分支的创新热度。

由图 4-7 可知，B32B27（实质上由合成树脂组成的层状产品［2006. 01］)的专利数量最多，达 4279 件。第二是 B32B9（实质上由不包含在组 B32B11/00 至 B32B29/00 的特殊物质组成的层状产品［2006. 01］)，专利数量为 3333 件。第三是 B32B5［以非同质性或物理结构薄层为特征的层状产品（B32B9/00 至 B32B29/00 优先）］，专利数量为 2803 件。第四是 B32B3［实质上由带有外部或内部不连续的或不平整的薄层，或非平面形状的薄层构成的层状产品（纤维或细丝层入 B32B5/02；颗粒层入 B32B5/16；泡沫层入 B32B5/18）；形状实质上具有特殊特征的层状产品（B32B1/00 优先）］，专利数量为 2470 件。

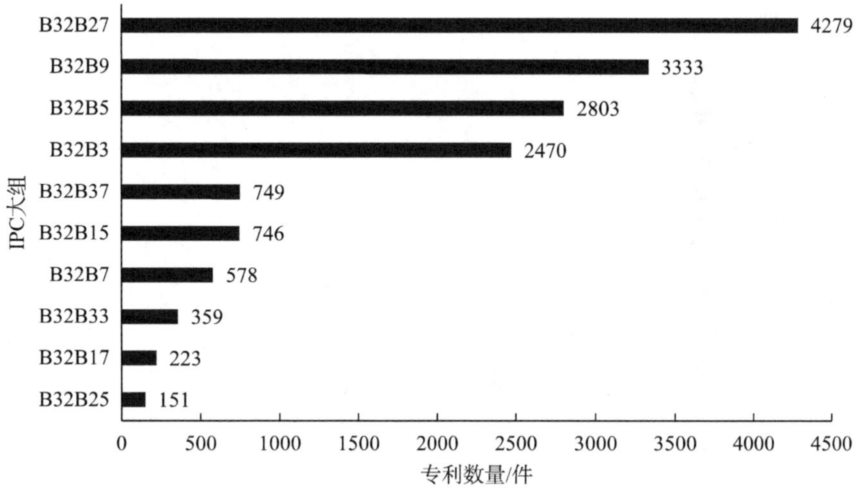

图 4-7　纺织行业重点技术领域一 B32B 国内专利 IPC 分布

4.1.2.4　申请人所属国家、地区、组织分布

由纺织行业重点技术领域一 B32B 国内专利申请人所属国家、地区、组织分布情况（图 4-8）可知，中国专利申请人申请的专利数量达到了 14 632 件，占总数的 90.20%。

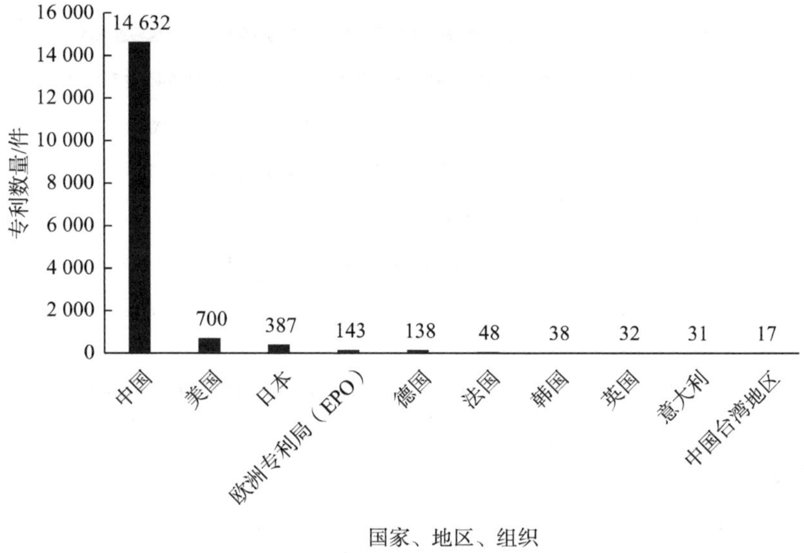

图 4-8　纺织行业重点技术领域一 B32B 国内专利申请人所属国家、地区、组织分布情况

纺织行业重点技术领域一 B32B 国内专利申请人省市分布情况如图 4-9 所示，其中江苏省专利申请量为 7790 件，浙江省 2949 件。其他省份在纺织行业重点技术领域一 B32B 的专利数量均在 1000 件以下。

由纺织行业重点技术领域一 B32B 国内专利申请人排名（图 4-10）可知，纺织行业重点技术领域一 B32B 国内专利排名前十的企业均位于江苏省，其中江阴市瀚新纺织有限公司专利数量 113 件，江阴东发制衣有限公司专利数量为 110 件，江苏红柳床单有限公司专利数量为 102 件，其他申请人的专利数量均在 100 件以下。

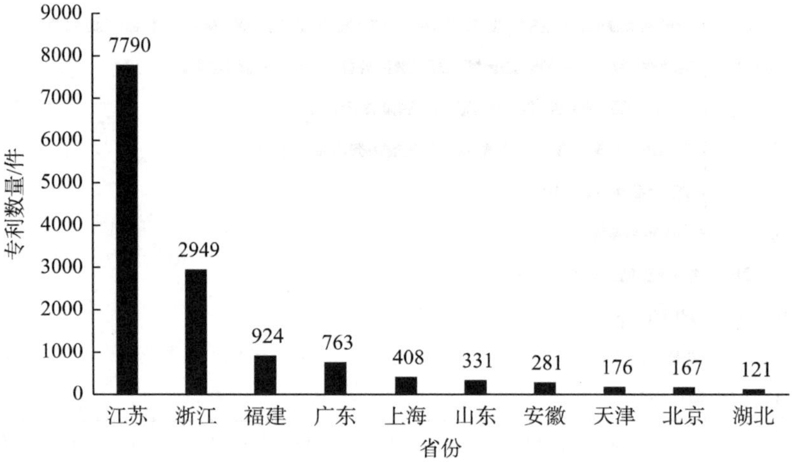

图 4-9　纺织行业重点技术领域— B32B 国内专利申请人省份分布情况

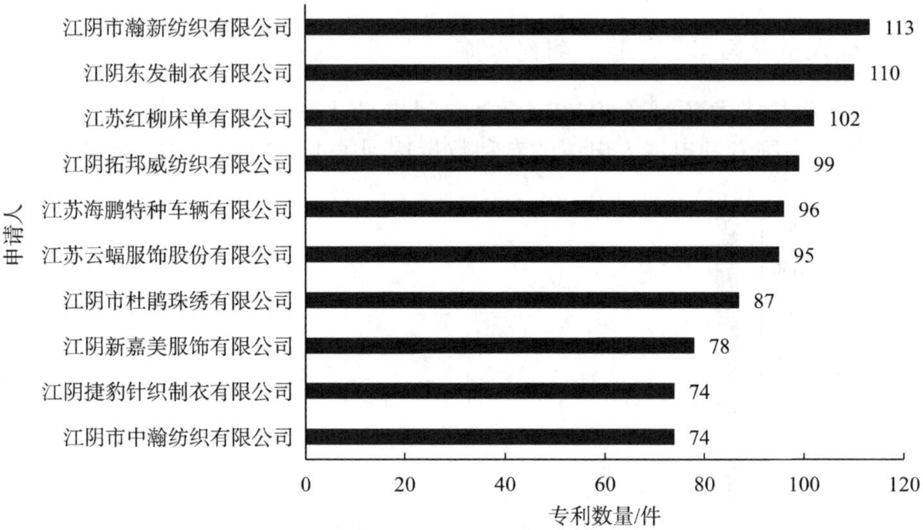

图 4-10　纺织行业重点技术领域— B32B 国内专利申请人排名

（1）国内部分专利

申请号	申请日	申请人	专利名称
CN202010856232. 2	2020-08-24	盐城工学院	一种防污拒水的纺织面料
CN202011042203. 9	2020-09-28	苏州经结纬面料科技有限公司	一种纺织面料制备装置及其制备方法
CN201810886609. 1	2018-08-06	合肥岑遥新材料科技有限公司	一种高性能纤维复合材料的制备方法
CN202011044363. 7	2020-09-28	苏州经结纬面料科技有限公司	一种精确定位的面料粘合装置及其使用方法
CN202010975629. 3	2020-09-16	苏州经结纬面料科技有限公司	一种透气纤维面料制备装置及其制备方法
CN201910511331. 4	2019-06-13	青岛甜昊新材料科技有限公司	一种高强度篷布及其制作方法
CN202011114264. 1	2020-10-19	常熟市庄盛特种化纤有限公司	一种耐高温的化纤纱布
CN202010995986. 6	2020-09-21	南通中邦纺织有限公司	一种可水洗丝绸面料及生产工艺

续表

申请号	申请日	申请人	专利名称
CN202010794777.5	2020-08-10	无锡市晟鑫纺织有限公司	一种抗拉阻燃面料的制备方法
CN202011114186.5	2020-10-18	绍兴聚男纺织有限公司	一种环保面料及其构成的抹布
CN201811245831.X	2018-10-24	晋江万兴隆染织实业有限公司	3D 立体竖条泡泡皱纬弹面料的制作方法
CN202011114265.6	2020-10-19	常熟市庄盛特种化纤有限公司	一种新型防水的化纤纱布
CN202010856025.7	2020-08-24	盐城工学院	一种防紫外线纺织品及制备工艺
CN202010134039.8	2020-03-02	东华大学	一种吸湿匀发热保暖结构的舒适性面料及其织造方法
CN202010947420.6	2020-09-10	江苏新丝路纺织科技有限公司	一种阻燃面料及其制造工艺

专利名称：一种防污拒水的纺织面料

申请号：CN202010856232.2　申请日：2020-08-24

公开（公告）号：CN112140661A　公开公告日：2020-12-29

申请人：盐城工学院

IPC 主分类号：B32B9/02

其他公开文献：CN202010856232A

摘要：本发明公开了一种防污拒水的纺织面料，包括基体面料和处理剂，所述基体面料包括基层、透气层、抗菌层、耐磨层和涂覆层，其中，所述基层位于最里层，其外依次设有透气层、抗菌层、耐磨层和涂覆层，各层之间均采用水性聚氨酯树脂乳液复合固定；将基体面料整理后加入处理剂处理，所述处理剂包括 10~22 份丙烯酸羟乙酯、5~7 份十八烷基氨基丙胺、5~8 份异氟尔酮二异氰酸酯。面料光滑，面料表面的特氟龙涂层防水能力强，防水防污性能优异，透气性能好。

专利名称：一种纺织面料制备装置及其制备方法

申请号：CN202011042203.9　申请日：2020-09-28

公开（公告）号：CN112140690A　公开公告日：2020-12-29

申请人：苏州经结纬面料科技有限公司

IPC 主分类号：B32B37/12

其他公开文献：CN202011042203A

摘要：本发明公开了一种纺织面料制备装置及其制备方法，包括：成型台和操作台，以及设置在操作台上方的升降台，成型台包括若干定型模件，定型模件中设置 U 形凹槽，凹槽的截面为半椭圆形，凹槽底部规律设置有疏水涂层喷嘴，凹槽上设置若干支撑片，支撑片之间设置有一待成型纱线，每个定型模件上方均设置有亲水涂层喷嘴和标记喷嘴；操作台上设置有若干透明胶布，成型台通过伸缩器和旋转器移动至透明胶布正上方 0.6~0.9cm，透明胶布正上方还对应于升降台上的基布，基布和透明胶布之间还规律设置有若干粘合器。该装置实现了待成型纱线的成型、植入和粘合的工序，极大简化制备的工序，节约成本，并且粘合完成的面料具有高透气性、吸湿性和一定的保水性。

专利名称：一种高性能纤维复合材料的制备方法

申请号：CN201810886609.1　申请日：2018-08-06

公开（公告）号：CN109130402B　公开公告日：2020-12-29

申请人：合肥岑遥新材料科技有限公司

IPC 主分类号：B32B27/02

其他公开文献：CN201810886609A

摘要：本发明公开了一种高性能纤维复合材料的制备方法，包括以下步骤：（1）将废旧棉布预处理；（2）制得棉布纤维；（3）将棉布纤维改性；（4）将改性棉布纤维与环氧树脂、多异氰酸酯、高强聚乙烯、聚酰胺树脂混炼，然后再加入硬脂酸盐、六偏磷酸钠、三氧化二铝、碳化硅、氧化石墨烯、改性硅藻土、纳米二氧化钛及阻燃剂密炼，得混合物；（5）制得织物层；（6）将混合物与织物层按顺序依次铺设在模具内，然后预压成型，得到预压板；（7）将预压板置于热压机中进行热压；（8）将照规格要求进行冲切，即可。本发明制备得到的高性能纤维复合材料具有很好的抗压强度、抗折强度和机械性能，适用范围广。

专利名称：一种精确定位的面料粘合装置及其使用方法

申请号：CN202011044363.7　申请日：2020-09-28

公开（公告）号：CN112140687A　公开公告日：2020-12-29

申请人：苏州经结纬面料科技有限公司

IPC 主分类号：B32B37/10

其他公开文献：CN202011044363A

摘要：本发明公开了一种精确定位的面料粘合装置，包括：传送带和分别设置在传送带两侧的传送机和若干压紧装置，及其设置在传送带上方的若干超声波粘合头，传送带上间隔布置有若干基布；传送机上设置有若干与基布一一对应的子传送器，每个子传送器包括：若干拉紧器和拉紧器衔接的透明胶布；透明胶布上平行黏贴有若干吸湿线，吸湿线呈波浪形并且截面为椭圆；每个基布和子传送器均对应于一压紧装置；每个超声波粘合头上均规律设置有若干距离传感器，超声波粘合头在一平面上沿 X 和 Y 方向水平移动。该装置通过拉紧、压紧、预定位和精确定位的作业，实现基布与吸湿线的精确粘合，极大简化工序，节约成本，粘合后的面料具有高透气性、吸湿性和一定保水性。

专利名称：一种透气纤维面料制备装置及其制备方法

申请号：CN202010975629.3　申请日：2020-09-16

公开（公告）号：CN112140684A　公开公告日：2020-12-29

申请人：苏州经结纬面料科技有限公司

IPC 主分类号：B32B37/04

其他公开文献：CN202010975629A

摘要：本发明公开了一种透气纤维面料制备装置及其制备方法，包括：成型台与操作台，成型台上设置有若干活动轴，活动轴上设置有若干定型模件，相邻活动轴之间设置有一待成型纤维，通过待成型纤维连接绕线轮和第一夹具，每个待成型纤维沿竖直方向上下对应设置有若干喷涂器，定型模件上设置有凹槽，活动轴中设置有加热装置；每个第一夹具在操作台上均对应设置有第二夹具，通过成型纤维衔接第一夹具和所述第二夹具，第一夹具和第二夹具上均设置有骤冷装置，操作台上间隔设置有若干基布，每个成型纤维的上方均对应设置有若干超声波粘合头。本发明提供的装置能够实现定型、喷涂和粘合的一体化流水作业，并且制备了一种透气性和吸湿性较好的面料。

专利名称：一种高强度篷布及其制作方法

申请号：CN201910511331.4　申请日：2019-06-13

公开（公告）号：CN110103552B　公开公告日：2020-12-25

申请人：青岛甜昊新材料科技有限公司

IPC 主分类号：B32B37/12

其他公开文献：CN201910511331A

摘要：本发明公开了一种高强度篷布及其制作方法，属于篷布技术领域，具体包括一种高强度篷布制作方法，包含以下步骤基底纤维制备、表面处理、溶胶制备、浸润、基布制作、陈化处理、超临界干燥、面层原料制备、面层原料处理、流延涂覆得到高强度篷布，其中基底纤维表面处理增加了表面粗糙度，基布制作采用新型基底纤维材料，且采用先复合后编织工艺，然后进行面层涂覆，面层提高了篷布的防水性、绝热性能和耐老化性能，所得篷布质量轻，使用寿命长，应用成本低。

专利名称：一种耐高温的化纤纱布

申请号：CN202011114264.1　申请日：2020-10-19

公开（公告）号：CN112123887A　公开公告日：2020-12-25

申请人：常熟市庄盛特种化纤有限公司

IPC 主分类号：B32B9/00

其他公开文献：CN202011114264A

摘要：本发明公开了一种耐高温的化纤纱布，属于布料领域，包括料层 A，所述料层 A 下侧交织有料层 B，所述料层 B 下侧交织有料层 C，所述料层 C 下侧织接有料层 D，所述料层 D 下侧织接有料层 E，所述料层 A、料层 B、料层 C、料层 D 和料层 E 外部绕织有包覆料。通过隔热阻燃材料增加了纱布的高温环境中的使用效果，采用紧凑性材料和抗菌材料，增加了纱布韧性、紧密程度和抗菌效果，采用透气性材料增加了纱布的透气效果，增加了纱布的整体实用性。

专利名称：一种可水洗丝绸面料及生产工艺

申请号：CN202010995986.6　申请日：2020-09-21

公开（公告）号：CN112123886A　公开公告日：2020-12-25

申请人：南通中邦纺织有限公司

IPC 主分类号：B32B9/00

其他公开文献：CN202010995986A

摘要：本发明公开一种可水洗丝绸面料及生产工艺，将收卷后的双层面料套接在加工装置的对接转杆上，同时在对接转杆的两端分别套上第一卡盘和第二卡盘，转动第一卡盘和第二卡盘上的固定卡栓，使得固定卡栓配合固定套环的对接卡槽，将第一卡盘和第二卡盘分别固定在对接转杆的两端，利用捣药器将鱼腥草取汁，得到鱼腥草汁液，将鱼腥草汁液和木蜡油混合搅拌后灌入原料罐的内部，将双层面料穿过固定卡架的下部，利用原料罐的增压泵将鱼腥草汁液和木蜡油的混合液通过连通管输送至喷料头；使得该丝绸面料具有水洗保护结构，避免其在水洗揉搓过程中出现褶皱变形现象，令其可以直接进行水洗操作，使用方便。

专利名称：一种抗拉阻燃面料的制备方法

申请号：CN202010794777.5　申请日：2020-08-10

公开（公告）号：CN112109401A　公开公告日：2020-12-22

申请人：无锡市晟鑫纺织有限公司

IPC 主分类号：B32B27/02

其他公开文献：CN202010794777A

摘要：本发明公开了一种抗拉阻燃面料及其制备方法，该抗拉阻燃面料包括阻燃层、舒适层以及设于阻燃层、舒适层之间的隔热层；所述阻燃层的经线为聚酰亚胺纤维，纬线为聚四氟乙烯纤维，将所述阻燃层的经线和纬线均浸入阻燃整理液中，得到经线阻燃纤维和纬线阻燃纤维；所述隔热层经线、纬线为阻燃芳纶/棉混纺织或阻燃涤纶/棉混纺织；所述舒适层的经线为莫代尔纤维，纬线为天然棉织纤维；本发明制备得到的抗拉阻燃面料不仅具有良好的阻燃功能、隔热保温功能、良好的机械性能，还提高了面料的热稳定、阻燃性以及耐化学腐蚀性能，提高了面料的安全性，可降低火灾造成的损失和损坏，也提高了本发明抗拉阻燃面料使用寿命。

专利名称：一种环保面料及其构成的抹布

申请号：CN202011114186.5　申请日：2020-10-18

公开（公告）号：CN112109390A　公开公告日：2020-12-22

申请人：绍兴聚男纺织有限公司

IPC 主分类号：B32B5/02

其他公开文献：CN202011114186A

摘要：本发明属于纺织面料技术领域，提供了一种环保面料，包括面料基布层（1），其特征在于，所述面料基布层（1）的上部和下部均设置有表布层（2），在所述表布层（2）上设置有纳米铜离子抗菌面料层（3），在所述纳米铜离子抗菌面料层（3）上设置有绒圈机构，所述绒圈机构包括直线状绒圈（4）和环形状绒圈（5）。本发明采用100%粘胶纤维制成面料，粘胶纤维是一种以木为原材料，从天然木纤维中提取并重塑纤维分子而得到的纤维素纤维，其具有棉的本质，丝的品质，是地道的植物纤维，可全部降解保护环境，吸水性极好，手感更柔软。

专利名称：3D 立体竖条泡泡皱纬弹面料的制作方法

申请号：CN201811245831.X　申请日：2018-10-24

公开（公告）号：CN109501426B　公开公告日：2020-12-22

申请人：晋江万兴隆染织实业有限公司

IPC 主分类号：B32B27/40

其他公开文献：CN201811245831A

摘要：本发明涉及一种3D立体竖条泡泡皱纬弹面料的制作方法，属于纺织染整技术领域。所述3D立体竖条泡泡皱纬弹面料的制作方法包括坯布织造→检验→配布→退浆→溢流染色→真空吸水→泼水定型→中检→3D发泡→复合 TPU 黑膜。通过本发明的坯布织造工艺使面料呈现竖条纹的同时，纬向可以保持很好的弹性和回复性，再通过退浆、染色、真空吸水、泼水定型后可以使面料呈现微皱感，3D发泡使面料局部具有3D立体效果，最后再通过复合 TPU 黑膜，不仅可以使 3D 图案更均匀，还可以赋予面料优异的防水防风效果。

专利名称：一种新型防水的化纤纱布

申请号：CN202011114265.6　申请日：2020-10-19

公开（公告）号：CN112109396A　公开公告日：2020-12-22

申请人：常熟市庄盛特种化纤有限公司

IPC 主分类号：B32B9/02

其他公开文献：CN202011114265A

摘要：本发明公开了一种新型防水的化纤纱布，属于化纤纱布技术领域，包括基料层，所述基料层内部贴合有防水透气层，所述基料层内部贴合有保护层且保护层为两个，所述保护层分别贴附于防水透气层表面两侧，所述基料层表面顶部一侧涂覆有胶黏剂层，所述胶黏剂层表面粘附有防粘层，所述基料层通过胶黏剂层可粘接有敷料层，其防水透气层材质为 PE 高分子透气膜，水汽根据毛细运动的原理，可以顺利渗透到防水透气层另一侧，当水汽冷凝变成水珠后，由于水珠表面张力的作用，水分子就不能顺利脱离水珠渗透到另一侧，使得防水透气层具有防水透气的特性，保护层材质为 PP 纺粘无纺布，可以起到保护防水透气层的目的。

专利名称：一种防紫外线纺织品及制备工艺

申请号：CN202010856025.7　申请日：2020-08-24

公开（公告）号：CN112092467A　公开公告日：2020-12-18

申请人：盐城工学院

IPC 主分类号：B32B9/02

其他公开文献：CN202010856025A

摘要：本发明涉及一种防紫外线纺织品及制备工艺，该纺织品包括第一层面料本体、第二防紫外线层和第三防紫外线层；第二防紫外线层为可吸收紫外光的深色材质、第三防紫外线层为分散有纳米金属氧化物的纺织品材料。本发明还提供了一种防紫外线纺织品的制备工艺，包括下列步骤：材料准备、染色处理、物理方法处理和材料整合。本发明实现了以下优点：1. 本发明采用双层防紫外线层，可以有效隔绝紫外线；2. 本发明的布料本体均为棉、麻、涤纶或者锦纶中的一种或几种，安全无毒无味，增强实用效果；3. 本发明中间层为深色效果层，可以有效防止外部紫外线同时减弱体感温度。

专利名称：一种吸湿匀发热保暖结构的舒适性面料及其织造方法

申请号：CN202010134039.8　申请日：2020-03-02

公开（公告）号：CN111267426B　公开公告日：2020-12-18

申请人：东华大学

IPC 主分类号：B32B27/02

其他公开文献：CN202010134039A

摘要：本发明涉及一种吸湿匀发热保暖结构的舒适性面料及其织造方法，是将第一纱线、第二纱线和第三纱线用针织、机织或多层缝合的织造技术制备，获得从内到外依次包括内导湿层、发热层和保暖层的吸湿匀发热保暖结构的舒适性面料，制得的面料相邻层之间相互贴合，内导湿层为具有导湿扩散功能的纤维层；发热层为具有吸湿发热及导湿扩散功能的纤维层，保暖层为具有保暖功能的纤维层。该面料通过功能化纱线织物结构搭配优化可达到其吸湿均匀发热保暖功能效果，与现有技术相比，本发明的面料发热面积更大，热量分布更加均匀，其吸湿发热升温值远超纺织行业标准要求，实现吸湿发热功能的最大化，且手感柔软蓬松且保暖，透气性能优异。

专利名称：一种阻燃面料及其制造工艺

申请号：CN202010947420.6　申请日：2020-09-10

公开（公告）号：CN112078204A　公开公告日：2020-12-15

申请人：江苏新丝路纺织科技有限公司

IPC 主分类号：B32B27/12

其他公开文献：CN202010947420A

摘要：本发明提供一种阻燃面料，包括叠层结构的第一纤维层和第二纤维层，第一纤维层包括合成纤维或天然纤维，第一纤维层的外表面涂设有透明的第一阻燃涂层，第一阻燃涂层包括磷酸胍；第二纤维层包括矿物纤维；矿物纤维为高阻燃材料，其包括花岗岩纤维、硅胶纤维、碳纤维和玻璃纤维中至少一种；第二纤维层的外表面涂设有第二阻燃涂层，第二阻燃涂层包括无机物材料、阻燃剂、水性聚氨酯及表面处理剂，无机物材料包括陶瓷和石粉，阻燃剂包括三聚氰胺氰尿酸酯；具有阻燃性好、触感好、外观好的优点。

（2）国外部分专利

申请号	申请日	申请人	专利名称
US16910987	2020-06-24	BEMIS ASSOCIATES, INC.	METHODS OF BONDING A TEXITILE
US16647764	2018-07-16	AIRBUS（S. A. S.）; Arianegroup S. a. s.	METHOD FOR JOINING BY BONDING OF PARTS, IN PARTICULAR COMPOSITE PARTS HAVING FIBROUS REINFORCEMENT
AU2020/050667	2020-06-26	XEFCO PTY LTD	SUBSTRATE WITH DEPOSITION AND/OR FRICTION REDUCTION COATING
EP19708635.8	2019-02-22	Graphene Composites Limited	COMPOSITE STRUCTURE
US2020/037164	2020-06-11	MILLIKEN & COMPANY	FIRE-RESISTANT TEXTILE COMPOSITE
AU2019275943	2019-05-19	XEFCO PTY LTD	INSULATED RADIANT BARRIERS IN APPAREL
JP2020522317	2018-10-12	インテレクチュアル スポートゥ ギア エス. アール. エル.	構造化編地およびその製造方法
IB2020/055620	2020-06-16	3M INNOVATIVE PROPERTIES COMPANY	STRETCHABLE LAMINATE, LOCKING MEMBER, AND SANITARY MATERIAL
JP2020002467	2020-06-23	ナイキ イノベイト シーブイ	多層構造体及びその使用
US15441299	2017-02-24	CINTAS CORPORATION; WORLD EMBLEM INTERNATIONAL, INC.	Emblem adhesive removal assembly and associated methods
US16324287	2017-07-04	DAIO PAPER CORPORATION	Method for manufacturing stretchable sheet

续表

申请号	申请日	申请人	专利名称
US16898025	2020-06-10	POLYCORE, LLC	MODIFICATION OF TEXTILE IN SELECTED AREA
US16883510	2020-05-26	ADIDAS AG	ABRASION RESISTANT MATERIAL AND MANUFACTURING METHOD
EP19707173. 1	2019-02-05	Berry Global, Inc.	LOFTY NONWOVEN FABRICS
EP18903277. 4	2018-11-20	Astenjohnson International, Inc.	NON - WOVEN BACKING FOR PRESS FELT, METHOD FOR PRODUCING NON-WOVEN BACKING, AND PRESS FELT

专利名称：METHODS OF BONDING A TEXITILE

申请号：US16910987　申请日：2020-06-24

公开（公告）号：US20200406598A1　公开公告日：2020-12-31

申请人：BEMIS ASSOCIATES, INC.

IPC 主分类号：B32B37/12

摘要：Disclosed herein are inproved methods for bonding textiles using an adhesive composition.

专利名称：METHOD FOR JOINING BY BONDING OF PARTS, IN PARTICULAR COMPOSITE PARTS HAVING FIBROUS REINFORCEMENT

申请号：US16647764　申请日：2018-07-16

公开（公告）号：US20200406600A1　公开公告日：2020-12-31

申请人：AIRBUS（S. A. S.）；Arianegroup S. a. s.

IPC 主分类号：B32B37/18

摘要：A methods for assembling two parts, referred to as first and second parts, the first part being produced from composite material with fibrous reinforcement embedded in a thermo-setting or thermoplastic matrix, the method comprising the steps of: obtaining the first part comprising, on all or part of an outer surface, a first amorphous thermoplastic film; positioning the first part and the second part such that the first amorphous thermoplastic film is placed opposite the second part; introducing a thermosetting resin between the first amorphous thermoplastic film and the second part; at least partially polymerising the thermosetting resin. When the two parts comprise an amorphous thermoplastic film, the parts are positioned such that the respective amorphous thermoplastic films are placed opposite each other, and the thermosetting resin is introducde between the amorphous thermoplastic films.

专利名称：SUBSTRATE WITH DEPOSITION AND/OR FRICTION REDUCTION COATING

申请号：AU2020/050667　申请日：2020-06-26

公开（公告）号：WO2020257876A1　公开公告日：2020-12-30

申请人：XEFCO PTY LTD

IPC 主分类号：B32B5/02

摘要：The present disclosure may be directed towards a substrate with an array disposed thereon. The substrate comprising a bonding array with a plurality of bonding locations. A low emissivity layer is deposited on at least one side of the substrate and covers at least some of the bonding locations. The low emissivity layer may be a metal layer which functions as a radiant barrier.

专利名称：COMPOSITE STRUCTURE

申请号：EP19708635.8　申请日：2019-02-22

公开（公告）号：EP3755531A1　公开公告日：2020-12-30

申请人：Graphene Composites Limited

IPC主分类号：B32B5/02

摘要：There is provided a composite structure, comprising a protective structure comprising a plurality of ballistic layers arranged as a stack; and an ancillary structure adjacent to the protective structure adapted to at least partly absorb a force acting on the protective structure. The ancillary structure comprises at least one first layer comprising an aerogel arranged to at least partly absorb a force acting on the protective structure. A part of each ballistic layer is moveable relative to at least one adjacent ballistic layer and wherein apart of each ballistic layer is connected to at least one adjacent ballistic layer so as to restrict relative movement of a part of each of the adjacent ballistic layers.

专利名称：FIRE-RESISTANT TEXTILE COMPOSITE

申请号：US2020/037164　申请日：2020-06-11

公开（公告）号：WO2020257036A1　公开公告日：2020-12-24

申请人：MILLIKEN & COMPANY

IPC主分类号：B32B5/06

摘要：The application relates to a fire-resistant textile composite（10）containing a nonwoven layer（100）and a knit layer（200）. The nonwoven layer（100）has a first and second side（100a, 100b）and contains a nonwoven textile. The nonwoven textile contains a plurality of non-thermoplastic first fire-resistant fibers（11）. The nonwoven layer（100）forms the lower surface of the textile composite. The knit layer（200）contains a knit textile having a first and secondside（200a, 200b）and the second side of the knit layer（200）is adjacent to the first side（100a）of the nonwoven layer（100）. The knit textile contains a plurality of non-thermoplastic second fireresistant yarns（211）. At least a portion of the first fire-resistant fibers from the nonwoven layer（100）extend through the firstside（200a）of the knit layer（200）and form the upper surface of the textile composite.

专利名称：INSULATED RADIANT BARRIERS IN APPAREL

申请号：AU2019275943　申请日：2019-05-19

公开（公告）号：AU2019275943A1　公开公告日：2020-12-24

申请人：XEFCO PTY LTD

IPC主分类号：B32B15/14

摘要：A textile including a radiant barrier, the textile comprising a proximal side and a distal side. The textile also comprising a first substrate and a second substrate. The first substrate disposed distally of the second substrate. An insulation layer disposed adjacent to the second substrate; and wherein at least one of the first substrate and the second substrate is a radiant barrier, and wherein the radiant barrier has an average thickness of between 20nm to 150nm.

专利名称：構造化編地およびその製造方法

申请号：JP2020522317　申请日：2018-10-12

公开（公告）号：JP2020537605A　公开公告日：2020-12-24

申请人:インテレクチュアル スポートゥ ギア エス．　アール．　エル．

IPC 主分类号：B32B5/04

摘要:本明細書は、いくつかの構成要素の組み立ての結果である単層から構成された、構造化編地およびその製造方法を開示しており、前記織物は、円形の機械上で機械加工された編物層（２）と、該編物層の内面に熱結合された膜（３）と、該膜または編物層に接合された微細編物層（４）と、外面への防水処理とで本質的に構成される。これらの構成要素では、異なる組み合わせの結果である異なる織物を得ることができ、第１の織物は、編物層（２）と、膜（３）と、防水処理とから構成され、編物層の重量に応じて、スキーからサイクリングまでのあらゆるスポーツに適しており、第２の織物は、編物層（２）、微細編物層（４）、.および防水処理から作製され、軽量で通気性のある衣服に適している。最後に、第３の織物は、編物層（２）と、膜（３）と、微細編物層（４）と、防水処理とを含み、寒冷気候およびウィンタースポーツに使用される衣服に適している。

专利名称：STRETCHABLE LAMINATE，LOCKING MEMBER，AND SANITARY MATERIAL

申请号：IB2020/055620　申请日：2020-06-16

公开（公告）号：WO2020254964A1　公开公告日：2020-12-24

申请人：3M INNOVATIVE PROPERTIES COMPANY

IPC 主分类号：B32B27/12

摘要：To provide a stretchable laminate，a locking member，and a sanitary material that can be easily extended at a low stress as well as can enhance the strength. A stretchable laminate 10 according to one embodiment includes a non-woven fabric 14，an elastomer layer 13 laminated on the non-woven fabric14，and a knitted fabric 15 laminated on the elastomer layer 13. A locking member according to one embodiment is a locking member that is attached to a sanitary material，the locking member including a stretchable laminate 10 including a knitted fabric 15 laminated on an elastomer layer 13，and an engaging portion provided on an end portion of the stretchable laminate 10 opposite to the sanitary material.

专利名称：多層構造体及びその使用

申请号：JP2020002467　申请日：2020-06-23

公开（公告）号：JP3229981U　公开公告日：2020-12-24

申请人:ナイキ イノベイト シーブイ

IPC 主分类号：B32B25/00

摘要:ガス充填プラグ、クッションデバイス、及び車輛などの加硫品に使用される多層構造体を提供する。【解決手段】ソール構造体を含む運動靴において、ソール１４は、ソール構造体のミッドソール２６に配置された１つ以上の多層構造体２８を含む。多層構造体２８は、ミッドソール２６のヒール領域内で互いに離間した平行な関係で配置された複数の管状部材などの様々な形状を有するように形成することができる。管状部材

２８は、注入された封入ガスを含有する、密閉された膨張可能な多層構造体である。多層構造体２８は各々、ＴＰＵキャップ層と、交互になっているＴＰＵ及びバリア層を含むコア層とを含むように形成される。コア層は、封入ガスの拡散に抗うまたはそれを防止する。キャップ層、及びコア層は、ポリジエンポリオールベースのＴＰＵを含む。

专利名称：Emblem adhesive removal assembly and associated methods

申请号：US15441299　申请日：2017-02-24

公开（公告）号：US10870255B2　公开公告日：2020-12-22

申请人：CINTAS CORPORATION；WORLD EMBLEM INTERNATIONAL，INC.

IPC 主分类号：B32B5/02

摘要：An adhesive assembly can be used to join textile materials together creating a durable wash resistant. An emblem can be removed from a work shirt without leaving glue stains or residue. The shirt may be reused if emblems need to be removed or changed before the life of the garment expires. In various embodiments，a layer of mesh is incorporated into the heat activated glue on the back of the emblem. This mesh does not affect adherence to the garment. The emblem sticks just as well as without the mesh layer and with zero process changes to how the emblem is applied. The mesh allows for the complete removal of the adhesive from the garment when the patch is removed allowing the garment to be used even after the patch is removed.

专利名称：Method for manufacturing stretchable sheet

申请号：US16324287　申请日：2017-07-04

公开（公告）号：US10869784B2　公开公告日：2020-12-22

申请人：DAIO PAPER CORPORATION

IPC 主分类号：B32B37/00

摘要：A stretchable elastic film is interposed in a stretched state between a first sheet layer having no elasticity and a second sheet layer having no elasticity. Heat melt energy is applied to a region of a large number of bonded portions spaced apart from each other by a heat melting apparatus from the outside of the first sheet layer and the second sheet layer to melt the elastic film. The first sheet layer and the second sheet layer are bonded directly or via an elastic film at the large number of bonded portions. The elastic film is caused to pass through the counter roll and the nip roll to pass along the counter roll and then pass along the anvil roll. The elastic film is stretched by making the circumferential speed of the anvil roll faster than the circumferential speed of the counter roll.

专利名称：MODIFICATION OF TEXTILE IN SELECTED AREA

申请号：US16898025　申请日：2020-06-10

公开（公告）号：US20200391494A1　公开公告日：2020-12-17

申请人：POLYCORE，LLC

IPC 主分类号：B32B37/10

摘要：A process for strengthening a selected area of a raw textile or manufactured textile product to enhance properties and performance. The process comprising the steps of applying a laminate trimmed to match the selected area，then placed on the textile and heated in a hot press. The laminate can be comprised of a polymer film and a nonsolvent adhesive. The polymer film can be tailored from a blend of hard acrylic and tough polyurethane to adjust for rigidity and strength. The adhesive can be a hot melt or pressure sensitive types as well as any type that provides a secure adhesion.

专利名称：ABRASION RESISTANT MATERIAL AND MANUFACTURING METHOD

申请号：US16883510　申请日：2020-05-26

公开（公告）号：US20200391476A1　公开公告日：2020-12-17

申请人：ADIDAS AG

IPC 主分类号：B32B5/02

摘要：An abrasion-resistant material includes a first layer including a first textile material and a second layer including a second textile material. The second layer is arranged on the first layer, wherein the first layer and the second layer are at least partially heat bonded to each other. The first textile material exhibits a first shrinkability and the second textile material exhibits a second shrinkability, wherein the first shrinkability is greater than the second shrinkability, when at least partially heat bonding the first layer and the second layer.

专利名称：LOFTY NONWOVEN FABRICS

申请号：EP19707173. 1　申请日：2019-02-05

公开（公告）号：EP3749517A1　公开公告日：2020-12-16

申请人：Berry Global, Inc.

IPC 主分类号：B32B5/02

摘要：Nonwoven fabrics are provided that include（i）at least one disposable-high-loft nonwoven layer having a plurality of crimped multi-component fibers and（ii）a scrim. A first side of the scrim may be bonded directly or indirectly to a first disposable-high-loft nonwoven layer and optionally a second side of the scrim may be bonded directly or indirectly to a second disposable-high-loft nonwoven layer. The first disposable-high-loft nonwoven layer has a first density and the scrim has a scrim density, in which the scrim density is larger than the first density.

专利名称：NON-WOVEN BACKING FOR PRESS FELT, METHOD FOR PRODUCING NON-WOVEN BACKING, AND PRESS FELT

申请号：EP18903277. 4　申请日：2018-11-20

公开（公告）号：EP3746291A1　公开公告日：2020-12-09

申请人：Astenjohnson International, Inc.

IPC 主分类号：B32B5/00

摘要：A press felt is provided including a non-woven base fabric material formed of a first fabric structure, with the first fabric structure including an array of MD yarns connected with at least one layer of a hot melt adhesive web material and at least one layer of a non-woven backing. The non-woven backing includes a layer of a first yarn system and a layer of a second yarn system oriented transverse to the first yarn system. At least one of the first and second yarn systems includes a low melt temperature adhesive that is heat activated and binds the first and second yarn systems together. The nonwoven base fabric material has an MD length and CD width and is arranged in two superimposed layers joined by the MD oriented yarns at CD oriented fold regions at each of two opposing ends thereof.

4.2 重点技术领域二

B65H（搬运薄的或细丝状材料，如薄板、条材、缆索）

4.2.1 全球专利分析

4.2.1.1 申请趋势

图 4-11 展示的是纺织行业重点技术领域二 B65H 全球专利申请量的发展趋势。通过申请趋势可以从宏观层面把握分析对象在各时期的专利申请热度变化。申请数量的统计范围是已公开的专利。一般发明专利在申请后 3~18 个月公开，实用新型专利和外观设计专利在申请后 6 个月左右公开。

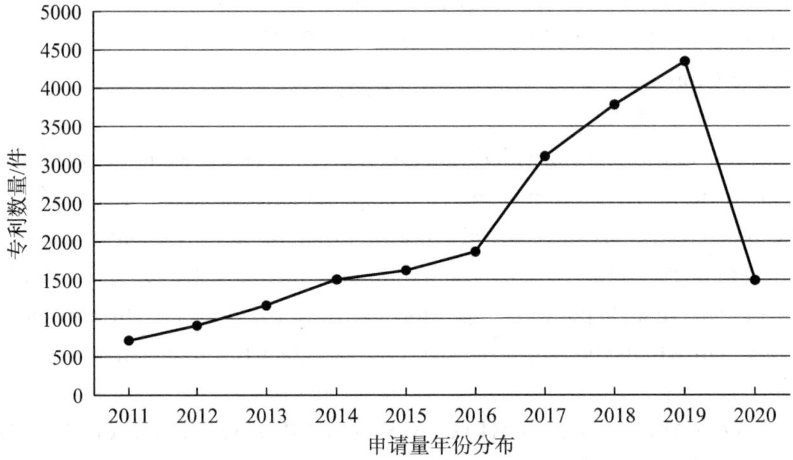

图 4-11 纺织行业重点技术领域二 B65H 全球专利申请趋势

从图 4-11 中可以看出，2011—2016 年，纺织行业重点技术领域二 B65H 全球专利申请量呈现平稳增长趋势；2017—2019 年纺织行业重点技术领域二 B65H 全球专利申请量快速增加，2019 年全球专利申请量达到 4343 件；2020 年纺织行业重点技术领域二 B65H 全球专利申请量呈现下滑趋势。

4.2.1.2 专利申请国家、地区、组织分布

专利申请国家、地区、组织可以体现专利权人想在哪些国家或地区保护该技术。这一参数也反映了该技术未来可能的实施国家或地区。由图 4-12 可知，中国是纺织行业重点技术领域二 B65H 专利重点申请国家，数量为 19 389 件。

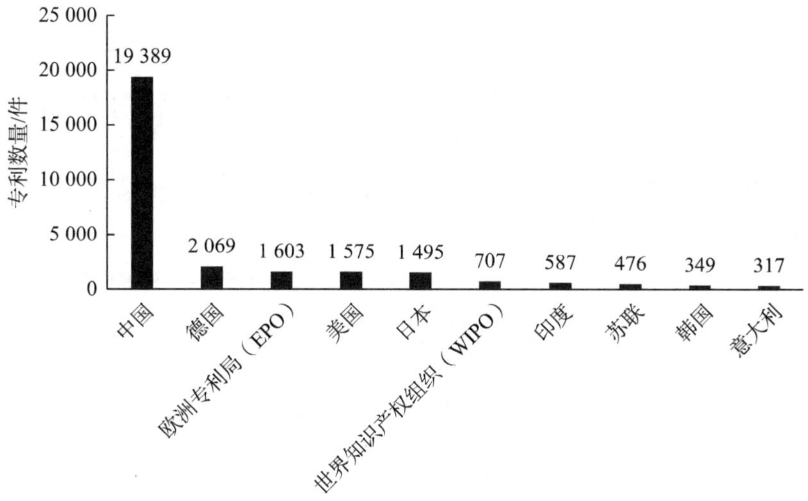

图 4-12　纺织行业重点技术领域二 B65H 全球专利主要申请国家、地区、组织分布

注：苏联数据统计年份为 1924—1993 年，为与统计数据来源一致，保留苏联名称。

4.2.1.3　专利 IPC 分布

图 4-13 展示的是纺织行业重点技术领域二 B65H 在各细分技术方向的数量分布情况。通过该分析可以了解该技术领域下覆盖的技术类别，以及各技术分支的创新热度。

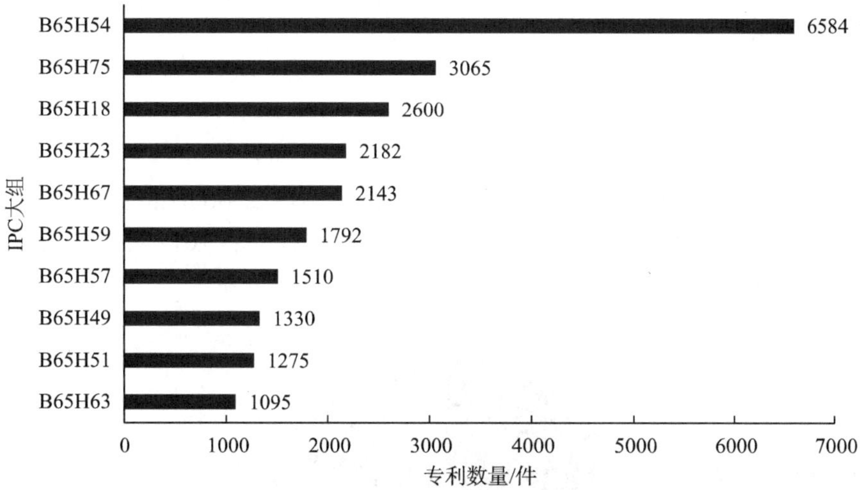

图 4-13　纺织行业重点技术领域二 B65H 全球专利 IPC 分布

B65H54｛卷绕、盘绕或放置细丝状材料（芯子、成型器、夹持器、罐或容器入 B65H75/02；专门适用于或安装供贮存和重新放出和重新贮存各种长度材料的装置入 B65H75/34）[2006.01]｝的专利数量最多，达 6584 件；第二是 B65H75｛贮存条材、条带或细丝状材料，如在线轴上（钓鱼线轴入 A01K89/00；专门适用于与记录或复制装置协作的记录载体贮存装置入 G11B23/02）[2006.01]｝，专利数量 3065 件；第三是 B65H18（卷绕条材〔4〕[2006.01]），专利数量为 2600 件。

4.2.1.4 竞争态势分析

如图 4-14 所示，欧瑞康纺织有限及两合公司在纺织行业重点技术领域二 B65H 的专利申请量最多，达 1742 件；第二是村田机械株式会社，专利申请量为 745 件；第三是自动化塑料机械有限责任公司，专利申请量为 401 件；第四是索若德国两合股份有限公司，专利申请量为 292 件，其他申请人的专利申请量均在 200 件以下。

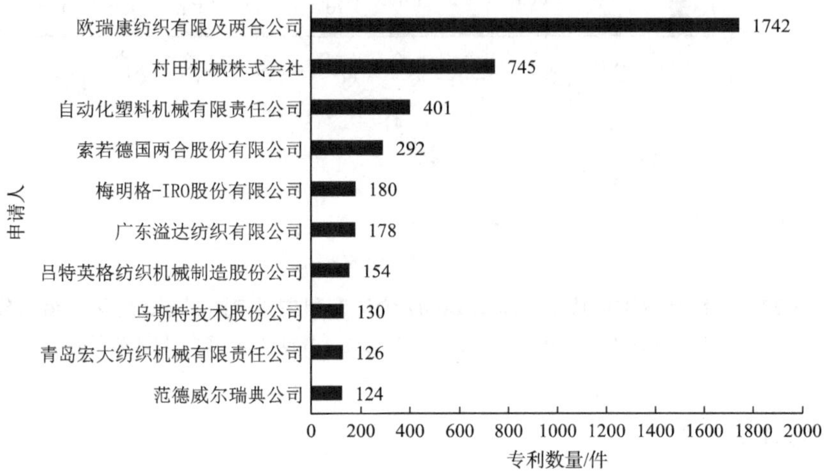

图 4-14 纺织行业重点技术领域二 B65H 全球专利申请量前十申请人排名

4.2.2 国内专利

4.2.2.1 专利概况

如图 4-15 所示，经过检索得到纺织行业重点技术领域二 B65H 的国内专利量共 19 389 件，其中发明申请专利 4852 件，占总数的 25%；发明授权专利 1617 件，占总数的 8%；实用新型专利 12 920 件，占总数的 67%。

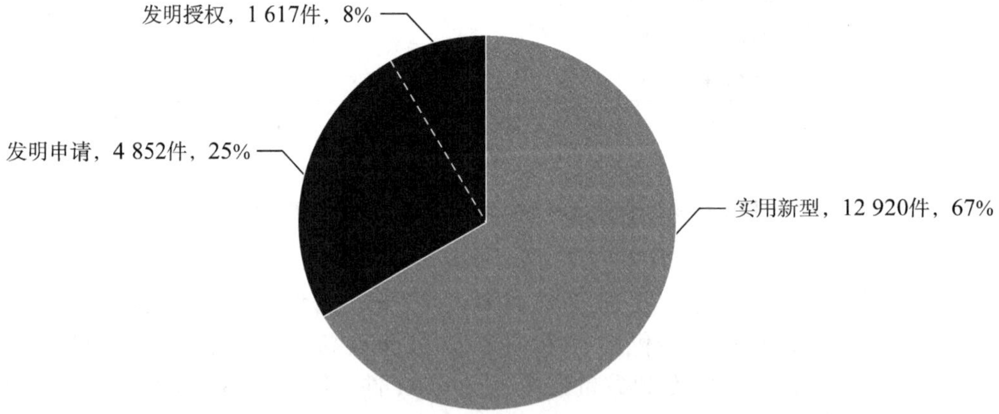

图 4-15 纺织行业重点技术领域二 B65H 国内专利类型分布

4.2.2.2　专利申请趋势

图 4-16 展示的是国内专利申请量的发展趋势。通过申请趋势可以从宏观层面把握分析对象在各时期的专利申请热度变化。申请数量的统计范围是已公开的专利。

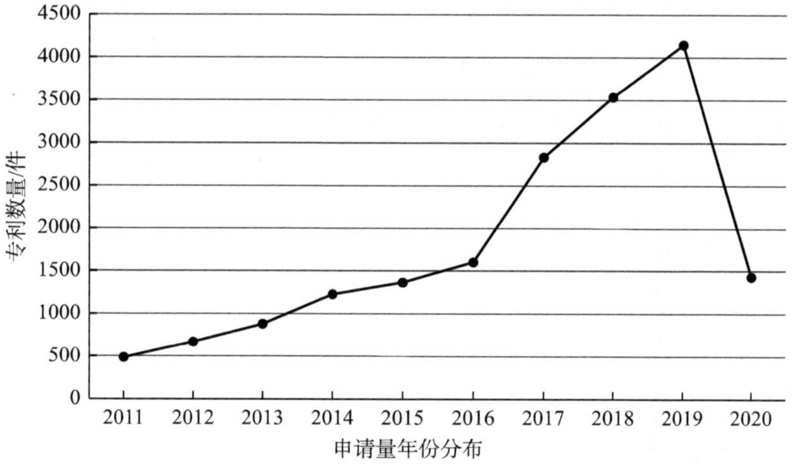

图 4-16　纺织行业重点技术领域二 B65H 国内专利申请趋势

由图 4-16 可知，2011—2016 年纺织行业重点技术领域二 B65H 的国内专利申请量趋势较为平缓，2016 年纺织行业重点技术领域二 B65H 的专利申请量 1605 件；2017—2019 年专利申请量快速增加，2019 年专利申请量达 4152 件；2020 年专利申请量回落。

4.2.2.3　专利 IPC 分布

图 4-17 展示的是纺织行业重点技术领域二 B65H 国内专利在各细分技术方向的数量分布情况。通过该分析可以了解该技术领域下覆盖的技术类别，以及各技术分支的创新热度。

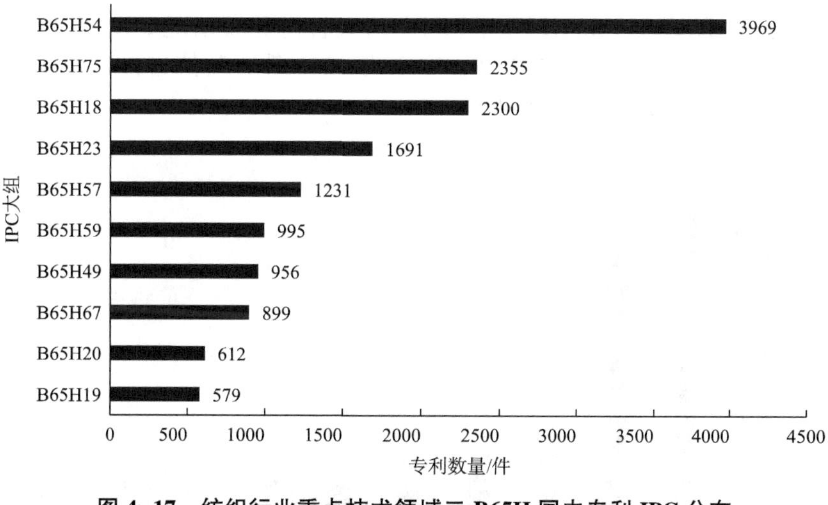

图 4-17　纺织行业重点技术领域二 B65H 国内专利 IPC 分布

B65H54｛卷绕、盘绕或放置细丝状材料（芯子、成型器、夹持器、罐或容器入 B65H75/02；专门适用于或安装供贮存和重新放出和重新贮存各种长度材料的装置入 B65H75/34）［2006.01］｝，专利数量最多，为 3969 件。第二是 B65H75｛贮存条材、条带或细丝状材料，如在线轴上（钓鱼线轴入 A01K89/00；专门适用于与记录或复制装置协作的记录载体贮存装置入 G11B23/02）[2006.01]}，专利数量为 2355 件。第三是 B65H18（卷绕条材〔4〕[2006.01]），专利数量为 2300 件。第四是 B65H23{定位、张紧、平整或引导条材（定位物件入 B65H9/00；与接合有关的入 B65H21/00；与搬运条材、条带或细丝状物料有关的一般的张紧装置入 B65H77/00）[2006.01]}，专利数量 1691 件。

4.2.2.4 申请人所属国家、地区、组织分布

由纺织行业重点技术领域二 B65H 国内专利申请人所属国家、地区、组织分布情况（图 4-18）可知，中国专利申请人申请的专利数量达到 18 488 件，占总数的 95.35%。

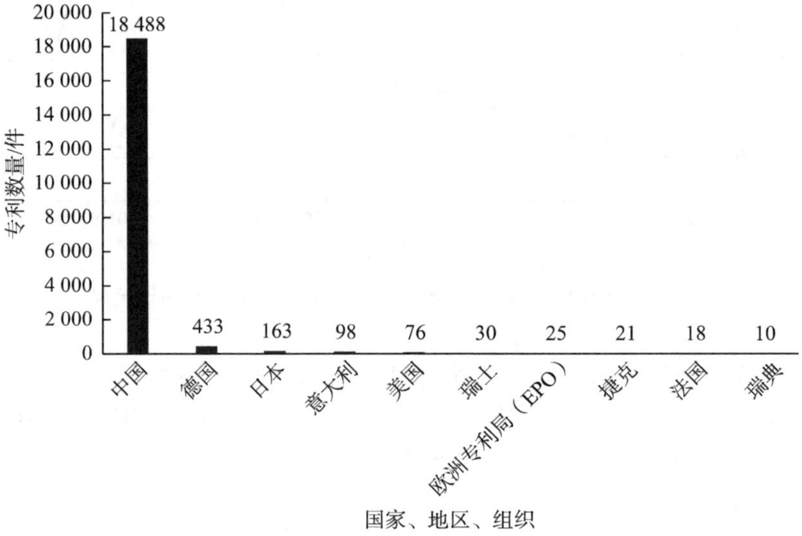

图 4-18 纺织行业重点技术领域二 B65H 国内专利申请人所属国家、地区、组织分布情况

纺织行业重点技术领域二 B65H 国内专利申请人省份分布情况如图 4-19 所示，其中江苏省专利数量为 6086 件，浙江省 5762 件，广东省 1243 件。其他省份在纺织行业重点技术领域二 B65H 的专利数量均在 1000 件以下。

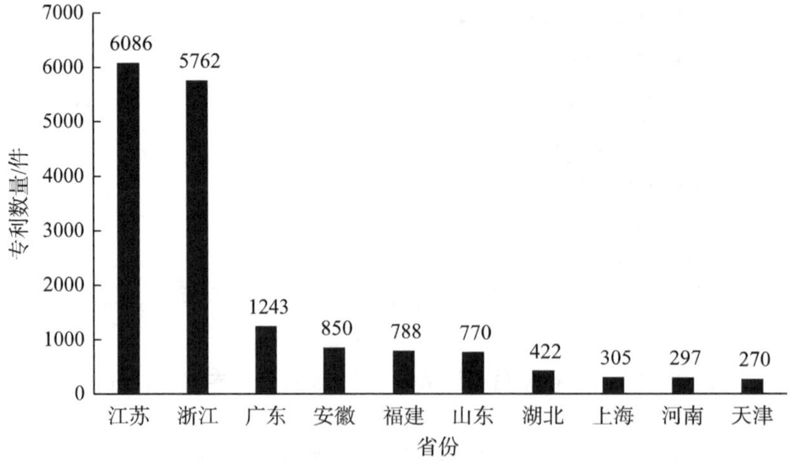

图 4-19 纺织行业重点技术领域二 B65H 国内专利申请人省份分布情况

由纺织行业重点技术领域二 B65H 国内专利申请人排名（图 4-20）可知，排名第一的是广东溢达纺织有限公司，专利数量 178 件；第二是欧瑞康纺织有限及两合公司，专利数量 132 件；青岛宏大纺织机械有限责任公司、村田机械株式会社在纺织行业重点技术领域二 B65H 的专利数量均为 120 件；其他申请人的专利数量均在 100 件以下。

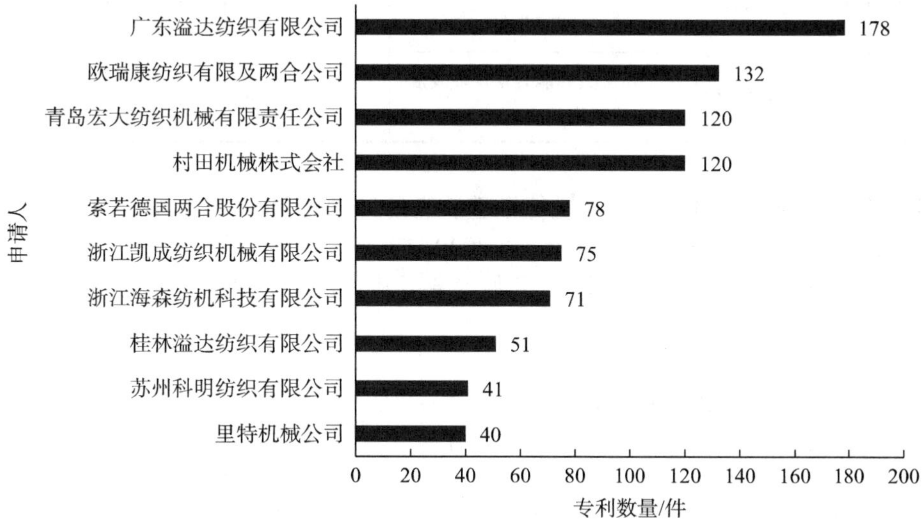

图 4-20　纺织行业重点技术领域二 B65H 国内专利申请人排名

（1）国内部分专利

申请号	申请日	申请人	专利名称
CN202011067804. 5	2020-10-07	浙江美来亚纺织有限公司	一种便于对纺织面料进行平整收卷的纺织装置
CN202011160707. 0	2020-10-27	绍兴如圆纺织有限公司	一种带有裁切功能的纺织原料生产加工用收卷装置
CN202011131424. 3	2020-10-21	诸暨市惠联精密机械制造有限公司	一种可以防布料滑脱的纺织布收卷装置
CN201810367542. 0	2018-04-23	绵阳聚贤自动化设备有限公司	基于线缆生产中成品打卷的专用设备
CN202011000921. X	2020-09-22	青岛宏大纺织机械有限责任公司	一种新型抓纱盖装置
CN201910599691. 4	2019-07-04	嘉兴亿豪新材料股份有限公司	一种纱筒更换装置中的取筒机构
CN202011141936. 8	2020-10-22	安徽翰联色纺股份有限公司	一种便于存放纺纱卷的自适应码垛装置
CN202010897982. 4	2020-08-31	温州睿程机械科技有限公司	一种带微调机构的布料砌块机
CN202010990944. 3	2020-09-19	苏州经结纬面料科技有限公司	一种面料收纳展示装置及其使用方法
CN202011037494. 2	2020-09-28	安徽日发纺织机械有限公司	一种带有单锭吸纱嘴结构的捻接装置及其捻接方法
CN202010776476. X	2020-08-05	上海天孚实业有限公司	一种络筒机插纱机器人
CN201810144794. 7	2018-02-12	铜陵松宝智能装备股份有限公司	一种自动络纱输送带、输送设备及输送方法

续表

申请号	申请日	申请人	专利名称
CN201910529355. 2	2019-06-19	扬州市鑫祺特机电制造厂	一种纺织用导丝装置
CN202010961211. 7	2020-09-14	江苏邦源纺织有限公司	一种纺织用包覆纱装置
CN202011170757. 7	2020-10-28	常州宏大智能装备产业发展研究院有限公司	预缩机织物预缩率检测方法及装置

专利名称：一种便于对纺织面料进行平整收卷的纺织装置

申请号：CN202011067804. 5　申请日：2020-10-07

公开（公告）号：CN112141775A　公开公告日：2020-12-29

申请人：浙江美来亚纺织有限公司

IPC 主分类号：B65H18/10

其他公开文献：CN202011067804A

摘要：本发明涉及纺织技术领域，且公开了一种便于对纺织面料进行平整收卷的纺织装置，包括箱体，所述箱体的右侧设置有传动机构，所述箱体的左侧分别设置有吸尘机构和熨平机构，且吸尘机构位于熨平机构的前方，所述箱体的内壁分别转动连接有传动滚筒、下滚筒、上滚筒和收卷滚筒，且收卷滚筒位于传动滚筒的后方，所述传动滚筒、下滚筒、上滚筒和收卷滚筒的表面均活动连接有布料，本发明通过传动机构和吸尘机构配合运作，可以实现对布料进行清理，从而防止收卷时连同灰尘一起进行收卷，防止布料出现脏污，再熨平机构可以对出现褶皱的布料进行熨平，进而防止有褶皱的布料被收卷，导致成品布料不平整，进而产生不合格产品。

专利名称：一种带有裁切功能的纺织原料生产加工用收卷装置

申请号：CN202011160707. 0　申请日：2020-10-07

公开（公告）号：CN112141778A　公开公告日：2020-12-29

申请人：绍兴如圆纺织有限公司

IPC 主分类号：B65H18/10

其他公开文献：CN202011160707A

摘要：本发明公开了一种带有裁切功能的纺织原料生产加工用收卷装置，包括底板，所述底板的顶部右侧固接有圆板，所述圆板的正面安装有调节机构，所述调节机构包括曲板、螺栓、第一齿轮、圆杆、圆筒和圆环，所述曲板的内壁与圆板的正面转动相连。通过调节机构中曲板正面三个滚筒，实现了多滚筒更换，节省了工作时间，保证了工作进度，提高了工作效率，便于纺织原料收卷，防止了发生缠乱，提高了实用性，通过切割机构横板受力转动配合刀具对纺织原料进行切割，省去了人为切割的麻烦，降低了工作难度，通过限制机构控制螺纹杆转动使第二弯板向下移动对纺织原料进行限制，防止在输送时发生鼓起，避免打结，保证了工作正常，便于推广。

专利名称：一种可以防布料滑脱的纺织布收卷装置

申请号：CN202011131424. 3　申请日：2020-10-21

公开（公告）号：CN112141787A　公开公告日：2020-12-29

申请人：诸暨市惠联精密机械制造有限公司

IPC主分类号：B65H23/28

其他公开文献：CN202011131424A

摘要：本发明公开了一种可以防布料滑脱的纺织布收卷装置，包括支撑架，所述支撑架的一端设置有防滑脱机构，所述防滑脱机构包括第一固定轴承、第一支撑杆、转动套筒、压板、固定块、第二支撑杆、第二固定轴承、压轮、固定凸杆和限位凹槽，所述支撑架的前端一侧设置有通孔，所述通孔的内部设置有第一固定轴承，所述第一固定轴承的内表面设置有第一支撑杆，所述第一支撑杆的外表面靠近支撑架的内侧设置有转动套筒，所述转动套筒的上端设置有压板，所述压板的一端设置有固定块。本发明可以有效防止布料滑脱，可以提高布料的收卷效率，更好地满足使用需要。

专利名称：基于线缆生产中成品打卷的专用设备

申请号：CN201810367542.0　申请日：2018-04-23

公开（公告）号：CN108946300B　公开公告日：2020-12-29

申请人：绵阳聚贤自动化设备有限公司

IPC主分类号：B65H54/28

其他公开文献：CN201810367542A

摘要：本发明公开了基于线缆生产中成品打卷的专用设备，机架包括第一横框、第二横框、第三横框，第二横框与第三横框之间连接伸缩杆、弹性件，第一横框与第二横框之间通过电动推杆连接；第三横框底部设置若干滑块，每个滑块下方都设置一个相匹配的轨道，第一横框上架设第一辊轴、第二辊轴，第二横框上架设第三辊轴，第三横框上架设第四辊轴，第三辊轴与第四辊轴上下正对，第一辊轴、第二辊轴、第三辊轴的截面圆心连线构成等腰三角形；第二辊轴、第三辊轴均由电机驱动进行转动；还包括人机交互模块、控制器，控制器的输入端与人机交互模块连接，控制器的输出端与电机连接。本发明实现提高天然纤维类纺织线绳绕线质量的目的。

专利名称：一种新型抓纱盖装置

申请号：CN202011000921.X　申请日：2020-09-22

公开（公告）号：CN112141814A　公开公告日：2020-12-29

申请人：青岛宏大纺织机械有限责任公司

IPC主分类号：B65H54/70

其他公开文献：CN202011000921A

摘要：本发明属于纺织技术领域，特别涉及一种新型抓纱盖装置，包括抓纱嘴和抓纱盖，抓纱嘴通过铰轴与抓纱盖连接；抓纱盖上设置有夹纱片，用于夹住纱线；所述抓纱嘴上设置有补风口，用于防止在进风时堵塞而造型夹纱不紧。所述补风口设置在抓纱盖的顶部。所述夹纱片与抓纱盖卡扣连接或螺纹连接。本发明一种新型抓纱盖装置增加补风口，负压风打开时，除了能够保证正常的抓取纱线，其余的有害吸风可通过该补风口消除，能够极大地改善抓纱盖积攒毛絮的现象，提高单锭稳定性和效率，减轻单锭维护保养工作量，同时也消除了挂回丝现象，使整个抓纱通道畅通，抓纱稳定可靠，提高了单锭的生产效率。

专利名称：一种纱筒更换装置中的取筒机构

申请号：CN201910599691.4　申请日：2019-07-04

公开（公告）号：CN110217649B　公开公告日：2020-12-29

申请人：嘉兴亿豪新材料股份有限公司

IPC 主分类号：B65H67/04

其他公开文献：CN201910599691A

摘要：本发明提供了一种纱筒更换装置中的取筒机构，属于纺织技术领域。它解决了现有人工拔纱效率慢等技术问题。一种纱筒更换装置中的取筒机构，包括导轨和设置在导轨上的滑动底座，底座上固定有固定台一、固定台二，固定台一位于固定台二的下方，固定台二上固定有若干齿轮一，齿轮一上套设有链条一，固定台二上固定有驱动电机，驱动电机的输出轴与其中一个齿轮一传动相连并能带其转动，链条一上固定有若干安装座，安装座上固定有限位杆，该限位杆用于纱筒的放置，滑动底座上设置有用于将收卷完的纱筒插入限位杆储放的取筒机。本发明具有拔纱效率高的优点。

专利名称：一种便于存放纺纱卷的自适应码垛装置

申请号：CN202011141936.8　申请日：2020-10-22

公开（公告）号：CN112141803A　公开公告日：2020-12-29

申请人：安徽翰联色纺股份有限公司

IPC 主分类号：B65H49/38

其他公开文献：CN202011141936A

摘要：本发明属于纺纱技术领域，具体的说是一种便于存放纺纱卷的自适应码垛装置，包括承重杆、支架、稳定杆、气动单元和加长单元；所述支架安装在承重杆的顶部；所述稳定杆对称固接在承重杆的两侧；所述稳定杆的端部与支架的端部相铰接；所述气动单元设在承重杆的内部；所述加长单元安装在稳定杆的底部；所述气动单元和加长单元之间设有气体导管；所述气动单元包括第一气缸、第一塞杆、第一弹簧、推杆、套环、伸缩杆和限位杆；所述第一气缸固接在承重杆的内部；通过气动单元和加长单元的配合，可在码垛架上放置有纺纱卷时，使支架向内部承重杆倾斜，避免其会滑落的情况，而且加长单元可增加自身长度，避免支杆长度不够而导致的纺纱卷掉落问题。

专利名称：一种带微调机构的布料砌块机

申请号：CN202010897982.4　申请日：2020-08-31

公开（公告）号：CN112141783A　公开公告日：2020-12-29

申请人：温州睿程机械科技有限公司

IPC 主分类号：B65H23/032

其他公开文献：CN202010897982A

摘要：本发明公开了一种带微调机构的布料砌块机，包括导料板、放置箱、限位板、传动齿轮组和限位微调机构，本发明对于在进行布料砌块工作时，对于导料板两侧对称设置的限位板能够进行很好的位置调控，并且能够进行微调操作，通过在导料板底端设置的放置箱中的传动齿轮组，对于限位板进行初次的位置调整，即粗调，当限位板到达大概目标位置时，再通过设置的限位微调机构，对限位板的位置进行微调，从而能够满足布料的实际加工生产需要，并且保证加工生产质量，提高生产工作效率的同时，提高合格率，避免造成布料资源的加工损坏浪费，保证经济效益。

专利名称：一种面料收纳展示装置及其使用方法

申请号：CN202010990944.3　申请日：2020-09-19

公开（公告）号：CN112141826A　公开公告日：2020-12-29

申请人：苏州经结纬面料科技有限公司

IPC 主分类号：B65H75/38

其他公开文献：CN202010990944A

摘要：本发明公开了一种面料收纳展示装置及其使用方法，包括：收纳机构以及与所述收纳机构连接的展示机构，所述收纳机构包括收纳外壳以及收纳芯，所述收纳外壳为空心柱体结构，所述收纳外壳在其周向路径上设置有开口，所述开口附近设有封板，所述封板连接所述收纳外壳与所述收纳芯外壁；所述收纳芯为与所述收纳外壳同轴的柱体，所述收纳芯直径小于所述收纳外壳直径，所述收纳机构设置于一底座上，收纳机构与底座轴向转动连接；所述展示机构包括悬挂杆以及转轮，所述悬挂杆一端固定在所述转轮上，且所述悬挂杆另一端位于所述开口位置，本发明能够将面料或褶皱面料妥善收纳于柱体内，且能够实现面料的快速整理展示，占用空间小，操作便捷。

专利名称：一种带有单锭吸纱嘴结构的捻接装置及其捻接方法

申请号：CN202011037494.2　申请日：2020-09-28

公开（公告）号：CN112125062A　公开公告日：2020-12-25

申请人：安徽日发纺织机械有限公司

IPC 主分类号：B65H69/06

其他公开文献：CN202022196339.7；CN202011037494A

摘要：本发明公开了一种带有单锭吸纱嘴结构的捻接装置及其捻接方法，属于纺织捻接设备技术领域。本发明的一种带有单锭吸纱嘴结构的捻接装置及其捻接方法，包括单锭吸纱嘴，所述单锭吸纱嘴通过其上的安装座固定安装在每锭的墙板上；所述单锭吸纱嘴通过连接管与上风门负压风管相连通，使得单锭吸纱嘴与上风门负压风管之间距离较短，因此不容易发生绕纱堵纱现象；所述单锭吸纱嘴包括吸嘴弯头，所述吸嘴弯头下部连接有吸纱嘴，吸纱嘴通过抱箍的形式固定在吸嘴弯头上，配合传感器定位，从而使得摆动气缸定位精准、调节简单，使得吸纱嘴能够饶吸嘴弯头旋转并实现上下摆动。

专利名称：一种络筒机插纱机器人

申请号：CN202010776476.X　申请日：2020-08-05

公开（公告）号：CN112125058A　公开公告日：2020-12-25

申请人：上海天孚实业有限公司

IPC 主分类号：B65H67/06

其他公开文献：CN202021601600.0；CN202010776476A

摘要：本发明属于插纱机器人设备技术领域，具体公开了一种络筒机插纱机器人，包括车体组件，车体组件底端设置有导轮组件，导轮组件安装在轨道组件上，轨道组件一侧设置有导向组件和拖链组件，导向组件和拖链组件作用于导轮组件上，导轮组件上设置有动力组件，车体组件两侧对称设置有料框，料框上方设置有抓纱组件，两个料框之间设置有加工台，加工台上对称设置有找头平台，找头平台一侧设置有放置平台，找头平台上设置有找头组件，找头平台另一侧设置有旋转平台，旋转平台上方设置有送纱组件，找头组件和吹风系统连接，吹风系统设置在找头平台一侧，车体组件上设置有控制装置。本发明能够实现自动对管纱进行找头操作，实用性强。

专利名称：一种自动络纱输送带、输送设备及输送方法

申请号：CN201810144794.7　申请日：2018-02-12

公开（公告）号：CN108483130B　公开公告日：2020-12-25

申请人：铜陵松宝智能装备股份有限公司

IPC 主分类号：B65H67/06

其他公开文献：CN201810144794A

摘要：本发明公开了一种自动络纱输送带、输送设备及输送方法，实现自动化投递纱管，提高作业效率，且整个输送设备成本低。所述自动络纱输送带包括去程区、插纱区和回程区；去程区包括供纱管装载子区、纱管生头子区和去程连接子区；所述供纱管装载子区的出口端与纱管生头子区的进口端连接，纱管生头子区的出口端与去程连接子区的进口端连接，去程连接子区的出口端与插纱区的进口端连接，插纱区的出口端与回程区的进口端连接，回程区的出口端与供纱管装载子区的进口端连接。

专利名称：一种纺织用导丝装置

申请号：CN201910529355.2　申请日：2019-06-19

公开（公告）号：CN112110276A　公开公告日：2020-12-22

申请人：扬州市鑫祺特机电制造厂

IPC 主分类号：B65H54/28

其他公开文献：CN201920920269.X；CN201910529355A

摘要：本发明涉及导丝装置技术领域，且公开了一种纺织用导丝装置，包括底座，所述底座内腔的右侧壁固定安装有第一伺服电机，所述底座内腔的左侧壁固定安装有第一轴承，第一伺服电机的输出轴固定连接有一端与第一轴承固定连接的螺纹杆，螺纹杆外侧的左右两端均螺纹连接有与底座内底壁滑动连接的承接块，承接块的顶部固定安装有一端贯穿并延伸至底座外部的连接杆，连接杆的顶部活动安装有底部导轮，所述底座顶部的左右两侧均固定安装有支撑杆，支撑杆相对一侧的顶部固定安装有顶箱。该纺织用导丝装置，整体结构简单，方便调节两个底部导轮之间的距离，从而适用于不同情况下纺织线导丝的需要，提高了导丝装置的实用性能，方便使用。

专利名称：一种纺织用包覆纱装置

申请号：CN202010961211.7　申请日：2020-09-14

公开（公告）号：CN112110275A　公开公告日：2020-12-22

申请人：江苏邦源纺织有限公司

IPC 主分类号：B65H54/04

其他公开文献：CN202010961211A

摘要：本发明涉及纺织技术领域，公开了一种纺织用包覆纱装置，包括箱体，有纱线筒，纱线筒的下方设在箱体的内壁底部固定连接有限位杆，限位杆上设有活动板，活动板的四角开有限位孔，活动板四角的限位孔的内壁与限位杆的外壁滑动连接，活动板的下表面固定连接有压缩弹簧一。该发明通过两个导轮将纱线引进，然后通过电动喷头将水箱内的水喷向纱线，从而达到清洗的作用，电动推杆带动压紧杆，使压紧杆底部的压紧板始终贴紧在纱线筒上，从而使纱线在缠绕的时候可以始终保持紧密的状态，通过在纱线筒的下方设置活动板和限位杆，从而可以使纱线筒上下两端的卡口与卡块卡接，且活动板可以上下活动，从而方便纱线筒的安装。

专利名称：预缩机织物预缩率检测方法及装置

申请号：CN202011170757.7　申请日：2020-10-28

公开（公告）号：CN112110261A　公开公告日：2020-12-22

申请人：常州宏大智能装备产业发展研究院有限公司

IPC主分类号：B65H23/26

其他公开文献：CN202022431657.7；CN202011170757A

摘要：本发明公开了一种预缩机织物预缩率检测方法及装置，预缩机织物预缩率检测装置包括设置在橡胶毯缩布单元进布侧的第一织物张力调节机构、设置在呢毯烘干单元出布侧的第二织物张力调节机构以及中央处理单元，在橡胶毯缩布单元进布侧设有用于测量织物运行长度的第一测长机构，在呢毯烘干单元出布侧设有用于测量织物运行长度的第二测长机构，第一织物张力调节机构、第二织物张力调节机构、第一测长机构、第二测长机构与中央处理单元连接。本发明设置了第一、第二织物张力调节机构并进行调控，保证预缩整理前、后织物长度计量时，两个长度计量处张力相等，本发明能获得准确、真实的预缩整理前、后织物长度百分比，计算得到当前准确的织物预缩率。

（2）国外部分专利

申请号	申请日	申请人	专利名称
DE102019117588.7	2019-06-28	MASCHINENFABRIK RIETER AG	Transportvorrichtung für eine Spinnereivorbereitungsmaschine
US16906873	2020-06-19	CHANCE LINE INDUSTRIAL CO., LTD.	Elastic Filament and Cutting Method and Cutting Structure Thereof and Textile With The Elastic Filament
IB2020/055679	2020-06-18	THEMA 2 S.R.L.	DEVICE AND RELATED METHOD FOR THE AUTOMATIC CONTROL OF THE COLOR TONE OF A REEL OF THREAD
US16900916	2020-06-13	MASCHINENFABRIK RIETER AG	METHOD FOR OPERATING A SUCTION DEVICE OF A TEXTILE MACHINE, AND A SUCTION DEVICE AND A TEXTILE MACHINE
IB2020/055218	2020-06-03	VANDEWIELE NV	YARN FEED MODULE
DE102019112554.5	2019-05-14	Cetex Institut gGmbH	Verfahren und Vorrichtung zum kontinuierlichen Prozessieren mehrerer Rovings
EP19703785.6	2019-02-04	BTSR INTERNATIONAL S.P.A.	METHOD AND IMPROVED YARN FEEDER SYSTEM AND DEVICE FOR OPTIMISING YARN FEED TO A TEXTILE MACHINE OPERATING HIGHLY DISCONTINUOUSLY OR WITH ALTERNATING MOTION
US15787133	2017-10-18	MASCHINENFABRIK RIETER AG	Work station of a textile machine, pneumatic thread storage element for a work station of a textile machine and a textile machine
EP18902874.9	2018-12-13	Murata Machinery, Ltd.	TEXTILE MACHINE
TR2019/050257	2019-04-17	ALYA TEKSTİL SANAYİ TİCARET LİMİTED ŞİRKETİ	DEVICE FOR CLEARING YARN FAULTS
DE102019107712.5	2019-03-26	SAURER SPINNING SOLUTIONS GMBH & CO. KG	Verfahren zum Herstellen einer Spleißverbindung an einer Arbeitsstelle einer Textilmaschine sowie Arbeitsstelle einer Textilmaschine

续表

申请号	申请日	申请人	专利名称
IN202047040375	2020-09-17	RIETER CZ S R O	METHOD OF CONTROLLING AN OPTICAL ELEMENT AT A WORKSTATION OF A TEXTILE MACHINE, ESPECIALLY A YARN MANUFACTURING MACHINE, AND A TEXTILE MACHINE
EP20160905.4	2020-03-04	TMT Machinery, Inc.	TEXTILE MACHINE AND TEACHING METHOD
US15531281	2016-12-27	Ronak Rajendra Gupta	Method for manufacturing a multi-ply separable filament yarns and multi-ply separable textured yarn
US15313453	2015-05-07	MASCHINENFABRIK RIETER AG	Method for operating a textile machine, and textile machine for producing roving

专利名称：Transportvorrichtung für eine Spinnereivorbereitungsmaschine

申请号：DE102019117588.7　申请日：2019-06-28

公开（公告）号：DE102019117588A1　公开公告日：2020-12-31

申请人：MASCHINENFABRIK RIETER AG

IPC 主分类号：B65H67/06

摘要：Die Erfindung betrifft eine Transportvorrichtung für eine Spinnereivorbereitungsmaschine（1），vorzugsweise für eine Strecke，Karde oder Kämmmaschine，zum Bewegen einer Spinnkanne（2），wobei die Transportvorrichtung wenigstens einen Mitnehmer（3）aufweist，der mit Hilfe eines Antriebs（4）der Transportvorrichtung entlang eines vorgegebenen Pfads bewegbar ist. Erfindungsgemäß wird vorgeschlagen，dass der Mitnehmer（3）ausgebildetist，mit der Spinnkanne（2）in Kontakt zu gelangen und die Spinnkanne（2）mittels Reibschluss in einer vorgegebenen Transportrichtung（T）zu bewegen，wobei der Mitnehmer（3）ausgebildet ist，beim Kontakt mit der Spinnkanne（2）aus einer Grundstellung in eine Ausweichstellung ausgelenkt und/oder elastisch verformt zu werden，wenn die von der Spinnkanne（2）auf den Mitnehmer（3）wirkende Gegenkraft einen definierten Betrag übersteigt.

专利名称：Elastic Filament and Cutting Method and Cutting Structure Thereof and Textile With The Elastic Filament

申请号：US16906873　申请日：2020-06-19

公开（公告）号：US20200399088A1　公开公告日：2020-12-24

申请人：CHANCE LINE INDUSTRIAL CO.，LTD.

IPC 主分类号：B65H35/02

摘要：The invention provides a method and a structure for cutting out elastic filaments. The cutting structure has a conveying device and a cutting device；the cutting method cutting an elastic membrane material，the elastic membrane material being combined with at least one cushion layer，conveying the elastic membrane material to the cutting device to cut the elastic membrane material a plurality of times，cutting the elastic membrane material into elastic filaments with certainty，and even cutting out fine elastic filaments. The elastic filament can be woven into a textile，or used as a sewing thread or an embroidery thread for apparel.

专利名称：DEVICE AND RELATED METHOD FOR THE AUTOMATIC CONTROL OF THE COLOR TONE OF A REEL OF THREAD

申请号：IB2020/055679　申请日：2020-06-18

公开（公告）号：WO2020254996A1　公开公告日：2020-12-24

申请人：THEMA 2 S. R. L.

IPC 主分类号：B65H63/00

摘要：A device（1）for the automatic control of the color tone of a reel of thread，comprises：a frame（11）which supports an arm（10）on which a reel of thread（5）can be placed；a color measuring device（20）adapted to project a measuring beam（21）onto a cylindrical portion（53）of the reel of thread（5），said measuring device（20）comprising a camera（25）and an illuminator aligned with the camera（25），said illuminator being multispectral and adapted to illuminate the reel of thread（5）with different wavelengths；a computer provided with a screen（30）with graphic interface and connected to the meter（20），adapted to process the classification of the reel of thread（5）loaded on the arm（10）on the basis of the measurements made by the meter（20）.

专利名称：METHOD FOR OPERATING A SUCTION DEVICE OF A TEXTILE MACHINE，AND A SUCTION DEVICE AND A TEXTILE MACHINE

申请号：US16900916　申请日：2020-06-13

公开（公告）号：US20200391975A1　公开公告日：2020-12-17

申请人：MASCHINENFABRIK RIETER AG

IPC 主分类号：B65H54/70

摘要：A method is provided for operating a suction device of a textile machine having a plurality of workstations wherein an air flow and a vacuum are produced with aid of the suction device. The method includes filtering the air flow with a filter element，and determining a loss of pressure or volume flow at the filter element. Based on the loss of pressure or the volume flow，an actual value is calculated for present maximum vacuum-requiring operations of the workstations that can be simultaneously executed. Based on the number of operating workstations，a setpoint value is determined for the maximum vacuum-requiring operations of the workstations that can be simultaneously executed. The setpoint value is compared to the actual value for control of the suction device.

专利名称：YARN FEED MODULE

申请号：IB2020/055218　申请日：2020-06-03

公开（公告）号：WO2020250085A1　公开公告日：2020-12-17

申请人：VANDEWIELE NV

IPC 主分类号：B65H51/06

摘要：The invention concerns a yam feed module（1）for supplying yarn（2）into a textile machine，comprising：-a drive roller（3）for supplying the yarn（2）；-a guide element（5）for guiding the yarn（2）；and-a restrain element（6）which is arranged between the drive roller（3）and the guide element（5）in order，on supplying of the yarn（2），to ensure that the yarn（2）detaches from the drive roller（3）. The invention also concerns a textile machine comprising such a yarn feed module（1）.

专利名称：Verfahren und Vorrichtung zum kontinuierlichen Prozessieren mehrerer Rovings

申请号：DE102019112554.5 申请日：2019-05-14

公开（公告）号：DE102019112554B4 公开公告日：2020-12-17

申请人：Cetex Institut gGmbH

IPC 主分类号：B65H69/06

摘要：Die vorliegende Erfindung betrifft ein Verfahren und eine Vorrichtung zum kontinuierlichen Prozessieren mehrerer Rovings. Dabei werden von einem Spulengatter Arbeitsrovings und Reserverovings bereitgestellt und mit einer Spleißleiste die jeweiligen Arbeitsrovings mit den jeweils zugeordneten Reserverovings in wenigstens einer den auszubildenden Arbeitsroving/Reserveroving-Paaren zugeordneten, jeweils zwei Spleißeinheitteile aufweisenden Spleißeinheit der Spleißleiste verspleißt werden, wobei die Reserverovings zunächst an der Spleißleiste fixiert werden; dann die Fördergeschwindigkeit der Arbeitsrovings auf eine Spleißgeschwindigkeit abgebremst wird; die Spleißleiste mit den daran jeweils fixierten Reserverovings von einer Grundstellung auf die Spleißgeschwindigkeit beschleunigt und in eine Spleißebene gebracht wird; danach wenigstens eines der Spleißeinheitteile an das andere Spleißeinheitteil heranbewegt wird; daraufhin die Arbeitsrovings mit den Reserverovings durch Druckluftzuführung verspleißt werden; und die Spleißeinheitteile voneinander wegbewegt werden; schließlich die mit den Arbeitsrovings verspleißten Reserverrovings von der Spleißleiste gelöst und als neue Arbeitsrovings weiterverwendet werden; und abschließend die Spleißleiste wieder in die Grundstellung gebracht wird.

专利名称：METHOD AND IMPROVED YARN FEEDER SYSTEM AND DEVICE FOR OPTIMISING YARN FEED TO A TEXTILE MACHINE OPERATING HIGHLY DISCONTINUOUSLY OR WITH ALTERNATING MOTION

申请号：EP19703785.6 申请日：2019-02-04

公开（公告）号：EP3749603A1 公开公告日：2020-12-16

申请人：BTSR INTERNATIONAL S. P. A.

IPC 主分类号：B65H51/20

摘要：A method and a system according to the invention comprise the use of a device（2）for feeding yarn（F）to a textile machine（T），operating discontinuously or with alternating motion，and a device（1）compensating for changes in the conditions for feeding or taking up the yarn（F）by the textile machine（T），said compensator device（1）including a movable compensating means（13）that performs this compensation to maintain a constant tension in the yarn（F）even when the aforementioned change in the conditions for feeding or taking up the yarn occurs，said compensating means（13）being rigid and connected to an electric actuator，a control unit of this actuator being capable of detecting displacement of said compensating means（13）from a predetermined resting position when there is a change in take-up or feeding of the yarn and being capable of returning said compensating means（13）to the resting position after such a change. Provision is made for continuously detecting the yarn tension and operating the electric actuator to maintain this tension at a constant value.

专利名称：Work station of a textile machine，pneumatic thread storage element for a work station of a textile machine and a textile machine

申请号：US15787133 申请日：2017-10-18

公开（公告）号：US10858765B2　公开公告日：2020-12-08

申请人：MASCHINENFABRIK RIETER AG

IPC 主分类号：B65H51/20

摘要：A work station of a textile machine includes a plurality of fiber-guiding work elements that are divided into at least two groups. A first work station part is defined at the work station on which a first group of the fiber-guiding work elements is arranged. A second work station part is defined at the work station on which a second group of the fiber-guiding work elements is arranged. The second work station part is arranged in a movable manner relative to the first work station part at the work station or is arranged in a removable manner at the work station. A pneumatic thread storage element is also provided for a work station of a textile machine for the temporary receiving of a thread, and includes a multi-part structure with a first thread storage section and a second thread storage section connected to one another at a separation point.

专利名称：TEXTILE MACHINE

申请号：EP18902874.9　申请日：2018-12-13

公开（公告）号：EP3744670A1　公开公告日：2020-12-02

申请人：Murata Machinery，Ltd.

IPC 主分类号：B65H63/06

摘要：The present invention addresses the problem of making it possible to distinguish a good package and a semi-good package. This textile machine is provided with a winding unit which performs a yarn winding process for forming a package by winding a yarn supplied from a yarn supply part around a winding tube. The winding unit has：a yarn clearer that is provided with a clearer body，which monitors a traveling yarn and detects non-allowable defects that require removal and allowable defects that do not require removal，and a cutter that cuts the yarn when the non-allowable defects are detected；a clearer control part which，on the basis of data about the allowable defects，determines whether the package is a good product，in which the amount of the allowable defects is no greater than a threshold value，or a semi-good product，in which the amount of the allowable defects exceeds the threshold value；and a unit control part. When the package is determined by the clearer control part to be the semi-good product，the unit control part causes the winding unit to perform an operation different from that performed when the package is a good product.

专利名称：DEVICE FOR CLEARING YARN FAULTS

申请号：TR2019/050257　申请日：2019-04-17

公开（公告）号：WO2020214107A1　公开公告日：2020-10-22

申请人：ALYA TEKSTİL SANAYİ TİCARET Lİ Mİ TED ŞİRKETİ

IPC 主分类号：B65H63/06

摘要：The yarn fault clearing device that enables clearing the faults of both the thin and the thick yarns，comprising；the Power Unit that supplies power to the system，the Programming Unit that sends signals to the optical unit to adjust and control the desired thickness values on the yarn，the Intermediate connection unit that runs the magnet（1）/ blade（2）system and that simultaneously enables connection of the optical unit to the system and the Optical Unit that contains the multilayered main electronic circuit board（9）with signal filter integrated circuits，the high sensitivity photodiode（5）with 14 terminal legs that enables reading the light beam received from the transmitting led（3）and that does not require a lens，the blade driving magnet（1）with high ohm value and the blade（2）/ spring system that enables cutting the yarns.

专利名称：Verfahren zum Herstellen einer Spleißverbindung an einer Arbeitsstelle einer Textilmaschine sowie Arbeitstelle einer Textilmaschine

申请号：DE102019107712.5　申请日：2019-03-26

公开（公告）号：DE102019107712A1　公开公告日：2020-10-01

申请人：SAURER SPINNING SOLUTIONS GMBH & CO. KG

IPC 主分类号：B65H69/06

摘要：Die Erfindung betrifft ein Verfahren zum Herstellen einer Spleißverbindung eines Oberfadens mit einem Unterfaden an einer Arbeitsstelle einer Textilmaschine sowie eine entsprechende Arbeitsstelle einer Textilmaschine. Um ein Verfahren zum Herstellen einer Spleißverbindung eines Oberfadens mit einem Unterfaden an einer Arbeitsstelle einer Textilmaschine sowie eine entsprechende Arbeitsstelle einer Textilmaschine bereitzustellen，um eine gleichbleibend hohe Spleißqualität und zuverlässige Reproduzierbarkeit der Spleißverbindung sicherzustellen，wobei insbesondere Spannungsbrüche während der Spleißverbindung verhindert werden，ist vorgesehen，dass das erfindungsgemäße Verfahren als Verfahrensschritte zunächst ein Zuführen wenigstens des Oberfadens und gegebenenfalls auch des Unterfadens zu einer Spleißeinheit sowie eine Messung der Fadenspannung wenigstens des zu verbindenden Oberfadens vor dem Spleißen mittels eines Fadenzugkraftsensors umfasst，wobei dann nachfolgend ein Abgleich der gemessenen Fadenspannung mit einem vorgegebenen Grenzwert vorgenommen wird，wobei bei einer Überschreitung des Grenzwertes eine Reduzierung der Oberfadenspannung，insbesondere wenigstens eine Maßnahme zur Reduzierung der Oberfadenspannung，vorgenommen wird sowie schließich ein Verbinden der Fadenenden des Unterfadens und des Oberfadens in der Spleißeinheit erfolgt，wenn die gemessene Fadenspannung unterhalb des vorgegebenen Grenzwertes liegt.

专利名称：METHOD OF CONTROLLING AN OPTICAL ELEMENT AT A WORKSTATION OF A TEXTILE MACHINE，ESPECIALLY A YARN MANUFACTURING MACHINE，AND A TEXTILE MACHINE

申请号：IN202047040375　申请日：2020-09-17

公开（公告）号：IN202047040375A　公开公告日：2020-09-25

申请人：RIETER CZ S R O

IPC 主分类号：B65H63/00

摘要：The invention relates to a method of controlling a sensor（3）of physical quantities and/or an optical signalling means（7）on a textile machine，especially a yarn manufacturing machine，in which the sensor is primarily intended to detect the state at a workstation and the optical signalling means is primarily intended to provide visual information about the state of a workstation，group of workstations or machine. The sensor and/or the signalling means is deliberately switched to the secondary operating mode other than the primary purpose of the sensor and/or the signalling means，working operations are performed in this secondary operating mode and subsequently the sensor and/or the signalling means switches back to the primary operating mode.

专利名称：TEXTILE MACHINE AND TEACHING METHOD

申请号：EP20160905.4　申请日：2020-03-04

公开（公告）号：EP3712097A1　公开公告日：2020-09-23

申请人：TMT Machinery，Inc.

IPC 主分类号：B65H57/00

摘要：When a yarn threading assisting member of an automatic yarn threading device is in contact with an assisting member guide unit，application of excessive force to the yarn threading assisting member is suppressed without needing complicated control. A spun yarn take-up machine includes a winding device 14 which includes a bobbin holder supporting bobbins and fulcrum guides 21 and performs yarn winding of winding yarns Y onto the bobbins. The spun yarn take-up machine further includes a yarn threading robot 4 which includes a yarn threading assisting member 47 which temporarily holds the yarns Y and a driving mechanism which moves and drives the yarn threading assisting member 47. The yarn threading robot 4 performs yarn threading such that the yarns Y are threaded to the fulcrum guides 21 as the driving mechanism drives the yarn threading assisting member 47. The winding device 14 includes an assisting member guide unit 29 on which a guide surface 29a is formed to guide the yarn threading assisting member 47 in a guide direction having a component in the bobbin axial direction. Furthermore，the yarn threading robot 4 includes a cushion member 60 which absorbs force applied from the guide surface 29a to the yarn threading assisting member 47.

专利名称：Method for manufacturing a multi-ply separable filament yarns and multi-ply separable textured yarn

申请号：US15531281　申请日：2016-12-27

公开（公告）号：US10767287B2　公开公告日：2020-09-08

申请人：Ronak Rajendra Gupta

IPC 主分类号：B65H51/015

摘要：A method of manufacturing multi-ply separable textured yarn，the method comprising，passing a multi-ply separable interlaced filament yarn through a texturizing unit to form a multi-ply separable draw textured yarn，wherein the multi-ply separable interlaced filament yarn is separable in to at least two separable interlaced filament yarn，wherein the interlacing of the filaments within each separable interlaced filament yarn is retained during further processing of the yarn to fabric and in the fabric.

专利名称：Method for operating a textile machine，and textile machine for producing roving

申请号：US15313453　申请日：2015-05-07

公开（公告）号：US10683188B2　公开公告日：2020-06-16

申请人：MASCHINENFABRIK RIETER AG

IPC 主分类号：B65H63/02

摘要：During normal operation of a textile machine，a fiber bundle is supplied to a consolidating means to produce a roving having a protective twist，the roving wound onto a tube with a winding device. The roving downstream of the consolidating means is monitored for whether the roving is being produced by the consolidating means or whether the roving produced by the consolidating means is being wound onto the tube. In no roving is being produced or the roving produced by the consolidating means is not being wound onto the tube, an interruption of the normal operation of the textile machine is initiated and the tube partly loaded with roving by the winding device prior to the interruption is replaced with an empty tube during a tube changing process. The consolidating means is started up and the roving produced thereby is brought into contact with the empty tube. Normal operation is resumed and the roving is wound onto the empty tube.

4.3 重点技术领域三

D06M（对纤维、纱、线、织物、羽毛或由这些材料制成的纤维制品进行 D06 类内其他类目所不包括的处理）

4.3.1 全球专利分析

4.3.1.1 申请趋势

图 4-21 展示的是纺织行业重点技术领域三 D06M 全球专利申请量的发展趋势。通过申请趋势可以从宏观层面把握分析对象在各时期的专利申请热度变化。申请数量的统计范围是已公开的专利。一般发明专利在申请后 3~18 个月公开，实用新型专利和外观设计专利在申请后 6 个月左右公开。

图 4-21 纺织行业重点技术领域三 D06M 全球专利申请趋势

从图 4-21 可以看出，2011—2013 年，纺织行业重点技术领域三 D06M 全球专利申请量呈现快速增长趋势，2014 年纺织行业重点技术领域三 D06M 全球专利申请量有所回落；2015—2018 年纺织行业重点技术领域三 D06M 全球专利申请量平稳增加，2018 年全球专利申请量达到 2104 件；2019—2020 年纺织行业重点技术领域三 D06M 全球专利申请量呈现下滑趋势。

4.3.1.2 专利申请国家、地区、组织分布

专利申请国家、地区、组织可以体现专利权人想在哪些国家或地区保护该技术。从纺织行业重点技术领域三 D06M 全球专利主要申请国家、地区、组织分布（图 4-22）可知，中国是纺织行业重点技术领域三 D06M 专利重点申请国家，数量为 12 397 件，其次是日本，5111 件。

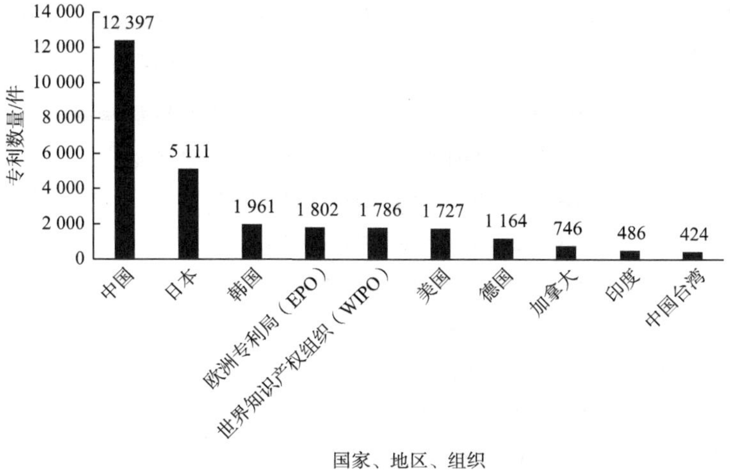

图 4-22 纺织行业重点技术领域三 D06M 全球专利主要申请国家、地区、组织分布

4.3.1.3 专利 IPC 分布

图 4-23 展示的是纺织行业重点技术领域三 D06M 在各细分技术方向的数量分布情况。通过该分析可以了解该技术领域下覆盖的技术类别，以及各技术分支的创新热度。

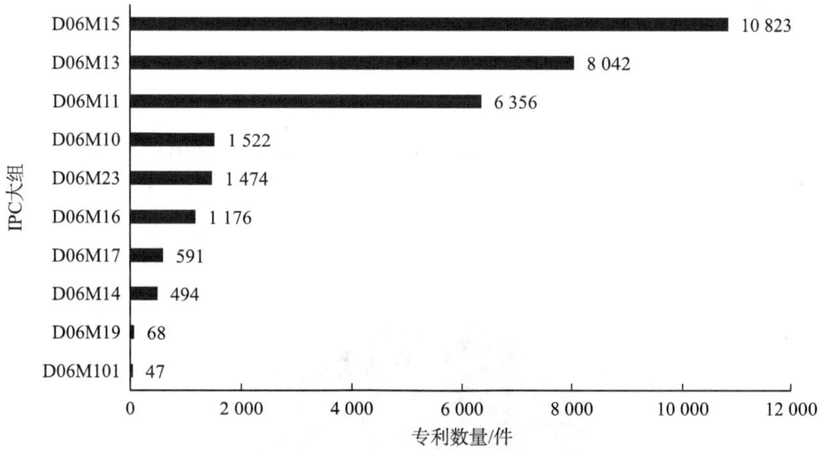

图 4-23 纺织行业重点技术领域三 D06M 全球专利 IPC 分布

D06M15［用高分子化合物处理纤维、纱、线、织物或由这些材料制成的纤维制品；这种处理同机械处理相结合（D06M10/00，D06M14/00 优先）〔5〕］的专利数量最多，达 10 823 件；第二是 D06M13［用非高分子有机化合物处理纤维、纱、线、织物或由其制成的纤维制品（D06M10/00，D06M14/00 优先；用有机氨同无机物的配合物处理入 D06M11/

59)；与机械处理相结合的处理〔4，5〕]，专利数量为 8042 件；第三是 D06M11 [用无机物或其配合物处理纤维、纱、线、织物或这些材料制成的纤维制品；同机械处理相结合的处理，如丝光（D06M 10/00 优先）〔5〕]，专利数量为 6356 件。

4.3.1.4 竞争态势

如图 4-24 所示，宝洁公司在纺织行业重点技术领域三 D06M 的专利申请量最多，达 672 件；第二是花王株式会社，专利申请量为 518 件；第三是东丽株式会社，专利申请量 477 件。

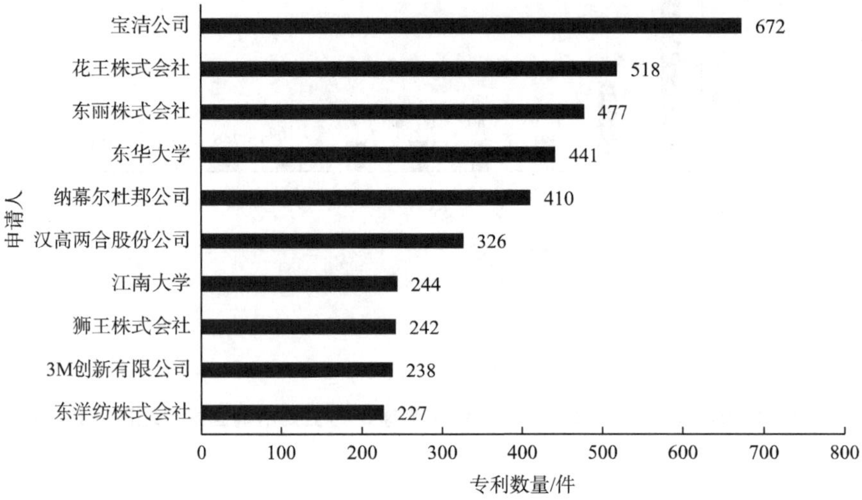

图 4-24　纺织行业重点技术领域三 D06M 全球专利前十申请人排名

4.3.2 国内专利分析

4.3.2.1 专利概况

如图 4-25 所示，经过检索得到纺织行业重点技术领域三 D06M 的国内专利量共 12 397 件，其中发明申请专利 8507 件，占总数的 69%；发明授权专利 3620 件，占总数的 29%；实用新型专利 270 件，占总数的 2%。

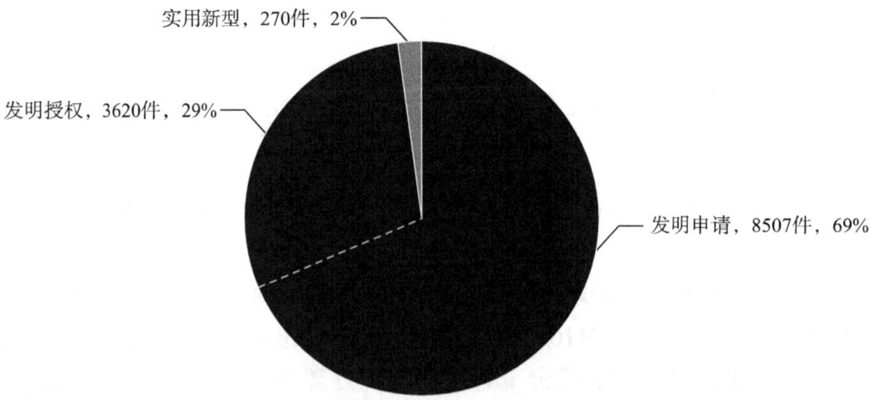

图 4-25　纺织行业重点技术领域三 D06M 国内专利类型分布

4. 3. 2. 2　专利申请趋势

图 4-26 展示的是国内专利申请量的发展趋势。通过申请趋势可以从宏观层面把握分析对象在各时期的专利申请热度变化。申请数量的统计范围是已公开的专利。

由图 4-26 可知，2011—2013 年纺织行业重点技术领域三 D06M 的专利申请量增加快速；2014 年纺织行业重点技术领域三 D06M 的专利申请量呈现下降趋势；2015—2018 年纺织行业重点技术领域三 D06M 的专利申请量稳步增加，2018 年纺织行业重点技术领域三 D06M 的专利申请量 1656 件；2019—2020 年纺织行业重点技术领域三 D06M 的专利申请量回落。

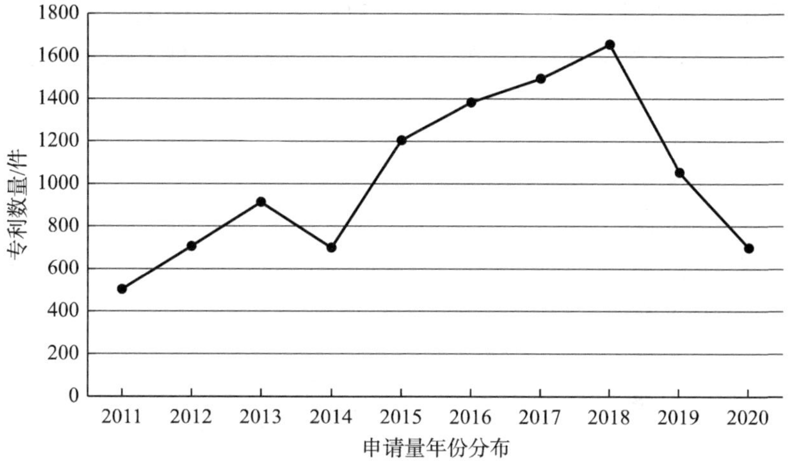

图 4-26　纺织行业重点技术领域三 D06M 国内专利申请趋势

4. 3. 2. 3　专利 IPC 分布

图 4-27 展示的是纺织行业重点技术领域三 D06M 在各细分技术方向的数量分布情况。通过该分析可以了解该技术领域下覆盖的技术类别，以及各技术分支的创新热度。

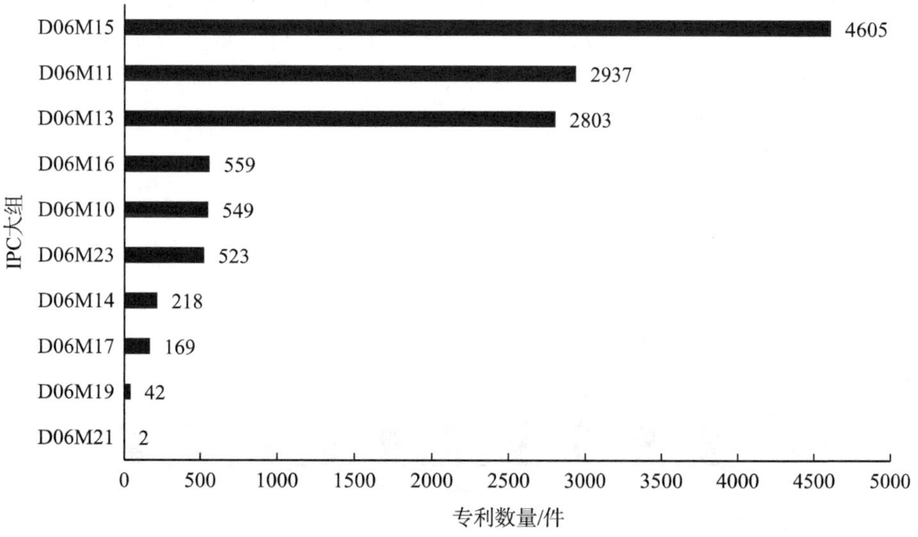

图 4-27　纺织行业重点技术领域三 D06M 国内专利 IPC 分布

由图 4-27 可知，D06M15［用高分子化合物处理纤维、纱、线、织物或由这些材料制成的纤维制品；这种处理同机械处理相结合（D06M10/00，D06M14/00 优先）〔5〕］，专利数量最多，为 4605 件。第二是 D06M11［用无机物或其配合物处理纤维、纱、线、织物或这些材料制成的纤维制品；同机械处理相结合的处理，如丝光（D06M 10/00 优先）〔5〕］，专利数量为 2937 件。第三是 D06M13［用非高分子有机化合物处理纤维、纱、线、织物或由其制成的纤维制品（D06M10/00，D06M14/00 优先；用有机氨同无机物的配合物处理入 D06M11/59）；与机械处理相结合的处理〔4，5〕］，专利数量为 2803 件。

4.3.2.4 申请人所属国家、地区、组织分布

由纺织行业重点技术领域三 D06M 国内专利申请人所属国家、地区、组织分布情况（图 4-28）可知，中国专利申请人申请的专利数量达到 11 628 件，占总数的 93.80%

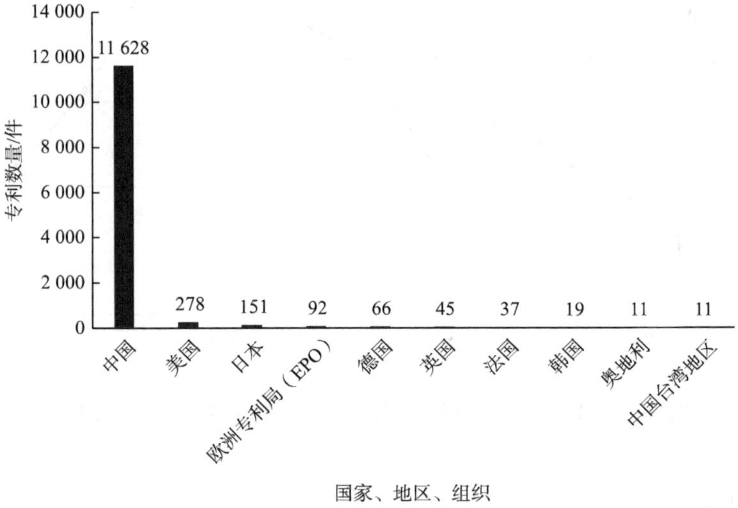

图 4-28　纺织行业重点技术领域三 D06M 国内专利申请人所属国家、地区、组织分布情况

纺织行业重点技术领域三 D06M 国内专利申请人省市分布情况如图 4-29 所示，其中江苏省专利数量为 4221 件，浙江省 1725 件。其他省份在纺织行业重点技术领域三 D06M 的专利数量均在 1000 件以下。

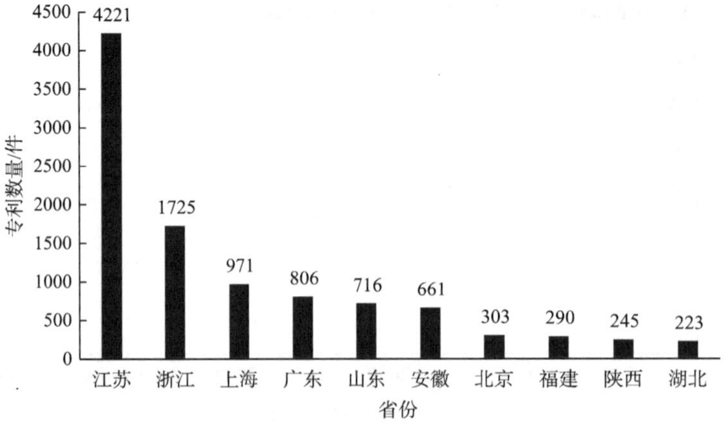

图 4-29　纺织行业重点技术领域三 D06M 国内专利申请人省份分布情况

由纺织行业重点技术领域三 D06M 国内专利申请人排名（图 4-30）可知，排名第一的是东华大学，专利数量为 433 件；第二是江南大学，专利数量为 234 件；其他申请人的专利申请量均在 200 件以下。

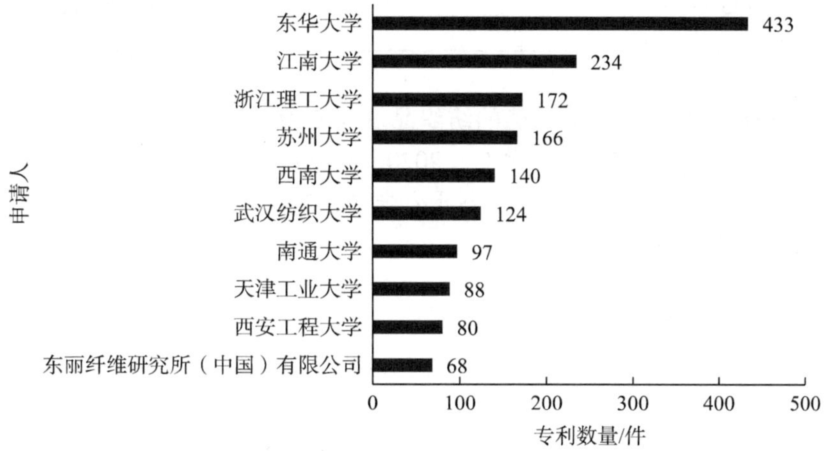

图 4-30　纺织行业重点技术领域三 D06M 国内专利申请人排名

（1）国内部分专利

申请号	申请日	申请人	专利名称
CN202011048045. 8	2020-09-29	上海涂固安高科技有限公司	一种有耐磨自清洁功能的纺织品及其应用
CN201810827936. X	2018-07-25	安徽新生纺织有限公司	一种纺织浆料回收再利用的方法
CN202011030942. 6	2020-09-27	江苏利田科技股份有限公司	一种 EB 固化纺织浆料及其制备方法和应用
CN202011055258. 3	2020-09-30	长沙柔织新材料科技有限公司	一种防潮防霉纤维及其制备方法和织物
CN201910564003. 0	2019-06-27	钜高新材料股份有限公司	无氟水性拨水剂
CN202010875954. 2	2020-08-25	深圳全棉时代科技有限公司	护肤面料的生产方法
CN202011108419. 0	2020-10-16	高梵（浙江）信息技术有限公司	一种面料抗菌处理液及其制备方法
CN202011062533. 4	2020-09-30	福州大学	一种具有超疏水导电的多功能织物表面的制备方法
CN202010970781. 2	2020-09-16	无锡恒诺纺织科技有限公司	一种纺织品防蚊虫整理剂及其使用方法
CN202011031060. 1	2020-09-27	江苏利田科技股份有限公司	一种 EB 固化 PUA 纺织浆料及其制备方法和应用
CN202010935050. 4	2020-09-08	罗莱生活科技股份有限公司；上海罗莱生活科技有限公司；上海罗莱家用纺织品有限公司	一种防水防油防污防螨纺织品及其制备方法和用途
CN202010974200. 2	2020-09-16	浙江中科微瑞新材料股份有限公司	一种智能微粒子处理物品的方法
CN202011043939. 8	2020-09-28	苏州大学	一种聚氨基酸接枝改性拒水织物及其制备方法
CN202010942967. 7	2020-09-09	杭州鸿江纺织印染有限公司	一种真丝绸印染工艺

续表

申请号	申请日	申请人	专利名称
CN201510638061.5	2015-09-30	东丽纤维研究所（中国）有限公司	一种防紫外线针织物

专利名称：一种有耐磨自清洁功能的纺织品及其应用

申请号：CN202011048045.8　申请日：2020-09-29

公开（公告）号：CN112144286A　公开公告日：2020-12-29

申请人：上海涂固安高科技有限公司

IPC 主分类号：D06M15/564

其他公开文献：CN202011048045A

摘要：本发明涉及一种纺织品，尤其涉及一种有耐磨自清洁功能的纺织品及其应用，所述有耐磨自清洁功能的纺织品是通过可固化的组合物对纺织品用浸渍、喷涂方法处理得到；所述可固化的组合物的原料包括天冬聚脲树脂、纳米硅氧烷、消光粒子、离子液体、石墨烯复合物、聚偏氟乙烯、助剂，本发明的可固化的组合物可以很稳定地附着在纺织品，使纺织品具有优异的耐磨性、自清洁性、光滑性。本发明可以应用于装饰用纺织品、服装用纺织品、产业用纺织品。

专利名称：一种纺织浆料回收再利用的方法

申请号：CN201810827936.X　申请日：2018-07-25

公开（公告）号：CN109137505B　公开公告日：2020-12-29

申请人：安徽新生纺织有限公司

IPC 主分类号：D06M13/41

其他公开文献：CN201810827936A；CN109137505A

摘要：本发明公开了一种纺织浆料回收再利用的方法，包括如下步骤：对经过原浆上浆处理后的经纱进行退浆处理；对退浆处理后的经纱进行水洗，并对水洗后的溶液以及退浆处理过程中的溶液进行收集，并最终获得退浆液；对所获得的退浆液进行浓缩处理，并使得浓缩后的退浆液的含固率为 T，且 $6.5\% \geqslant T \geqslant 6\%$；对浓缩后的浆液加入丙烯酰胺及水的混合液进行调节，并最终获得再生浆液，并使用再生浆液通过单纱上浆机对经纱进行上浆，该方法能够实现纺织浆料的回收再利用，有利于实现纺织浆料的循环使用及降低了纺织过程中的上浆工艺的成本，也进一步减少了对环境造成的污染。

专利名称：一种 EB 固化纺织浆料及其制备方法和应用

申请号：CN202011030942.6　申请日：2020-09-27

公开（公告）号：CN112144285A　公开公告日：2020-12-29

申请人：江苏利田科技股份有限公司

IPC 主分类号：D06M15/564

其他公开文献：CN202011030942A

摘要：本发明公开了一种 EB 固化纱线浆料，包含如下重量份数的原料：EB 固化树脂 10~20 重量份，活性稀释剂 70~80 重量份，功能助剂 1 重量份，功能填料 4~7 重量份；EB

固化树脂为聚氨酯丙烯酸酯和含羧基的丙烯酸酯，活性稀释剂为 PO3-TMPTA 或 GPTA 和 PEG（200）DA 或 TTEGDA 的组合。本发明还公开了 EB 固化纺织浆料在纱线上浆中的应用。聚氨酯丙烯酸酯提供高速固化性能，并提供成膜后好的强度和耐磨性，含羧基的丙烯酸酯提供成膜后好的附着力和碱溶性（易退浆），活性稀释剂活性高、柔韧性佳，在 EB 的照射下，显著提高了纱线浆料的干燥速度，节省了能源，适合于高速自动化生产，无污染。

专利名称：一种防潮防霉纤维及其制备方法和织物

申请号：CN202011055258.3　申请日：2020-09-30

公开（公告）号：CN112144274A　公开公告日：2020-12-29

申请人：长沙柔织新材料科技有限公司

IPC 主分类号：D06M13/00

其他公开文献：CN202011055258A

摘要：本发明涉及纺织技术领域，公开了一种防潮防霉纤维及其制备方法和织物。该防潮防霉纤维包括中空纤维以及设于中空纤维空腔内的防霉防潮剂；所述中空纤维为壳聚糖改性中空粘胶纤维；所述防霉防潮剂包括煅烧贝壳粉内核和改性羟基磷灰石外壳；所述改性羟基磷灰石外壳以点状包覆于煅烧贝壳粉内核外；所述改性羟基磷灰石为经 γ-氨丙基三乙氧基硅烷接枝改性的羟基磷灰石；所述煅烧贝壳粉内核中负载有樟树精油。本发明的防潮防霉纤维能根据环境湿度调整樟树精油的释放速率，能适应不同湿度下的防霉需求，同时避免樟树精油过度释放，实现长效防霉。

专利名称：无氟水性拨水剂

申请号：CN201910564003.0　申请日：2019-06-27

公开（公告）号：CN112144280A　公开公告日：2020-12-29

申请人：钜高新材料股份有限公司

IPC 主分类号：D06M15/263

其他公开文献：CN201910564003A；

摘要：一种无氟水性拨水剂，由下列单体所聚合而成，包括：（A）具有碳数 12 至 24 直链烷基（甲基）丙烯酸酯，50 至 89 重量%；（B）具有碳数 6 至 20 单环、多环或交联状烷基（甲基）丙烯酸酯，10 至 20 重量%；（C）反应基团（羟基、胺基、氯基、环氧基）的烷基（甲基）丙烯酸酯为 1 至 10 重量%；以及（D）改质后的聚氨酯单体为 5 至 20 重量%。本发明的无氟水性拨水剂，可以提高无氟超疏水拨水剂的防水性和耐洗性。

专利名称：护肤面料的生产方法

申请号：CN202010875954.2　申请日：2020-08-25

公开（公告）号：CN112144290A　公开公告日：2020-12-29

申请人：深圳全棉时代科技有限公司

IPC 主分类号：D06M23/12

其他公开文献：CN202010875954A

摘要：一种护肤面料的生产方法，包括：确定棉织物组织结构后，按照织物结构织胚，之后将棉面料依次进行煮漂、预定、染色。染色后进行功能性后处理，功能性后处理完成后再依次进行烘干定型、成品、验布、包装。棉织物组织结构选择单面、双面、罗纹组织中的至少一种，单面组织包括有平纹、变化平纹、拉架平纹。棉织物组织结构中纱线选择范围为20S/1-70S/1，氨纶选择范围为15D-70D。功能性后处理中使用微胶囊浆，微胶囊浆中包括精油，精油中包括辅酶Q10。本申请将微胶囊浆中的微胶囊和面料结构相结合，微胶囊浆中的微胶囊和纤维结合到一起，将微胶囊应用在棉面料的开发和应用上，获得一种具有护肤功效的面料，丰富现有产品。

专利名称：一种面料抗菌处理液及其制备方法

申请号：CN202011108419.0　申请日：2020-10-16

公开（公告）号：CN112144277A　公开公告日：2020-12-29

申请人：高梵（浙江）信息技术有限公司

IPC主分类号：D06M15/03

其他公开文献：CN202011108419A

摘要：本发明公开了一种面料抗菌处理液及其制备方法，方法步骤为：将壳聚糖水解并溶于水中，加入活性剂，搅拌均匀后，再加入海藻酸钠和助剂，搅拌至海藻酸钠完全溶解，即得面料抗菌处理液；其中，所述活性剂由独麦素和蜂巢粉按照1∶50-200的质量比混合制成。本发明中采用由独麦素和蜂巢粉组成的活性剂，均为天然成分，对人体和环境无害，其中独麦素自身具有强大而独特的抗菌及抗氧化能力，能够不受光照、高温等外界因素的影响，长期保持稳定，而蜂巢粉也具有高效抑菌杀菌、抗病毒作用，更为重要的是蜂巢粉经活化处理后，其可提供优良的吸附性和分散性，与独麦素共用可改善独麦素的分布结构，增强独麦素与面料的结合力，使产品抗菌整理效果显著提升。

专利名称：一种具有超疏水导电的多功能织物表面的制备方法

申请号：CN202011062533.4　申请日：2020-09-30

公开（公告）号：CN112144273A　公开公告日：2020-12-29

申请人：福州大学

IPC主分类号：D06M11/83

其他公开文献：CN202011062533A；CN112144273B

摘要：本发明公开了一种具有超疏水导电的多功能织物表面的制备方法，具体如下：（1）将一定质量的多巴胺溶液和氧化石墨烯溶液混合，在磁力转子的作用下搅拌均匀；（2）将清洗好的棉织物浸泡在上述配好的混合溶液里，进行多次浸渍烘干；（3）将棉织物浸泡在化学镀铜液中进行铜纳米颗粒原位生长；（4）将上述沉积铜的棉织物浸泡在配好的硬脂酸乳液里，反应结束后取出烘干，由此便获得具有超疏水导电多功能织物表面。该方法采用浸渍，原位生长法制备导电膜层以及硬脂酸修饰得到特殊浸润性功能织物表面，具有工艺简单易操作、反应条件可控、原材料来源广泛，成本低易降解，优良的导电性能，耐酸碱性能，持久稳定的超疏水自清洁性能，可应用于多种场合。

专利名称：一种纺织品防蚊虫整理剂及其使用方法

申请号：CN202010970781.2　申请日：2020-09-16

公开（公告）号：CN112127150A　公开公告日：2020-12-25

申请人：无锡恒诺纺织科技有限公司

IPC 主分类号：D06M13/224

其他公开文献：CN202010970781A；CN112127150A

摘要：本发明提供了一种纺织品防蚊虫整理剂，其不仅使用简便而且耐洗性好，制备得到的纺织品蚊虫驱避率≥65%，驱蚊效果好，同时水洗 10 次后布面菊酯保留 70% 以上。其包括 10-30% 质量分数的拟除虫菊酯、8-10% 质量分数的表面活性剂、1-2% 质量分数的防腐剂，余量为水。这种蚊虫整理剂的使用方法包括以下步骤：步骤一，调整轧辊压力，调整带液率；步骤二，配制整理液；整理液包括 10-70g/L 的交联剂、上述防蚊虫整理剂；步骤三，将织物充分浸渍整理液，经过轧辊，进入烘干定型机，在 120-140℃烘干定型。

专利名称：一种 EB 固化 PUA 纺织浆料及其制备方法和应用

申请号：CN202011031060. 1　申请日：2020-09-27

公开（公告）号：CN112127165A　公开公告日：2020-12-25

申请人：江苏利田科技股份有限公司

IPC 主分类号：D06M15/572

其他公开文献：CN202011031060A

摘要：本发明公开了一种 EB 固化 PUA 纺织浆料，包含：EB 固化树脂 10~20 重量份，活性稀释剂 70~80 重量份，功能助剂 1 重量份，功能填料 4~7 重量份；EB 固化树脂为聚氨酯丙烯酸酯和含羧基的丙烯酸酯，活性稀释剂为选自 EO3-GTA 和 EO3-TMPTA 中的一种和选自 PPG（400）DA、TPGDA 和 DPGDA 中的一种的组合。本发明公开了 EB 固化 PUA 纺织浆料在纱线上浆中的应用。聚氨酯丙烯酸酯提供高速固化性能，提供成膜后好的强度和耐磨性，含羧基的丙烯酸酯提供成膜后好的附着力和碱溶性（易退浆），活性稀释剂活性高、柔韧性佳，在 EB 照射下，显著提高了纱线浆料的干燥速度，节省了能源，适合于高速自动化生产，无污染。

专利名称：一种防水防油防污防螨纺织品及其制备方法和用途

申请号：CN202010935050. 4　申请日：2020-09-08

公开（公告）号：CN112127151A　公开公告日：2020-12-25

申请人：罗莱生活科技股份有限公司；上海罗莱生活科技有限公司；上海罗莱家用纺织品有限公司

IPC 主分类号：D06M13/256

其他公开文献：CN202010935050A

摘要：本发明提供一种防水防油防污防螨纺织品及其制备方法和用途，所述的制备方法包括：对精炼或退浆后的高支高密坯布进后整理得到，所述后整理依次包括清洗工序、防水防油防污整理和轧光处理；所述清洗工序是指采用清洗剂处理所述精炼或退浆后的高支高密坯布；所述防水防油防污整理是指采用三防处理液进行浸轧处理，然后采用烘干进行定型。本申请中方法制备的防水防油防污防螨纺织品质量稳定，克服了现有技术中防水防油防污助剂与防螨助剂不能同时达到标准、防水防油防污功能不耐洗的缺陷；该产品使用时，可以有效防止水浸润和油的沾污，并能阻止螨虫爬入，为消费者提供一种“健康、舒适、易打理”的家纺产品。

专利名称：一种智能微粒子处理物品的方法

申请号：CN202010974200.2　申请日：2020-09-16

公开（公告）号：CN112127162A　公开公告日：2020-12-25

申请人：浙江中科微瑞新材料股份有限公司

IPC 主分类号：D06M15/19

其他公开文献：CN202010974200A

摘要：本发明公开了一种智能微粒子处理纺织品的方法，包括：步骤一对物品表面进行超支化处理、步骤二喷洒第一智能微粒子处理液、步骤三喷洒第二智能微粒子处理液、步骤四喷洒第二超支化处理液，及步骤五三防整理。本发明所涉及的一种智能微粒子处理物品的方法，是采用原位法在物品表面形成具有芯壁结构的智能微粒子。先对物品表面进行超支化处理，使其表面固结有一层超支化聚合物，可与壁材中的超支化聚合物相结合，使智能微粒子与纤维的结合牢度更高。并且在最外层的壁材中使用了超支化聚合物可与第二壁材更为牢固的结构，提高了壁材的牢固程度。可大大提高智能微粒子的使用寿命。

专利名称：一种聚氨基酸接枝改性拒水织物及其制备方法

申请号：CN202011043939.8　申请日：2020-09-28

公开（公告）号：CN112127157A　公开公告日：2020-12-25

申请人：苏州大学

IPC 主分类号：D06M13/513

其他公开文献：CN202011043939A

摘要：本发明公开了一种聚氨基酸接枝改性拒水织物及其制备方法。在纤维表面接入氨基，由氨基引发苯胺基酸酐在纤维表面开环聚合形成接枝链，制得一种纤维表面聚氨基酸改性的拒水织物。本发明织物处理是在液相中以纤维表面预先接入的氨基为引发剂，通过开环聚合法（ROP）引发（取代）苯胺基酸酐在纤维表面完成接枝聚合，生产条件温和，产品制备工艺简单及操作安全。公开的以化学接枝得到的拒水织物，纤维表面功能防护层以共价键与纤维结合，具有优异的牢度，且不影响织物的服用性能，解决了通过涂层等方法获得拒水织物牢度差的难题。接枝改性所采用的疏水性聚氨基酸属于生物相容性好、可自然降解的环保型聚合物，符合当前大力开发绿色纺织品的趋势。

专利名称：一种真丝绸印染工艺

申请号：CN202010942967.7　申请日：2020-09-09

公开（公告）号：CN112127158A　公开公告日：2020-12-25

申请人：杭州鸿江纺织印染有限公司

IPC 主分类号：D06M14/24

其他公开文献：CN202010942967A

摘要：本申请涉及纺织印染领域，具体公开了一种真丝绸印染工艺，包括以下步骤：S1：预处理阶段，将真丝绸浸入 2.1-2.5g/L 的净洗剂中浸泡后洗涤干燥；S2：改性阶段，将 5-8 份共聚单体与 80-110 份水混合得到改性液；共聚单体包括 2-丙烯酰胺-2-甲基丙磺酸和丙烯腈；将步骤 S1 处理过的真丝绸浸入改性液中，向改性液中加入引发剂微波聚合；S3：染色阶段，将阳离子活性染料分散于水中形成浓度为 0.5-1.5g/L 的混合液，向混合液中加入印染助剂得到染色液，印染助剂与阳离子活性染料重量比为（0.5-1.0）:1；将步骤 S2 改性的真丝绸浸入染色液中进行染色；S4：水洗阶段，用 85-95℃ 的热水清洗后，用

20℃-30℃的水进行清洗后干燥，得到成品。本申请的印染工艺具有提高真丝绸的上染率的优点。

专利名称：一种防紫外线针织物

申请号：CN201510638061.5 申请日：2015-09-30

公开（公告）号：CN106560546B 公开公告日：2020-12-25

申请人：东丽纤维研究所（中国）有限公司

IPC主分类号：D06M13/352

其他公开文献：CN201510638061A；CN106560546A

摘要：本发明公开了一种防紫外线针织物。该针织物主要由涤纶纤维所形成，涤纶纤维的单纤维的内部至少含有有机紫外线吸收剂和荧光增白剂，且涤纶纤维的单纤维的表面上至少附着有无机紫外线遮蔽剂。通过向涤纶纤维内部导入有机紫外线吸收剂和荧光增白剂，使得低密度的针织物即便是在未染色的情况下，也可以获得较为优越的抗紫外线效果；而且洗涤耐久性较佳。

（2）国外部分专利

申请号	申请日	申请人	专利名称
US16914992	2020-06-29	VOITH PATENT GMBH	METHOD AND DEVICE FOR THE PRODUCTION AND/OR PROCESSING OF A NONWOVEN GLASS FABRIC WEB
GB1909336.8	2019-06-28	PREVAYL LTD	Biosensing textile and garment
IT2020/050148	2020-06-12	SOKO CHIMICA S. R. L.	ENZYMATIC TABLETS FOR WEARING OUT TEXTILE PRODUCTS COMPRISING CELLULOSE FIBERS AND METHOD FOR THEIR USE
US16911062	2020-06-24	HEMPVANA，LLC	COMPRESSION GARMENT ENHANCED WITH HEMP FIBERS
JP2019112793	2019-06-18	旭化成株式会社	化学修飾セルロース繊維
KR1020207029080	2019-03-12	알베마를 코포레이션	직물용 난연제
AU2020270449	2020-11-16	GREEN IMPACT HOLDING AG	Textiles having antimicrobial properties
US16763088	2018-11-14	Wilana Chemical LLC	NON-FLUORINATED FIBER AND TEXTILE TREATMENT COMPOSITIONS AND APPLICATIONS THEREOF
KR1020200100453	2020-08-11	주식회사 대웅에프엔티（F. N. T）	폴리올레핀계 난연사
US16890360	2020-06-02	MILLIKEN & COMPANY	MAGNETIC FABRIC FOR MOLDING APPLICATIONS
EP20187555.6	2018-02-13	NIKE Innovate C. V.	ANTI-ODOR COMPOSITIONS，STRUCTURES HAVING ANTI-ODOR CHARACTERISTICS，METHODS OF MAKING THE ANTI-ODOR COMPOSITIONS AND THE STRUCTURES

续表

申请号	申请日	申请人	专利名称
KR1020200046311	2020-04-16	주식회사 지클로	친환경 바이오폴리머를 활용한 항균 및 소취 가공제의 제조 방법
US16880002	2020-05-21	Tintoria Piana, US Inc.	METHOD OF CHEMICAL TREATMENT ON NON-WOVENS
US16932192	2020-07-17	APPLIED SILVER, INC.	SYSTEMS AND PROCESSES FOR TREATING TEXTILES WITH AN ANTIMICROBIAL AGENT
AU2019247408	2019-04-04	AVALON POLYMILLS (HK) LIMITED	Durable antimicrobial treatment of textile for use in healthcare environment

专利名称：METHOD AND DEVICE FOR THE PRODUCTION AND/OR PROCESSING OF A NONWOVEN GLASS FABRIC WEB

申请号：US16914992　申请日：2020-06-29

公开（公告）号：US20200407909A1　公开公告日：2020-12-31

申请人：VOITH PATENT GMBH

IPC 主分类号：D06M10/00

摘要：A method for producing and/or processing a nonwoven glass fabric web includes thermally drying the nonwoven glass fabric web via infrared radiation from an infrared radiation dryer. A specific power density of at least 153 kW/m^2 is applied by the infrared radiation dryer to the surface of the nonwoven glass fabric web facing toward the infrared radiation dryer. After the irradiation by the infrared radiation dryer, the nonwoven glass fabric web has a temperature of at least 40°C. and at most 105°C. on its surface facing toward the infrared radiation dryer.

专利名称：Biosensing textile and garment

申请号：GB1909336.8　申请日：2019-06-28

公开（公告）号：GB2585083A　公开公告日：2020-12-30

申请人：PREVAYL LTD

IPC 主分类号：D06M11/74

摘要：The textile includes a distributed sensing system. The sensing system comprises a controller in communication with and controlling sensor electrodes on the textile. The sensor electrodes are formed of two-dimensional (2D) electrically conductive material, preferably graphene. Graphene forming the electrodes and electrical conductors is preferably printed or transferred onto the cloth. Alternatively, the conductor comprises conductive fibres or yarns forming the fabric. The preferred system includes a rechargeable battery, energy harvesting device, communicator operable over a 4G or 5G wireless cellular network. The textile is formed into a garment, especially shirt, t-shirt, blouse, dress, brassiere, shorts, trousers, vest, jacket, coat, glove, armband, underwear, headband, hat, cap, collar, waistband, stocking, sock, show, swimwear, wetsuit, drysuit or athletic clothing.

专利名称：ENZYMATIC TABLETS FOR WEARING OUT TEXTILE PRODUCTS COMPRISING CELLULOSE FIBERS AND METHOD FOR THEIR USE

申请号：IT2020/050148　申请日：2020-06-12

公开（公告）号：WO2020255177A1　公开公告日：2020-12-24

申请人：SOKO CHIMICA S. R. L.

IPC 主分类号：D06M16/00

摘要：A method for using a kit consisting of two compounds preset for textile product aging treatment. These compounds operate in water，either simultaneously or in succession，and contain all chemical substances useful for the process.

专利名称：COMPRESSION GARMENT ENHANCED WITH HEMP FIBERS

申请号：US16911062　申请日：2020-06-24

公开（公告）号：US20200399822A1　公开公告日：2020-12-24

申请人：HEMPVANA，LLC

IPC 主分类号：D06M13/00

摘要：Hemp fibers may be disposed throughout or in selected portions of a compression garment（e. g. ，glove，posture support garment，pants，leggings，tights，shorts，long sleeve top，short sleeve top，sock，etc. ）. The hemp fibers deployed in the compression garment enhance the durability of the compression garment，and imparts various advantageous properties（e. g. ，anti-microbial or anti-bacterial，mildew-resistant，odor reduction，moisture wicking，etc. ）to the compression garment，enabling the compression garment to be provided with comfort and style.

专利名称：化学修飾セルロース繊維

申请号：JP2019112793　申请日：2019. 06. 18

公开（公告）号：JP2020204112A　公开公告日：2020-12-24

申请人：旭化成株式会社

IPC 主分类号：D06M13/03

摘要：【課題】セルロース繊維と樹脂とを含む樹脂複合体における物性（例えば機械強度、耐熱性及び寸法安定性）の向上効果に優れるとともに、当該樹脂複合体の欠陥及び外観不良を生じさせ難い、セルロース繊維の提供を目的とする。【解決手段】セルロースの水酸基の少なくとも一部が置換されている、化学修飾セルロース繊維であって、前記化学修飾セルロース繊維をN，N-ジメチルアセトアミドに1.5質量%の濃度で分散させて得た分散液から成膜された坪量80g/m^{2}の化学修飾セルロース繊維フィルムが、全光透過率73%以上を有する、化学修飾セルロース繊維。

专利名称：직물용 난연제

申请号：KR1020207029080　申请日：2019-03-12

公开（公告）号：KR20200143377A　公开公告日：2020-12-23

申请人：알베마를 코포레이션

IPC 主分类号：D06M15/233

摘要：본 발명은 물，방향 족성으로 결합된 브롬을 함유하는 브롬계 난연제，적어도 하나의 분산제，적어도 하나의 습윤제 및 적어도 하나의 증점제를 포함하는 수성 난연 분산제를 제공한다. 상기 브롬계 난연제는 약 20 ㎛ 이하의 평균 입자 크기를 갖는다. 상기 난연 분산제는 상기 분산제의 총 중량을 기준으로，약 50 wt% 이상의 브롬계 중합 난연제를 함유한다. 또한 코팅 조성물，난연 분산제를 형성하기 위한 방법，코팅 조성물을 형성하기 위한 방법 및 코팅 조성물을 직물 기재에 도포하기 위한 방법이 제공된다.

专利名称：Textiles having antimicrobial properties

申请号：AU2020270449　申请日：2020-11-16

公开（公告）号：AU2020270449A1　公开公告日：2020-12-17

申请人：GREEN IMPACT HOLDING AG

IPC 主分类号：D06M11/13

摘要：The invention relates to a method of manufacturing a textile material with antimicrobial compounds in such a manner to chemically bind or attach said compounds to the textile material，and to the treated textile material which performs as a disinfectant or sterilizer on its own. The treated textile material exhibits washdurability and non-leaching properties. The process comprises an exhaust process cycle comprising the steps of treating the textile material using an exhaust process，wherein the liquor comprises one or more antimicrobial agents，and subjecting the treated textile material to a heat treatment. The invention further relates to a device for purifying water，which can operate based on gravity and without electricity.

专利名称：NON-FLUORINATED FIBER AND TEXTILE TREATMENT COMPOSITIONS AND APPLICATIONS THEREOF

申请号：US16763088　申请日：2018-11-14

公开（公告）号：US20200392667A1　公开公告日：2020-12-17

申请人：Wilana Chemical LLC

IPC 主分类号：D06M13/425

摘要：In one aspect，a composition for treating fibers comprises an acidic aqueous or aqueous-based continuous phase and a liquid repellent phase comprising a dendrimer component and/or non-dendrimer alkyl urethane. The treatment composition，for example，can have pH of 2. 5 to 6. 5. In some embodiments，carboxylic acid is employed in the treatment composition for providing the acidic character of the aqueous or aqueous-based continuous phase. Moreover，the treatment composition can further comprise at least one of an acid stain resist component and soil release component. In some embodiments，fibers treated with compositions described herein exhibit ionic character.

专利名称：폴리올레핀계 난연사

申请号：KR1020200100453　申请日：2020-08-11

公开（公告）号：KR102190365B1　公开公告日：2020-12-11

申请人：주식회사 대웅에프엔티（F. N. T）

IPC 主分类号：D06M15/21

摘要：본 발명은 고강력 폴리올레핀계 난연사 제조에 관한 것으로서，특히 난연성과 인장 강도가 우수하면서 재활용 가능토록 하여 친환경적인 고강력 폴리올리핀계 난연사를 얻고，상기 고강력 폴리올레핀계 난연사를 이용하여 섬유소재이면서，난연과 높은 인장강도를 만족하는 제품을 얻고，상기 제품을 필요로 하는 다양한 산업 분야에 적용할 수 있게 한 것이다. 상기 과제를 해결하기 위한 수단으로서，본 발명은 고강력 폴리올레핀계 합성 섬유사를 순차적으로 인출하면서，외면에 친환경 난연액을 흡착시켜 1 차 코팅하고 건조하여 고강력 폴리올레핀계 난연 심사를 얻고，상기에서 얻어진 고강력 폴리올레핀계 난연 심사 외면에，난연성 폴리올레핀계 수지를 2 차 도포하여 2 차 난연 코팅층을 형성시킨 다음 건조하여 고강력 폴리올레핀계 난연사를 제조하는 것이다.

专利名称：MAGNETIC FABRIC FOR MOLDING APPLICATIONS

申请号：US16890360　申请日：2020-06-02

公开（公告）号：US20200385920A1　公开公告日：2020-12-10

申请人：MILLIKEN & COMPANY

IPC 主分类号：D06M11/83

摘要：The invention relates to a magnetic scrim containing a scrim which contains a plurality of yarns and a magnetic coating covering at least a portion of the yarns of the scrim. The magnetic coating contains magnetic elements and a binder，where the magnetic coating is at least about 40% by weight magnetic elements，and where the magnetic coating has an areal density of at least twice the areal density of the scrim.

专利名称：ANTI-ODOR COMPOSITIONS，STRUCTURES HAVING ANTI-ODOR CHARACTERISTICS，METHODS OF MAKING THE ANTI-ODOR COMPOSITIONS AND THE STRUCTURES

申请号：EP20187555. 6　申请日：2018-02-13

公开（公告）号：EP3748067A1　公开公告日：2020-12-09

申请人：NIKE Innovate C. V.

IPC 主分类号：D06M13/17

摘要：An aqueous solution comprising：an inhibitor agent and，optionally，one or more of the following：a cross-linker，a softener，and an alkali metal salt catalyst. The inhibitor agent functions in one or more of the following ways：as a lipid peroxidation inhibitor，as analdehyde inhibitor，or as an antioxidant. The concentration of the inhibitor agent is about 0. 01 to less than 10 wt% of the solution. Also related articles and methods.

专利名称：친환경 바이오폴리머를 활용한 항균 및 소취 가공제의 제조방법

申请号：KR1020200046311　申请日：2020-04-16

公开（公告）号：KR102188508B1　公开公告日：2020-12-09

申请人：주식회사 지클로

IPC 主分类号：D06M15/03

摘要：본 발명은 환경 친화적이고 재생 가능하며 생분해성인 바이오폴리머 기반의 섬유 가공제의 제조 방법에 관한 것으로，구체적으로 유기산 및 잔량의 용매를 포함하는 용액을 상온서 용해시키는 단계；상기 용액에 키토산을 증류수와 교반시키는 단계；미네랄 물질을 용해시킨 수용액을 준비하는 단계를 포함하는 섬유 가공제를 제조하고자 한다.

专利名称：METHOD OF CHEMICAL TREATMENT ON NONWOVENS

申请号：US16880002　申请日：2020-05-21

公开（公告）号：US20200378057A1　公开公告日：2020-12-03

申请人：Tintoria Piana，US Inc.

IPC 主分类号：D06M10/04

摘要：Nonwovens having low-density and resilience have a chemical formulation applied on one surface（e. g.，a top surface）by any of various application methods. Then，the chemical formulation is forced to move toward the opposite surface of the nonwoven（e. g.，move downward through the nonwoven from top to bottom）. The chemical-treated nonwoven is dried to fix the chemical on the nonwovens. Movement through the nonwoven is performed in a controlled fashion so that after drying the distribution of a chemical formulation throughout the nonwoven（e. g.，from the top surface to the bottom surface of a nonwoven）is controlled.

专利名称：SYSTEMS AND PROCESSES FOR TREATING TEXTILES WITH AN ANTIMICROBIAL AGENT

申请号：US16932192　申请日：2020-07-17

公开（公告）号：US20200347543A1　公开公告日：2020-11-05

申请人：APPLIED SILVER，INC.

IPC 主分类号：D06M11/83

摘要：According to an aspect of the present disclosure，a method of treating a textile with an antimicrobial agent includes receiving a textile in a washer system. The textile includes an identification tag，which uniquely identifies the textile among a plurality of textiles. The method also includes detecting，in the washer system，the identification tag. The method further includes determining，based on the detected identification tag，one or more parameters for treating the textile with an antimicrobial agent. The antimicrobial agent includes a metallic ion. The method also includes washing the textile with a detergent，and，after washing the textile with the detergent，treating the textile with the antimicrobial agent based on the one or more parameters.

专利名称：Durable antimicrobial treatment of textile for use in healthcare environment

申请号：AU2019247408　申请日：2019-04-04

公开（公告）号：AU2019247408A1　公开公告日：2020-10-29

申请人：AVALON POLYMILLS（HK）LIMITED

IPC 主分类号：D06M15/00

摘要：Compositions and methods are described that provide cellulosic and non-cellulosic fabrics with durable antimicrobial properties. Application of a coating that includes polyhexamethylene biguanide, polyethylene glycol, and a binder to a fabric followed by drying and curing was found to provide antimicrobial properties that are retained through over 100 washings under aggressive hospital washing conditions. In addition, tactile properties and tear resistance of the treated fabrics are maintained or improved.

4.4　重点技术领域四

D03D（机织织物；织造方法；织机）

4.4.1　全球专利分析

4.4.1.1　申请趋势分析

图 4-31 展示的是纺织行业重点技术领域四 D03D 全球专利申请量的发展趋势。通过申请趋势可以从宏观层面把握分析对象在各时期的专利申请热度变化。申请数量的统计范围是已公开的专利。一般发明专利在申请后 3~18 个月公开，实用新型专利和外观设计专利在申请后 6 个月左右公开。

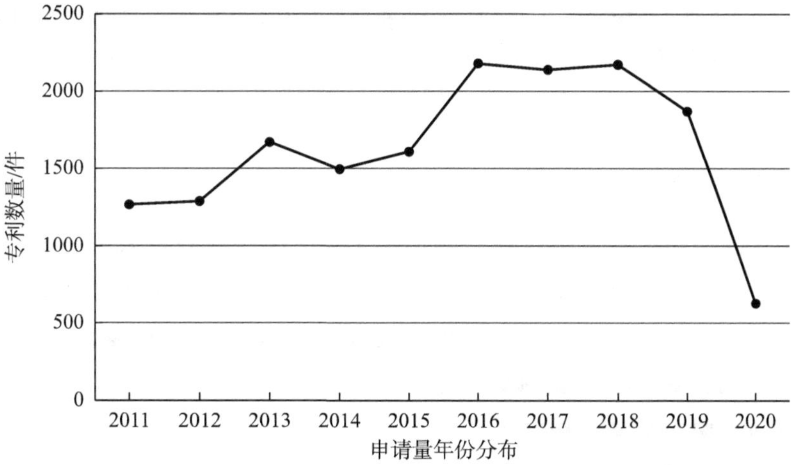

图 4-31　纺织行业重点技术领域四 D03D 全球专利申请趋势

从图 4-31 可以看出，2011—2013 年，纺织行业重点技术领域四 D03D 全球专利申请量呈现平稳增长趋势；2013 年纺织行业重点技术领域四 D03D 全球专利申请量达 1672 件；2014—2016 年纺织行业重点技术领域四 D03D 全球专利申请量回落后快速增加，2016 年全球专利申请量达到 2180 件；2017—2018 年纺织行业重点技术领域四 D03D 全球专利申请量呈平稳增长趋势；2019—2020 年纺织行业重点技术领域四 D03D 全球专利申请量呈现下滑趋势。

4.4.1.2 专利申请国家、地区、组织分布

专利申请国家、地区、组织可以体现专利权人想在哪些国家或地区保护该技术。从纺织行业重点技术领域四 D03D 全球专利主要申请国家、地区、组织分布（图 4-32）可以发现，中国是纺织行业重点技术领域四 D03D 专利重点申请国家，数量为 15 430 件，其次是日本，2637 件。

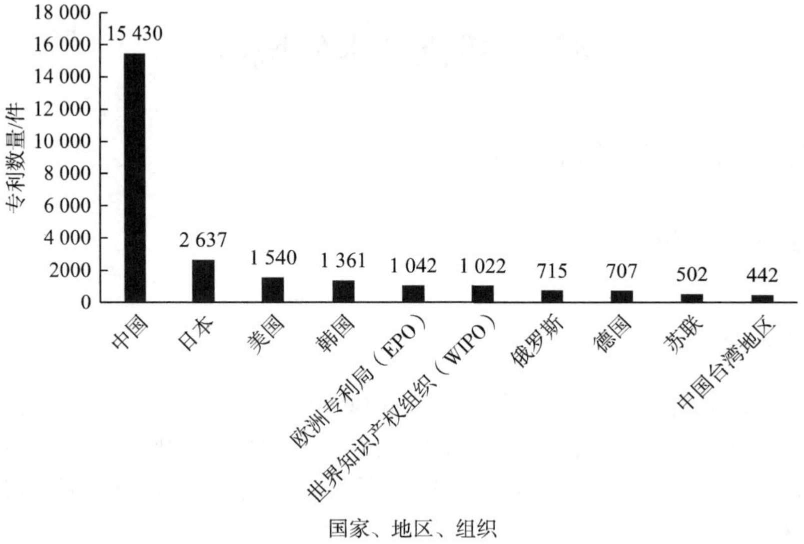

图 4-32 纺织行业重点技术领域四 D03D 全球专利主要申请国家、地区、组织分布

注：俄罗斯数据统计年份为 1992—2022 年，苏联数据统计年份为 1924—1993 年。为与统计数据来源一致，将俄罗斯与苏联并列。

4.4.1.3 专利 IPC 分布

图 4-33 展示的是纺织行业重点技术领域四 D03D 在各细分技术方向的数量分布情况。通过分析可以了解该技术领域下覆盖的技术类别，以及各技术分支的创新热度。

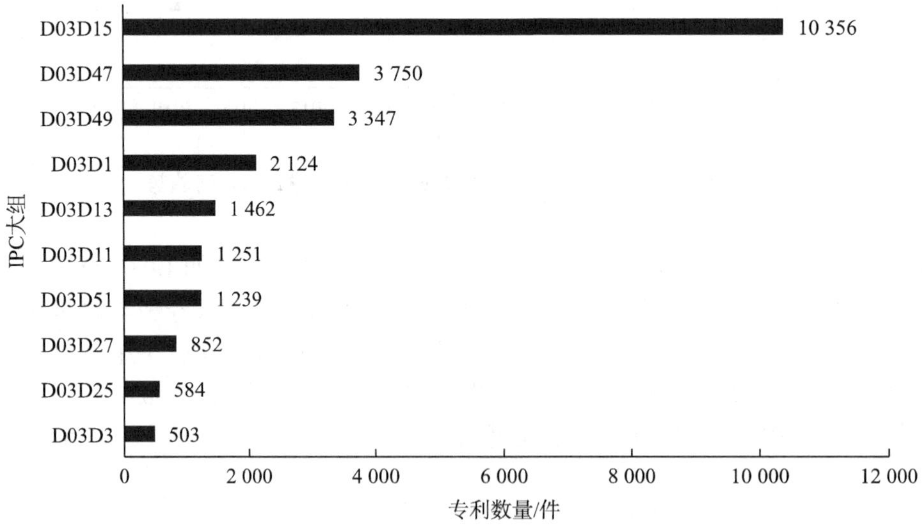

图 4-33 纺织行业重点技术领域四 D03D 全球专利 IPC 分布

由图4-33可知，D03D15（以使用的纤维，长丝，纱，线或其他经、纬的材料、性能或结构为特征的机织织物［2021.01］）的专利数量最多，达10 356件；第二是D03D47｛大量供纬不通过梭口的织机，如无梭织机、片梭织机和假梭织机（圆织机入D03D37/00）［2006.01］｝，专利数量为3750件；第三是D03D49｛非属特定型式织机的细节和结构特征（边撑入D03J1/22）［2006.01］｝，专利数量为3347件。

4.4.1.4　竞争态势分析

如图4-34所示，东丽株式会社在纺织行业重点技术领域四D03D的专利数量最多，达361件；其次是津田驹工业株式会社，专利数量为256件。其他申请人的专利数量均在200件以下。

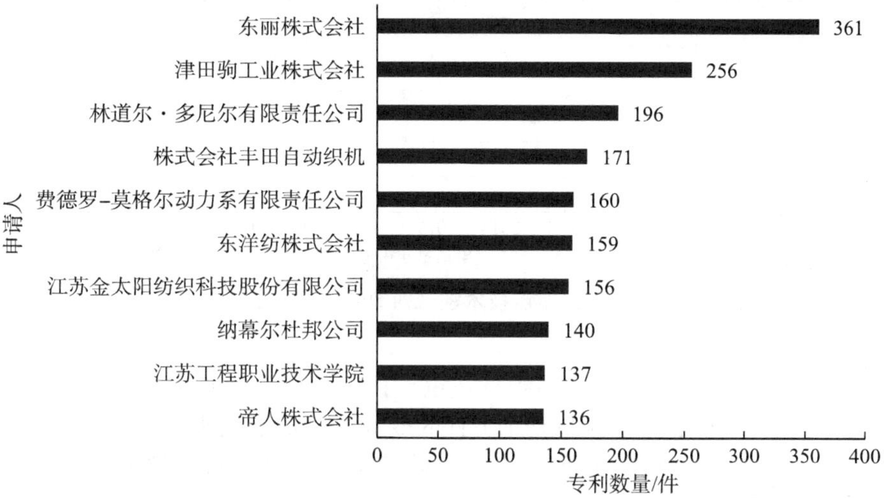

图4-34　纺织行业重点技术领域四D03D全球专利前十申请人排名

4.4.2　国内专利分析

4.4.2.1　专利概况

如图4-35所示，经过检索得到纺织行业重点技术领域四D03D的国内专利量共15 430件，其中发明申请专利6296件，占总数的41%；发明授权专利2034件，占总数的13%；实用新型专利7100件，占总数的46%。

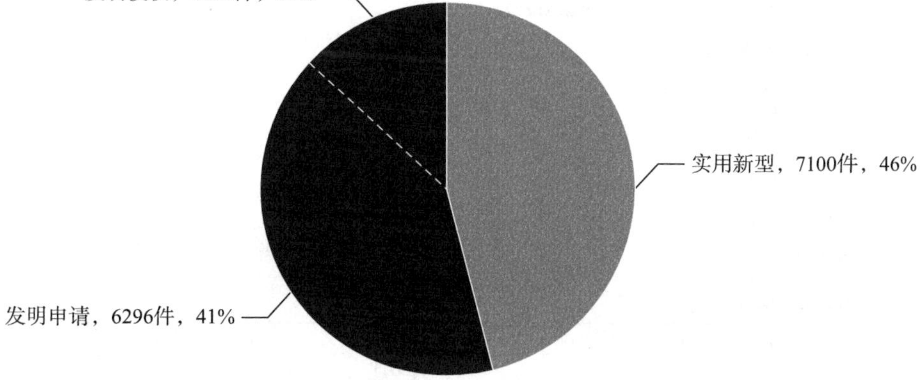

图4-35　纺织行业重点技术领域四D03D国内专利类型分布

4.4.2.2 专利申请趋势

图4-36展示的是纺织行业重点技术领域四D03D专利申请量的发展趋势。通过申请趋势可以从宏观层面把握分析对象在各时期的专利申请热度变化。申请数量的统计范围是已公开的专利。

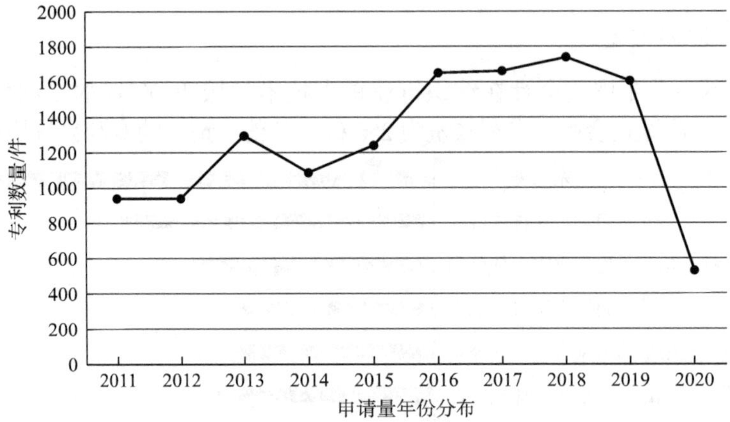

图4-36 纺织行业重点技术领域四D03D国内专利申请趋势

由图4-36可知，2011—2012年纺织行业重点技术领域四D03D的专利申请量基本平稳增长；2013年纺织行业重点技术领域四D03D的专利申请量呈现快速增加趋势，当年专利申请量为1295件；2014年纺织行业重点技术领域四D03D的专利申请量有所回落；2015—2018年纺织行业重点技术领域四D03D的专利申请量逐年增加，2018年纺织行业重点技术领域四D03D的专利申请量为1739件；2019—2020年纺织行业重点技术领域四D03D的专利申请量回落。

4.4.2.3 专利IPC分布

图4-37展示的是纺织行业国内重点技术领域四D03D国内专利在各细分技术方向的数量分布情况。通过分析可以了解该技术领域下覆盖的技术类别，以及各技术分支的创新热度。

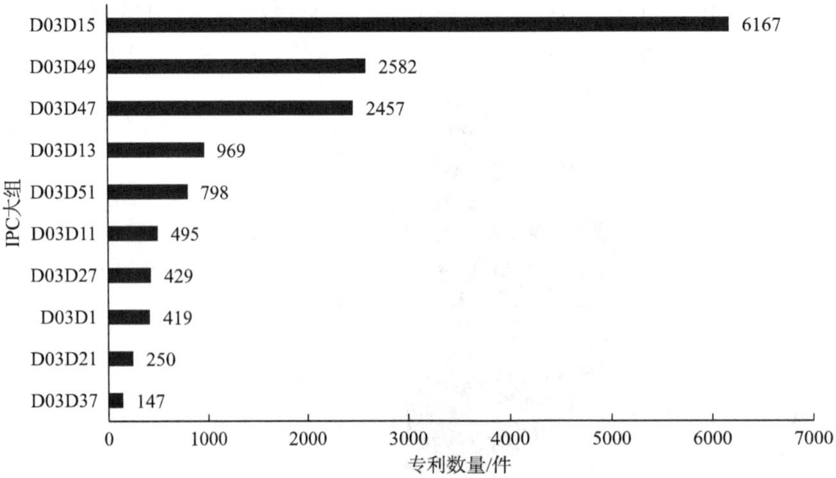

图4-37 纺织行业重点技术领域四D03D国内专利IPC分布

由图 4-37 可知，D03D15（以使用的纤维，长丝，纱，线或其他经、纬的材料、性能或结构为特征的机织织物［2021.01］）专利数量最多，达 6167 件。第二是 D03D49｛非属特定型式织机的细节和结构特征（边撑入 D03J1/22）［2006.01］｝，专利数量为 2582 件。第三是 D03D47｛大量供纬不通过梭口的织机，如无梭织机、片梭织机和假梭织机（圆织机入 D03D37/00）［2006.01］｝，专利数量为 2457 件。

4.4.2.4　申请人所属国家、地区、组织分布

由纺织行业重点技术领域四 D03D 国内专利申请人所属国家、地区、组织分布情况（图 4-38）可知，中国专利申请人申请的专利数量达到 14 795 件，占总数的 95.88%。

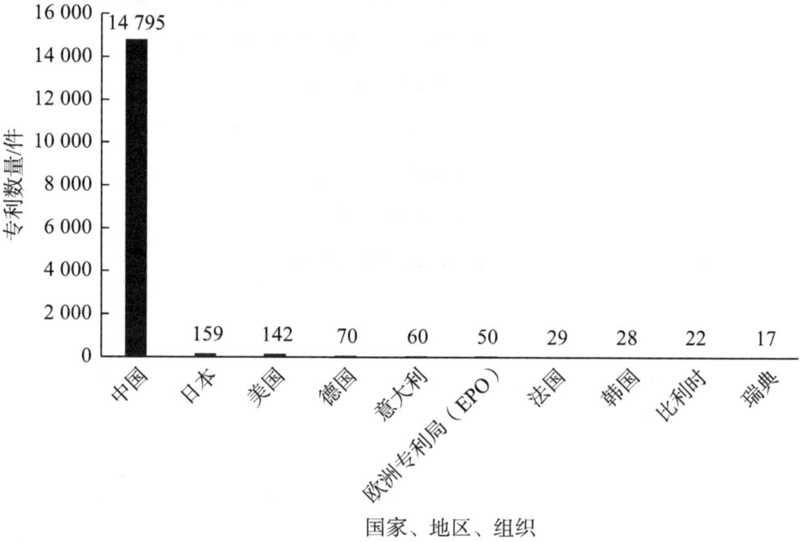

图 4-38　纺织行业重点技术领域四 D03D 国内专利申请人所属国家、地区、组织分布情况

纺织行业重点技术领域四 D03D 国内专利申请人省市分布情况如图 4-39 所示，其中江苏省专利数量为 5837 件，浙江省 3476 件，山东省 1162 件。其他省份在纺织行业重点技术领域四 D03D 的专利数量均在 1000 件以下。

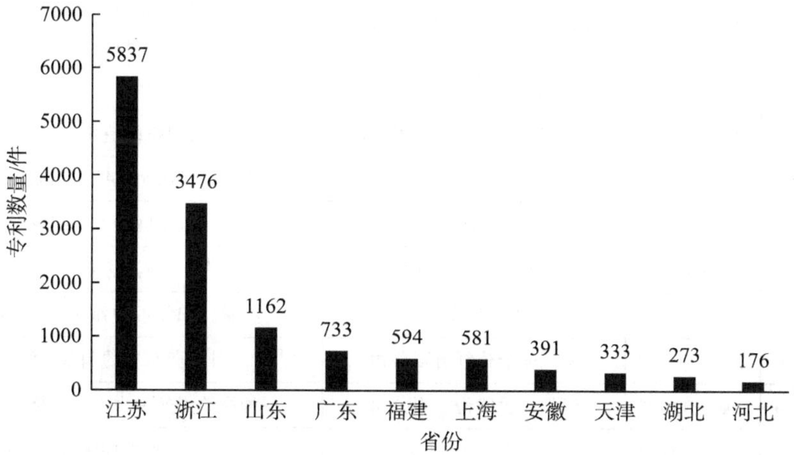

图 4-39　纺织行业重点技术领域四 D03D 国内专利申请人省市分布情况

由纺织行业重点技术领域四 D03D 国内专利申请人排名（图 4-40）可知，排名第一的是江苏金太阳纺织科技股份有限公司，专利数量为 152 件；第二是江苏工程职业技术学院，专利数量为 135 件；第三是浙江理工大学，专利数量为 129 件；第四是天津天纺投资控股有限公司，专利数量为 123 件；第五是东华大学，专利数量为 101 件，其他申请人的专利申请量均在 100 件以下。

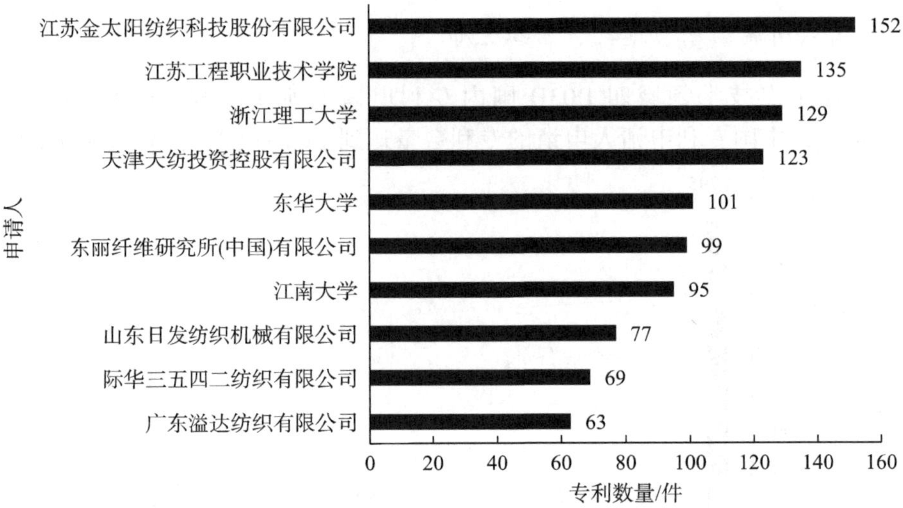

图 4-40　纺织行业重点技术领域四 D03D 国内专利申请人排名

（1）国内部分专利

申请号	申请日	申请人	专利名称
CN201911004445. 6	2019-10-22	宿迁市柯信纺织品股份有限公司	一种磁隐式莱赛尔纤维高质量纺织工艺
CN202010976975. 3	2020-09-16	滨州亚光家纺有限公司	一种免染毛圈织物及其生产方法
CN201710162145. 5	2017-03-17	青岛铠硕机械科技有限公司	一种简易的喷气织机
CN202011064725. 9	2020-09-30	青岛天一红旗特种织机科技有限公司	一种积极控制式毛经张力系统
CN202010968446. 9	2020-09-15	南京宏若二服装有限公司	一种基于智能制造原理的喷气式织机用压力可调夹纱器
CN202010990109. X	2020-09-18	海宁市天一纺织有限公司	铜抗菌纤维与艾草纤维混纺抗菌面料及其制备方法
CN201911145808. 8	2019-11-21	福建宇邦纺织科技有限公司	一种喷气织机织造化纤长丝织物捕纬装置
CN202010982997. 0	2020-09-18	大连工业大学	微隆起高密防水机织织物制备方法及其应用
CN201910345909. 3	2019-04-26	东华大学	一种三维角联锁发电织物及其制备方法
CN201811300337. 9	2018-11-02	浙江仕雅达纺织有限公司	一种自清洁仿麻面料的加工工艺
CN202010813342. 0	2020-08-13	广东前进牛仔布有限公司	一种仿旧复古的弹性牛仔面料生产工艺
CN202010944701. 6	2020-09-09	杭州麒隆化纤有限公司	一种抗菌布料的制备方法及抗菌布料
CN202010918725. 4	2020-09-04	浙江航民股份有限公司	一种涤纶天丝弹力牛仔风格面料的制作工艺
CN202010962767. 8	2020-09-14	东华大学	一种织物压力感应阵列
CN201910534790. 4	2019-06-20	苏州欧尼迪纺织科技有限公司	一种仿蜂巢结构布料的织造方法

专利名称：一种磁隐式莱赛尔纤维高质量纺织工艺

申请号：CN201911004445.6　申请日：2019-10-22

公开（公告）号：CN110846776B　公开公告日：2020-12-29

申请人：宿迁市柯信纺织品股份有限公司

IPC 主分类号：D03D15/00

其他公开文献：CN201911004445A

摘要：本发明公开了一种磁隐式莱赛尔纤维高质量纺织工艺，属于纺织技术领域，从纺织环境的温湿度入手，在纺纱过程中引进高弓形的钢丝圈，并在压掌处尝试卷绕三圈得以成功纺制，有效地降低了粗纱的断头率，并针对莱赛尔纤维的形状特点对供棉管道进行研磨喷漆处理，在自络工序中改造供气模式后使接头合格率达到了90%，同时对莱赛尔纤维进行赋磁处理后，一方面方便纤维拉伸平行，并条效果好，另一方面提高纺纱质量，显著增加纱线的断裂强度，最重要的是利用磁性作用使得纤维抱合牢固，毛羽较少且易于贴附在纤维上，辅助提升浆纱质量后烘干退磁，实现莱赛尔纤维的磁隐，纤维表面光滑提高梭口清晰度，减少织疵，更可以降低毛纱相互缠绕而发生的断头。

专利名称：一种免染毛圈织物及其生产方法

申请号：CN202010976975.3　申请日：2020-09-16

公开（公告）号：CN112144170A　公开公告日：2020-12-29

申请人：滨州亚光家纺有限公司

IPC 主分类号：D03D27/08

其他公开文献：CN201910884454A

摘要：本发明属于纺织技术领域，具体涉及一种免染毛圈织物及其生产方法，毛圈织物的毛圈纱采用原液着色纤维和棉纤维的混纺纱，其中原液着色纤维质量百分比为5%-40%，棉纤维质量百分比为60%-95%，原液着色纤维采用原料为再生聚酯纤维或再生纤维素纤维或聚乳酸纤维；其生产方法为：先配棉、纺纱、织造成坯布后进行染整和后处理后获得该产品。本发明的免染毛圈织物的综合色牢度性能更是优于传统水浴染色的毛圈织物产品，其耐光、耐氯色、耐洗色牢度方面更是较传统水浴染色毛圈织物产品突出，该生产方法具有环保、低碳、低排，可持续等社会生态效益。

专利名称：一种简易的喷气织机

申请号：CN201710162145.5　申请日：2017-03-17

公开（公告）号：CN106929979B　公开公告日：2020-12-29

申请人：青岛铠硕机械科技有限公司

IPC 主分类号：D03D47/30

其他公开文献：CN201710162145A

摘要：本发明提供了一种简易的喷气织机，包括机架、送经机构、开口机构、引纬机构、打纬机构、卷取机构、松经机构和气动折入边机构，所述机架上安装有驱动机构，驱动机构分别驱动送布辊和输出辊，位于送布辊上侧的工作平台上设置有主喷嘴；所述气动折入边机构包括与机架相互卡接的边撑托架，本发明一种简易的喷气织机，结构简单，通过对气动折入边机构进行合理配置，能够顺利将纬纱导入到主喷嘴中，准确稳定地将纬纱送入喷气织机剪刀口，折边效果好，并且由于喷气织机与气动折入边机构之间可以相互安装拆卸，因此便于运输、维修和清理工作的进行。

专利名称：一种积极控制式毛经张力系统

申请号：CN202011064725.9　申请日：2020-09-30

公开（公告）号：CN112144171A　公开公告日：2020-12-29

申请人：青岛天一红旗特种织机科技有限公司

IPC 主分类号：D03D49/04

其他公开文献：CN202011064725A；CN202022235305.4

摘要：本发明公开一种积极控制式毛经张力系统，包括墙板、布动积极跟随装置、毛经张力主动控制装置及毛经张力缓冲装置，墙板有两个，毛经张力主动控制装置包括支撑摆轴、张力摇臂及摇臂驱动机构，支撑摆轴设在两个墙板之间。张力摇臂有两个，左右对称设在支撑摆轴的两端，摇臂驱动机构与左侧的张力摇臂下端相连。布动积极跟随装置包括张力调节机构和连杆传动机构，张力调节机构设在两个张力摇臂上，包括张力摆轴和摆杆。连杆传动机构的一端通过起毛支座设在左侧墙板上，另一端与张力摆轴的对应端固定相连。本发明对毛经张力主动控制更精确，满足多种状态下对毛经张力的要求，织造过程中张力平稳，协调性更好，实现高质量高速织造毛巾。

专利名称：一种基于智能制造原理的喷气式织机用压力可调夹纱器

申请号：CN202010968446.9　申请日：2020-09-15

公开（公告）号：CN112127034A　公开公告日：2020-12-25

申请人：南京宏若二服装有限公司

IPC 主分类号：D03D47/34

其他公开文献：CN202010968446A

摘要：本发明涉及纺织设备技术领域，且公开了一种基于智能制造原理的喷气式织机用压力可调夹纱器，包括机架，所述机架的内部活动连接有凸轮，所述凸轮的外部活动连接有活动凸块，所述凸轮的内部固定连接有电磁铁，所述电磁铁的外部活动连接有永磁块，所述永磁块的外部活动连接有电触块。通过压力杆、限位滑块、滑杆、升降杆、调节杆和螺纹杆的配合使用，从而完成夹纱过程中增加夹纱压力的效果，使夹纱器满足经纬密度较小或经纱纬纱绞织摩擦力较小的织物，有效增加夹纱器的使用范围和使用效果，有效避免夹持力度不够而导致的纬线张力不够而造成的成品织布松散，从而有效保证纺织成品织布的质量，有效提高纺织效果，且有效防止纱线的退捻或回缩，从而保证生产的效率。

专利名称：铜抗菌纤维与艾草纤维混纺抗菌面料及其制备方法

申请号：CN202010990109.X　申请日：2020-09-18

公开（公告）号：CN112127031A　公开公告日：2020-12-25

申请人：海宁市天一纺织有限公司

IPC 主分类号：D03D15/00

其他公开文献：CN202010990109A

摘要：本发明提供一种抗菌面料，特别涉及一种铜抗菌纤维与艾草纤维混纺抗菌面料及其制备方法，属于纺织面料技术领域。一种铜抗菌纤维与艾草纤维混纺抗菌面料，包括由铜离子含量不小于 0.3% 的铜离子涤纶纤维纱线作为经纱和艾草纤维纱线作为纬纱交织而成的基布层，所述基布层织造类型为高经密，所述经纱排列为单列，所述纬纱排列为双列，所述基布层织造结构为 5 枚经缎组织。本发明首次将铜离子涤纶纤维纱线作为人工抗菌纤维与艾草纤维作为天然抗菌纤维混纺，并与 5 枚经缎组织织造结构相结合，制备出抗菌效果优异的面料产品，适用面广，成本低，抗菌效果优良，具有很高的竞争优势。

专利名称：一种喷气织机织造化纤长丝织物捕纬装置

申请号：CN201911145808.8　申请日：2019-11-21

公开（公告）号：CN110735217B　公开公告日：2020-12-22

申请人：福建宇邦纺织科技有限公司

IPC 主分类号：D03D47/30

其他公开文献：CN201911145808A；CN110735217A

摘要：本发明公开了一种喷气织机织造化纤长丝织物捕纬装置，包括捕纬管，所述捕纬管的侧壁上固定套设有第一管套和第二管套，所述第一管套对称安装有两个回弹机构，所述第二管套上对称安装有四个固定架，同侧两个所述固定架上共同插设有转轴，两个所述转轴上共同转动安装有捕纬机构。本发明通过捕纬机构和回弹机构使得有高压气流存在捕纬管中时引纬，当高压气流停止时捕纬机构通过夹持头夹住纬纱固定，无需电力设备控制，降低装置能耗和成本，通过夹持头上的防滑波纹 701 使得纬纱固定不会偏移滑落，且装置为一体结构，安装便捷，且动力和控制均由喷气织机提供，进一步降低了装置的能耗和成本。

专利名称：微隆起高密防水机织织物制备方法及其应用

申请号：CN202010982997.0　申请日：2020-09-18

公开（公告）号：CN112111836A　公开公告日：2020-12-22

申请人：大连工业大学

IPC 主分类号：D03D15/00

其他公开文献：CN202010982997A

摘要：本发明涉及微隆起高密疏水机织织物制备方法及其应用。该方法步骤是：将原料 A 与 B 编织成机织织物，然后对织物进行热湿处理，织物收缩、开纤形成微隆起结构，最后用碳八防水剂进行表面处理。本发明以异质化纤维差异化收缩形成的微隆起构成微纳结构，再结合表面整理实现织物的防水，微隆起结构被编织在纤维内部，基底借防水剂固定在织物表面，具有耐磨牢度好，防水效果持久等特点。本发明的微隆起高密防水织物可重复使用 10 次以上，织物强度大，透气性好，耐磨，抗起毛球达到 5 级，沾水 4 级以上，接触角大于等于 138°，且具有高温高压、紫外线和环氧乙烷等光谱消毒适应性，织物可用于医疗防护用品，如防护服、防护围裙、防护床上用品等。

专利名称：一种三维角联锁发电织物及其制备方法

申请号：CN201910345909.3　申请日：2019-04-26

公开（公告）号：CN110129964B　公开公告日：2020-12-22

申请人：东华大学

IPC 主分类号：D03D25/00

其他公开文献：CN201910345909A；CN110129964A

摘要：本发明涉及一种三维角联锁发电织物及其制备方法，为由两个纱线系统组成的三维角联锁织物，两个纱线系统分别为经纱系统和纬纱系统，经纱系统和纬纱系统的组成纱线不同，组成纱线为机械能采集纱线或柔性导电纱线；三维角联锁发电织物的功率密度最高值为 48.45mW/m^2，三维角联锁织物的层数为 2~10 层，经密为 14~18 根/5 cm，纬密为 12~20 根/5 cm，克重为 0.6~1g/cm^2；三维角联锁发电织物的制备方法为：分别以机械能采集纱线和柔性导电纱线为经纱和纬纱，按三维角联锁结构进行交织制得三维角联锁发电织物。本发明的一种三维角联锁发电织物具有多层结构，易于变形，经纬纱间的接触面积较大，具有良好的电输出性能。

专利名称：一种自清洁仿麻面料的加工工艺

申请号：CN201811300337.9　申请日：2018-11-02

公开（公告）号：CN109487396B　公开公告日：2020-12-22

申请人：浙江仕雅达纺织有限公司

IPC 主分类号：D03D13/00

其他公开文献：CN201811300337A；CN109487396A

摘要：本申请提供一种自清洁仿麻面料的加工工艺，属于织物整理技术领域。包括坯布加工、络筒、整经、浆纱和织造五道工序。将本申请应用于面料的织造，所得面料集自清洁、柔软、亲肤、透气多功能于一体，特别的是，选用由多种高分子化合物以及官能团聚合而成的三防整理剂复配有机硅柔软剂，经高温焙烘后，具有高效的自清洁功能等优点。

专利名称：一种仿旧复古的弹性牛仔面料生产工艺

申请号：CN202010813342.0　申请日：2020-08-13

公开（公告）号：CN112111838A　公开公告日：2020-12-22

申请人：广东前进牛仔布有限公司

IPC 主分类号：D03D15/08

其他公开文献：CN202010813342A；CN112111838B

摘要：本发明公开一种仿旧复古的弹性牛仔面料生产工艺，包括步骤：A1. 用无弹纱线与弹力纱线进行并线，制成第一纱线；无弹纱线的纱支数比弹力纱线的纱支数大，无弹纱线的捻系数比弹力纱线的捻系数大；A2. 对第一纱线进行浆染处理；A3. 以第一纱线作为经纱，并以弹性纱作为纬纱进行织造得到弹性牛仔面料；A4. 对所述弹性牛仔面料进行松式洗水处理：使所述弹性牛仔面料在自然状态下进行洗水处理；无需进行多次复杂多样的洗水，简化了工作流程，减少了化学试剂的消耗量。

专利名称：一种抗菌布料的制备方法及抗菌布料

申请号：CN202010944701.6　申请日：2020-09-09

公开（公告）号：CN112095206A　公开公告日：2020-12-18

申请人：杭州麒隆化纤有限公司

IPC 主分类号：D03D15/08

其他公开文献：CN202010944701A；CN112095206B

摘要：本申请涉及纺织用品领域，具体公开了一种抗菌布料的制备方法及抗菌布料。抗菌布料包括棉纤维20-30份；聚氨酯纤维10-20份；乌拉草纤维50-60份、蚕丝纤维50-60份、甘蔗渣复合纤维30-40份、蚕丝纤维50-60份、羊毛纤维50-60份；其中，甘蔗渣复合纤维由甘蔗渣粘胶纤维30-40份；椰炭纤维10-20份；聚酯纤维30-40份混纺而成，结构紧密、透气性好且耐磨性好。其制备方法包括经纱和纬纱的制备以及抗菌剂的制备。本申请制得的抗菌布料可用于抗菌防臭的产品，其具有抗菌效果显著、抗菌持久性好、耐水洗等优点。

专利名称：一种涤纶天丝弹力牛仔风格面料的制作工艺

申请号：CN202010918725.4　申请日：2020-09-04

公开（公告）号：CN112095205A　公开公告日：2020-12-18

申请人：浙江航民股份有限公司

IPC主分类号：D03D15/08

其他公开文献：CN202010918725A；CN112095205B

摘要：本发明是一种涤粘仿毛料风格面料，特别涉及一种涤纶天丝弹力牛仔风格面料的制作工艺。按以下步骤进行：经纬原料选用→前道原料准备→整经工艺→上机工艺→染整工艺。吸湿排汗、悬垂飘逸、穿着出汗而不贴身。

专利名称：一种织物压力感应阵列

申请号：CN202010962767.8　申请日：2020-09-14

公开（公告）号：CN112095202A　公开公告日：2020-12-18

申请人：东华大学

IPC主分类号：D03D1/00

其他公开文献：CN202010962767A

摘要：本发明公开了一种织物压力感应阵列，所述织物压力感应阵列为由导电丝线和绝缘丝线交织而成的机织物结构，所述导电丝线包括纬向导电丝线和经向导电丝线，所述绝缘丝线包括纬向绝缘丝线和经向绝缘丝线，相邻的纬向导电丝线被不少于一根纬向绝缘丝线彼此隔开，相邻的经向导电丝线被不少于一根经向绝缘丝线彼此隔开，其特征在于，所述导电丝线为包括聚合物材质的芯层和导电复合材料的皮层构成的皮芯结构，所述皮层具有压阻效应，纬向导电丝线与经向导电丝线的相交处形成压力感应单元。所述织物压力感应阵列可用于测量施加在其上的压力的大小及分布。本发明提升了柔性压力感应阵列的机械性能，具有很好的透气性和穿戴舒适性，适于快速规模化制备。

专利名称：一种仿蜂巢结构布料的织造方法

申请号：CN201910534790.4　申请日：2019-06-20

公开（公告）号：CN110241499B　公开公告日：2020-12-18

申请人：苏州欧尼迪纺织科技有限公司

IPC主分类号：D03D13/00

其他公开文献：CN201910534790A；CN110241499A

摘要：本发明公开了一种仿蜂巢结构布料的织造方法，织造方法包括：经线采用粗、次粗、细三种规格原料组合，纬线采用粗、次粗、细三种规格原料组合，粗线、次粗线、细线的粗细程度递减；经线的排列方式为：左起，依次为三根粗线、三根次粗线、三根细线、三根次粗线，以此循环；纬线的排列方式为：下起，依次为两根粗线、两根次粗线、两根细线、两根次粗线，以此循环；上机方式为：18 筘，3 入，172 厘米宽，35 梭；基本组织为：平纹；穿综方式为：1-2-3-4-5-6；起综方式为：1）1-3-5、2）2-4-6。通过上述方法织造得到的布料产品外观独特，产品具有细密蜂巢外观的创新风格，适用于休闲装、运动装、夹克衫等，值得推广推荐。

（2）国外部分专利

申请号	申请日	申请人	专利名称
US17022422	2020-09-16	NICOLON CORPORATION D/B/A TENCATE GEOSYNTHETICS AMERICAS	WOVEN FABRIC WITH COMPARABLE TENSILE STRENGTH IN WARP AND WEFT DIRECTIONS
KR1020167001203	2014-07-10	도레이 카부시키가이샤	내마모성 다중 직물
AU2018423498	2018-09-08	JHUNJHUNWALA, Sachin	A twill fabric comprising cotton warp and polyester weft
US16500273	2018-03-29	TEIJIN CARBON EUROPE GMBH; TEIJIN LIMITED; TEIJIN CARBON EUROPE GMBH	METHOD FOR PRODUCING A TEXTILE UNIDIRECTIONAL FABRIC
US2020/035890	2020-06-03	MILLIKEN & COMPANY	MAGNETIC FABRIC FOR MOLDING APPLICATIONS
KR1020207031257	2019-03-25	데이진 가부시키가이샤	패브릭 및 섬유 제품
EP19705080. 0	2019-01-31	The Secant Group, LLC	WOVEN GRAFT COMPOSITE WITH VARIED DENSITY
US14906722	2014-06-03	NIPPON FILCON CO., LTD.	Industrial fabric
AU2020/050523	2020-05-26	Skilled Global Investments Limited; LOKAN, Nigel	FABRICS HAVING IMPROVED MOISTURE TRANSPORT PROPERTIES
US16763900	2018-11-09	SAFRAN CERAMICS; ALBANY INTERNATIONAL CORP.	A FIBER STRUCTURE AND A COMPOSITE MATERIAL PART INCORPORATING SUCH A STRUCTURE
US16853537	2020-04-20	NIKE, INC.	TRIM PIECE WITH VARIABLE STRETCH CHARACTERISTICS
JP2020002343	2020-06-17	イテマ・ソチエタ・ペル・アツィオーニ	グリッパストラップの摩耗を監視するための光学装置を備える織機
US16960675	2018-12-10	TORAY INDUSTRIES, INC.	BASE FABRIC, JET LOOM, AND METHOD OF MANUFACTURING BASE FABRIC
US16814827	2020-03-10	DON & LOW LIMITED	WOVEN PRODUCTS

续表

申请号	申请日	申请人	专利名称
IN2019/050768	2019-10-16	ARVIND LIMITED	A FABRIC HAVING RECYCLED RING SPUN YARN（S）AND RING SPINNING METHOD FOR MANUFACTURING THE YARN

专利名称：WOVEN FABRIC WITH COMPARABLE TENSILE STRENGTH IN WARP AND WEFT DIRECTIONS

申请号：US17022422　申请日：2020-09-16

公开（公告）号：US20200407890A1　公开公告日：2020-12-31

申请人：NICOLON CORPORATION D/B/A TENCATE GEOSYNTHETICS AMERICAS

IPC 主分类号：D03D13/00

摘要：A woven geosynthetic fabric having a weft direction and a warp direction，comprises weft yarns woven in the weft direction and warp yarns woven in the warp direction interweaving the weft yarns to form a fabric having comparable modulus；the warp yarns comprising a high modulus monofilament yarn having a tenacity of at least 0. 75 g/denier at 1% strain，at least 1. 5 g/denier at 2% strain，and at least 3. 75 g/denier at 5% strain as determined in accordance with ASTM International Standard 4595.

专利名称：내마모성 다중 직물

申请号：KR1020167001203　申请日：2014-07-10

公开（公告）号：KR102197495B1　公开公告日：2020-12-31

申请人：도레이 카부시키가이샤

IPC 主分类号：D03D11/00

摘要：본 발명은 종래 기술의 문제점을 개선하여 내마모성이 높고，종래보다 고하중하의 환경에서도 장기간 발휘 슬라이딩성을 발휘할 수 있는 내마모성 포백을 제공한다. 슬라이딩 직물과 베이스 직물을 포함하는 다중 직물로서，슬라이딩 직물이 폴리테트라플루오로에틸렌 섬유 A 를 포함한 직물이며，베이스 직물이 표준 상태에서 파단 강도의 20% 하중하에서의 크리프율이 폴리테트라플루오로에틸렌 섬유보다 낮은 섬유 B 로 이루어지는 직물이며，슬라이딩 직물과 베이스 직물이 서로의 경사 및/또는 위사로 서로 얽혀 결합하고 있는 내마모성 다중 직물.

专利名称：A twill fabric comprising cotton warp and polyester weft

申请号：AU2018423498　申请日：2018-09-08

公开（公告）号：AU2018423498B2　公开公告日：2020-12-24

申请人：JHUNJHUNWALA，Sachin

IPC 主分类号：D03D15/00

摘要：An aspect of the present disclosure relates to a woven twill textile fabric，the fabric including：from about 90 to about 235 ends per inch warp cotton yarn；and from about 100 to about 2765 picks per inch multi-filament polyester weft yarn，wherein the picks are woven into the fabric in a single or in a group of at least two multi-filament polyester weft yarn, and wherein total content of cotton present in the fabric is at least about 50% by weight of the fabric, further wherein total thread count in the fabric ranges from about 190 to about 3000. The advantageous fabric realized in accordance with embodiments of the present disclosure can find utility as home textiles. Other aspects of the present disclosure relate to a method of manufacturing a draw textured yarn and a multi-ply separable draw textured yarn.

专利名称：METHOD FOR PRODUCING A TEXTILE UNIDIRECTIONAL FABRIC

申请号：US16500273　申请日：2018-03-29

公开（公告）号：US20200392655A1　公开公告日：2020-12-17

申请人：TEIJIN CARBON EUROPE GMBH；TEIJIN LIMITED；TEIJIN CARBON EUROPE GMBH

IPC 主分类号：D03D13/00

摘要：Method for producing a textile unidirectional fabric, wherein at least one planar layer of multi-filament reinforcement threads arranged parallel to each other are woven with each other over transverse threads, wherein transverse threads having core-sheath structure and titer of 10 to 40 tex are used as transverse threads, wherein transverse threads have a first component, which structures sheath, and second component, which structures core, wherein first component has lower melting temperature than second component, first component is meltable thermoplastic polymer material and, via first component of transverse threads, adjacently arranged multi-filament reinforcement threads are connected to each other by hot melting, wherein alleys are formed in unidirectional fabric by interweaving multi-filament reinforcement threads together with transverse threads, by means of which a permeability of 10 to 600 $l/dm^2/min$ can be established. Preferred embodiment relates to method for producing unidirectional fabric having fleece. Further, a fiber preform, produced from unidirectional fabric.

专利名称：MAGNETIC FABRIC FOR MOLDING APPLICATIONS

申请号：US2020/035890　申请日：2020-06-03

公开（公告）号：WO2020247474A1　公开公告日：2020-12-10

申请人：MILLIKEN & COMPANY

IPC 主分类号：D03D1/00

摘要：The invention relates to a magnetically responsive scrim containing a scrim which contains a plurality of yarns and a magnetically responsive coating covering at least a portion of the yarns of the scrim. The magnetically responsive coating contains magnetically responsive particulate material and a binder, where the magnetically responsive coating is at least about 40% by weight magnetically responsive particulate material, and where the magnetically responsive coating has an areal density of at least twice the areal density of the scrim.

专利名称：패브릭 및 섬유 제품

申请号：KR1020207031257　申请日：2019-03-25

公开（公告）号：KR20200138345A　公开公告日：2020-12-09

申请人：데이진 가부시키가이샤

IPC 主分类号：D03D15/12

摘要：과제는，극히 우수한 난연성을 갖고，내세탁 수축 및 질감 및 제전성도 우수하고 바람직하게는 패브릭 전체로서 균일하게 염색 가능한 패브릭 및 섬유 제품을 제공하는 것이고，해결 수단은，메타형 전체 방향족 폴리아미드 섬유와 모다크릴 섬유와 도전성 섬유를 포함하는 방적사를 사용하여 패브릭을 얻는 것이다.

专利名称：WOVEN GRAFT COMPOSITE WITH VARIED DENSITY

申请号：EP19705080.0　申请日：2019-01-31

公开（公告）号：EP3746589A1　公开公告日：2020-12-09

申请人：The Secant Group，LLC

IPC 主分类号：D03D1/00

摘要：The disclosure describes textiles for endovascular and other medical applications having a low-profile and varying density. The textiles are woven and are formed of a uniform or non-uniform weaving pattern. The resulting textiles have a low profile and areas of targeted density to enhance in-growth of regenerative tissue.

专利名称：Industrial fabric

申请号：US14906722　申请日：2014-06-03

公开（公告）号：US10858766B2　公开公告日：2020-12-08

申请人：NIPPON FILCON CO.，LTD.

IPC 主分类号：D03D11/00

摘要：An industrial fabric includes upper surface side warps，lower side warps，wefts and an auxiliary yarn. Each of the lower side warps is arranged below each of the upper side warps respectively. The upper side warps and the lower side warps are woven by the wefts. The auxiliary yarn is disposed between the upper side warps and the lower side warps without being woven by the upper side warps and the lower side warps. The auxiliary yarn is disposed between two of the adjacently disposed wefts.

专利名称：FABRICS HAVING IMPROVED MOISTURE TRANSPORT PROPERTIES

申请号：AU2020/050523　申请日：2020-05-26

公开（公告）号：WO2020237301A1　公开公告日：2020-12-03

申请人：Skilled Global Investments Limited；LOKAN，Nigel

IPC 主分类号：D03D15/00

摘要：The present invention provides a fabric comprising or consisting of：a first yam comprising a fiber blend of modal and polyester；a second yam comprising spandex；and a third yam comprising polyester. The polyester in the fiber blend may have a cross-section such as X-shape，M-shape，I-shape，honeycomb-shape，Y-shape，U-shape or O-shape that creates a plurality of spaces along the length of the first yam that facilitate a capillary action. The modal in the fiber blend may have a cross-section that is substantially rectangular.

专利名称：A FIBER STRUCTURE AND A COMPOSITE MATERIAL PART INCORPORATING SUCH A STRUCTURE

申请号：US16763900　申请日：2018-11-09

公开（公告）号：US20200378042A1　公开公告日：2020-12-03

申请人：SAFRAN CERAMICS；ALBANY INTERNATIONAL CORP.

IPC 主分类号：D03D25/00

摘要：A fiber structure includes a plurality of weft layers and of warp layers interlinked by multilayer three-dimensional weaving，the fiber structure having at least first and second portions that are adjacent in the warp direction，the first portion presenting，in a direction perpendicular to the warp and weft directions，a thickness that is greater than the thickness of the second portion，wherein the first portion has at its core at least one fiber fabric obtained by three-dimensional weaving of warp yarns and weft yarns in the form of a Mock Leno weave grid，the at least one fabric being present between two skins present at the surface of the first portion and being linked to the skins by warp yarns belonging to the skins that are locally deflected into the fabric.

专利名称：TRIM PIECE WITH VARIABLE STRETCH CHARACTERISTICS

申请号：US16853537　申请日：2020-04-20

公开（公告）号：US20200378040A1　公开公告日：2020-12-03

申请人：NIKE，INC.

IPC 主分类号：D03D3/00

摘要：Elastic trims and articles incorporating the same，and also methods of manufacturing and processing elastic trims and articles incorporating the same，are provided. An elastic trim may include a base textile that is knitted or woven，and may further include cables that are movably positioned in tunnel structures located within the base textile，the cables having a lower stretch characteristic than the base textile. The cables may be secured and removed at certain locations，thereby imparting a variable stretch characteristic to the elastic trim. The elastic trims may be incorporated into various articles，including waistbands，apparel，footwear，and bags.

专利名称：グリッパストラップの摩耗を監視するための光学装置を備える織機

申请号：JP2020002343　申请日：2020-06-17

公开（公告）号：JP3228987U　公开公告日：2020-11-19

申请人:イテマ・ソチエタ・ペル・アツィオーニ

IPC 主分类号：D03D47/27

摘要：【課題】グリッパストラップの摩耗を監視するための光学装置を備えるグリッパ織機を提供する。【解決手段】グリッパ織機は、縦糸によって形成されるシェッドの内側で、搬送グリッパとドローインググリッパのそれぞれの一端部を保持する可撓性を有するグリッパストラップTを用いて一対の歯車Wにより、搬送グリッパとドローインググリッパとを交互動作で駆動させる横糸挿入システムを備える。グリッパストラップTは、グリッパストラップTの本体に長手方向に形成された一連のアイレットを通じて歯車Wと噛み合わされるとともに、ガイドスライドSによって歯車Wのセクターに付着し続け、システムの動作は、織機の中央制御ユニットによって制御される。グリッパ織機は、グリッパストラップTの少なくとも1つの摩耗状態を監視するための光検出器1を含む光学監視装置を備える。

专利名称：BASE FABRIC，JET LOOM，AND METHOD OF MANUFACTURING BASE FABRIC

申请号：US16960675　申请日：2018-12-10

公开（公告）号：US20200354864A1　公开公告日：2020-11-12

申请人：TORAY INDUSTRIES，INC.

IPC主分类号：D03D47/36

摘要：A base fabric，having a coefficient of variation CV1（100×standard deviation/average value）of 3.0% or less in a length direction of a weft-direction disintegrated yarn strength and a coefficient of variation CV2（100×standard deviation/average value）of 4.0 or less in a length direction of a weft-direction disintegrated yarn elongation.

专利名称：WOVEN PRODUCTS

申请号：US16814827　申请日：2020-03-10

公开（公告）号：US20200347529A1　公开公告日：2020-11-05

申请人：DON & LOW LIMITED

IPC主分类号：D03D27/06

摘要：Disclosed is a woven product adapted to be used as a primary backing layer for a surface，ground or floor covering comprising artificial or synthetic grass or turf. The woven product comprises at least a first woven layer and a second woven layer，wherein the first and second woven layers are interwoven，the first woven layer comprises a plurality of warp tapes/threads and a plurality of weft tapes/threads，the warp tapes/threads and the weft tapes/threads of the first woven layer being substantially perpendicular to one another. The second woven layer comprises a plurality of warp tapes/threads and a plurality of weft tapes/threads，the warp tapes/threads and the weft tapes/threads of the second woven layer being substantially perpendicular to one another.

专利名称：A FABRIC HAVING RECYCLED RING SPUN YARN（S）AND RING SPINNING METHOD FOR MANUFACTURING THE YARN

申请号：IN2019/050768　申请日：2019-10-16

公开（公告）号：WO2020222244A1　公开公告日：2020-11-05

申请人：ARVIND LIMITED

IPC主分类号：D03D15/00

摘要：The present disclosure envisages a fabric comprising recycled fibers between 25% to 70% w/w of the fabric. The fabric comprises at least one recycled ring spun yarn having recycled fibers at least 25% w/w of the recycled yarn. The present disclosure further envisages a ring spinning process for manufacturing a yarn having recycled fibers. The process includes a step of simultaneously drafting at least two roving in a spinning frame machine and condensing the drafted fibers to obtain a recycled yarn. At least one of the rovings or each roving comprises recycled fibers so as to provide the recycled yarn having recycled fibers at least 25% w/w of the yarn and tenacity more than 13 cN/

Tex. The length of each recycled fiber is at least 15 mm.

4.5 重点技术领域五

C08G［用碳-碳不饱和键以外的反应得到的高分子化合物（发酵或使用酶的方法合成目标化合物或组合物或从外消旋混合物中分离旋光异构体入 C12P）〔2〕］

4.5.1 全球专利分析

4.5.1.1 申请趋势

图 4-41 展示的是纺织行业重点技术领域五 C08G 全球专利申请量的发展趋势。通过申请趋势可以从宏观层面把握分析对象在各时期的专利申请热度变化。申请数量的统计范围是已公开的专利。

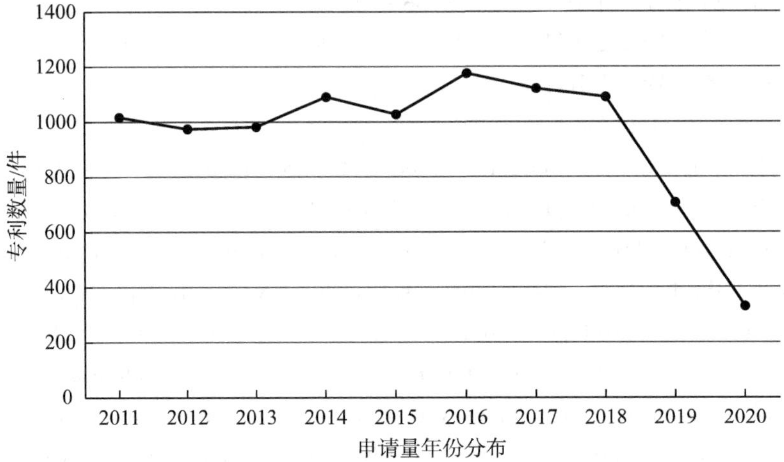

图 4-41 纺织行业重点技术领域五 C08G 全球专利申请趋势

从图 4-41 中可以看出，2011—2018 年，纺织行业重点技术领域五 C08G 全球专利申请量呈波动增长态势，其中 2016 年纺织行业重点技术领域五 C08G 全球专利申请量达到最高值，为 1176 件。2019—2020 年纺织行业重点技术领域五 C08G 全球专利申请量呈现下滑趋势。

4.5.1.2 专利申请国家、地区、组织分布

专利申请国家、地区、组织可以体现专利权人想在哪些国家或地区保护该技术。从图 4-42 可以发现，数量分别为中国 4393 件，欧洲专利局（EPO）3328 件，美国 3299 件，日本 2975 件，世界知识产权组织（WIPO）2704 件。

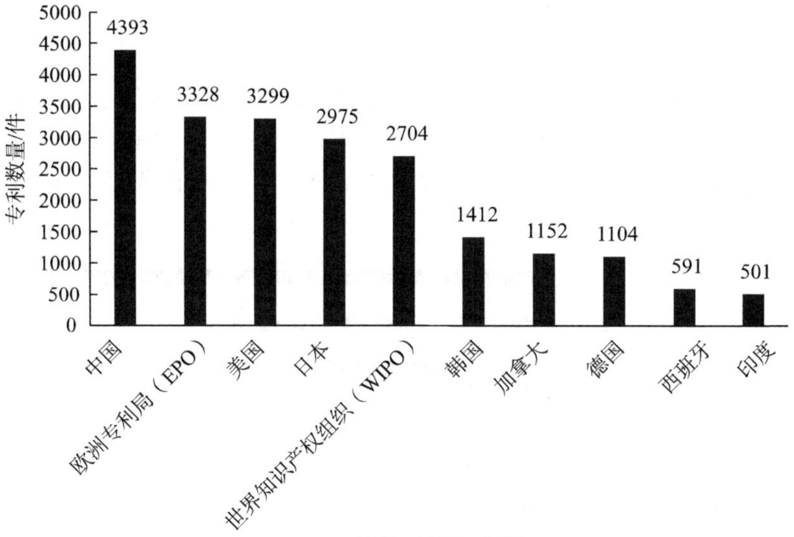

图 4-42　纺织行业重点技术领域五 C08G 全球专利主要申请国家、地区、组织分布

4.5.1.3　专利 IPC 分布

图 4-43 展示的是纺织行业重点技术领域五 C08G 在各细分技术方向的数量分布情况。通过分析可以了解该技术领域下覆盖的技术类别，以及各技术分支的创新热度。

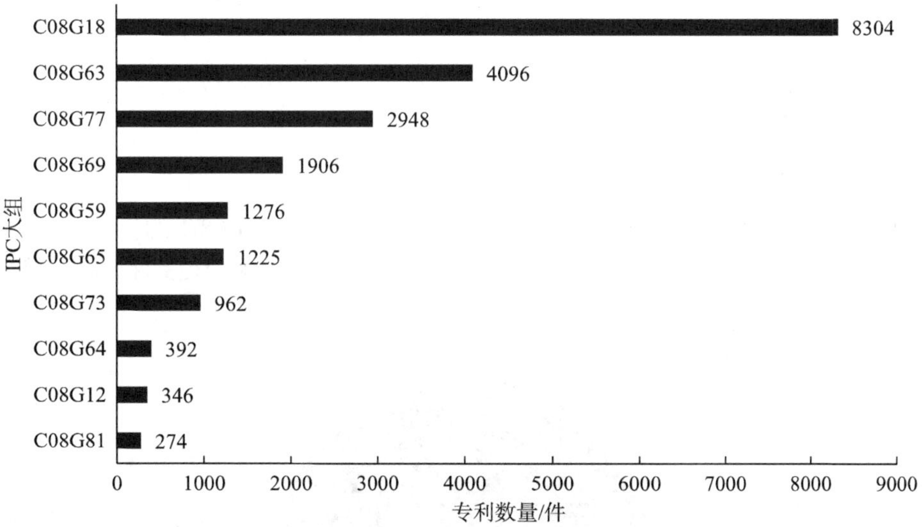

图 4-43　纺织行业重点技术领域五 C08G 全球专利 IPC 分布

由图 4-43 可知，C08G18（异氰酸酯类或异硫氰酸酯类的聚合产物〔2〕）的专利数量最多，达 8304 件；第二是 C08G63［由在高分子主链上形成羧酸酯键的反应制得的高分子化合物（聚酯-酰胺类入 C08G69/44；聚酯-酰亚胺类入 C08G73/16）〔2，5〕］，专利数量为 4096 件；第三是 C08G77（在高分子主链中形成含硅键合，有或没有硫、氮、氧，或碳键合反应得到的高分子化合物〔2〕[2006.01]），专利数量为 2948 件。

4.5.1.4 竞争态势

如图 4-44 所示，拜尔材料科学股份公司在纺织行业重点技术领域五 C08G 的专利数量最多，达 1382 件；第二是巴斯夫欧洲公司，专利数量为 809 件；第三是拜尔公司，专利数量 681 件；第四是纳幕尔杜邦公司，专利数量 521 件。其他申请人的专利数量均在 500 件以下。

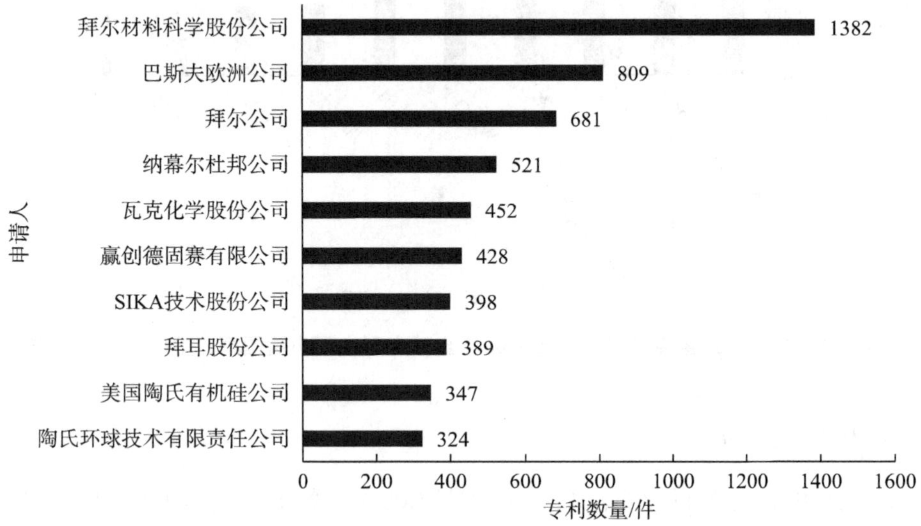

图 4-44 纺织行业重点技术领域五 C08G 全球专利前十申请人排名

4.5.2 国内专利分析

4.5.2.1 专利概况

如图 4-45 所示，经过检索得到纺织行业重点技术领域五 C08G 的国内专利量共 4393 件，其中发明申请专利 2199 件，占总数的 50%；发明授权专利 2123 件，占总数的 48%；实用新型专利 71 件，占总数的 2%。

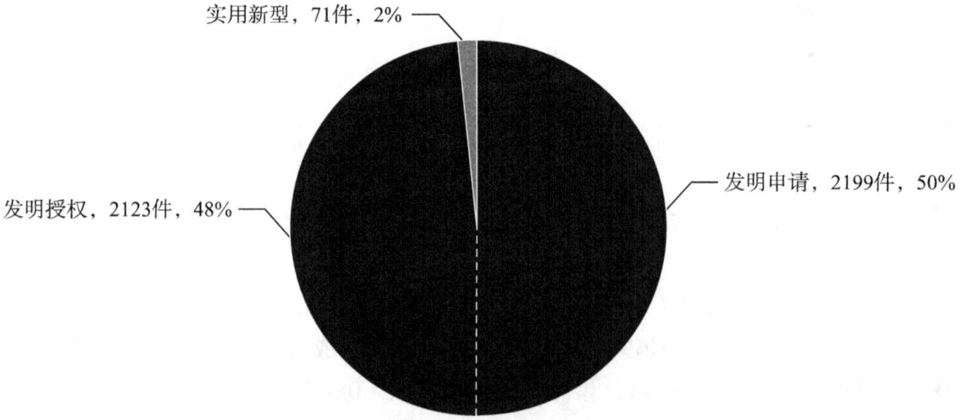

图 4-45 纺织行业重点技术领域五 C08G 国内专利类型分布

4.5.2.2　专利申请趋势

图 4-46 展示的是国内专利申请量的发展趋势。通过申请趋势可以从宏观层面把握分析对象在各时期的专利申请热度变化。申请数量的统计范围是已公开的专利。

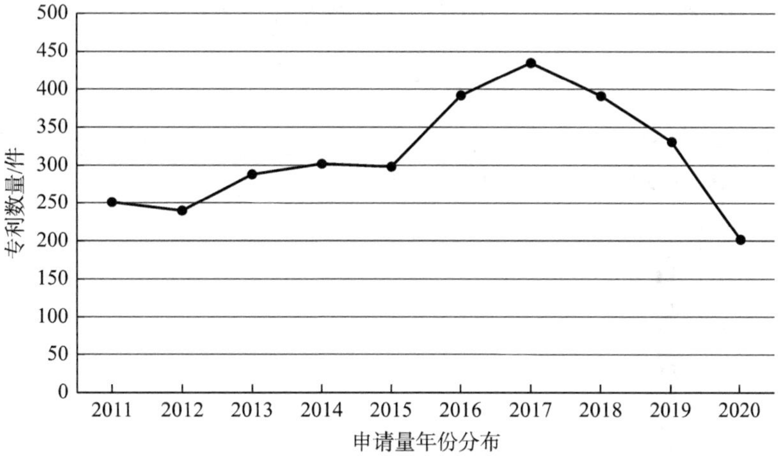

图 4-46　纺织行业重点技术领域五 C08G 国内专利申请趋势

由图 4-46 可知，2011—2015 年纺织行业重点技术领域五 C08G 的专利申请量整体呈现平稳增长态势；2016—2017 年纺织行业重点技术领域五 C08G 的专利申请量快速增加，2017 年纺织行业重点技术领域五 C08G 的专利申请量为 435 件；2018—2020 年纺织行业重点技术领域五 C08G 的专利申请量回落。

4.5.2.3　专利 IPC 分布

图 4-47 展示的是纺织行业重点技术领域五 C08G 国内专利在各细分技术方向的数量分布情况。通过分析可以了解该技术领域下覆盖的技术类别，以及各技术分支的创新热度。

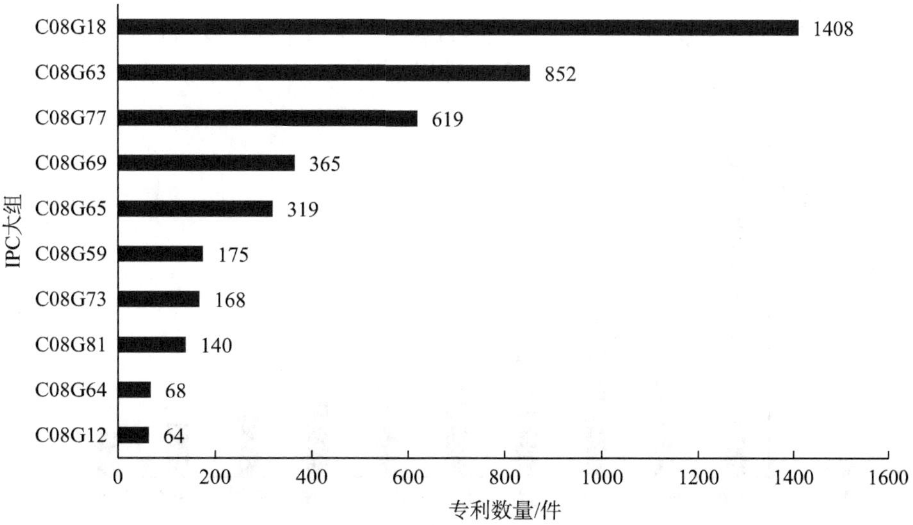

图 4-47　纺织行业重点技术领域五 C08G 国内专利 IPC 分布

由图4-47可知，C08G18（异氰酸酯类或异硫氰酸酯类的聚合产物〔2〕）专利数量最多，为1408件。第二是C08G63［由在高分子主链上形成羧酸酯键的反应制得的高分子化合物（聚酯-酰胺类入C08G69/44；聚酯-酰亚胺类入C08G73/16）〔2，5〕］，专利数量为852件。第三是C08G77（在高分子主链中形成含硅键合，有或没有硫、氮、氧，或碳键合反应得到的高分子化合物〔2〕［2006.01］），专利数量为619件。

4.5.2.4 申请人所属国家、地区、组织分布

由纺织行业重点技术领域五C08G国内专利申请人所属国家、地区、组织分布情况（图4-48）可知，中国专利申请人申请的专利数量最多，达到2795件，占总数的63.62%。

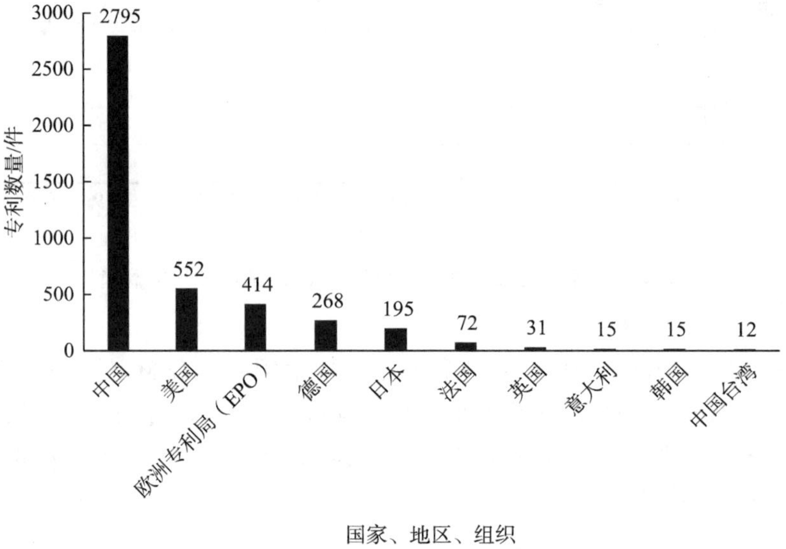

图4-48 纺织行业重点技术领域五C08G国内专利申请人所属国家、地区、组织分布情况

纺织行业重点技术领域五C08G国内专利申请人省份分布情况如图4-49所示，其中江苏省专利数量为606件，浙江省335件，广东省297件，上海市284件。其他省份在纺织行业重点技术领域五C08G的专利数量均在200件以下。

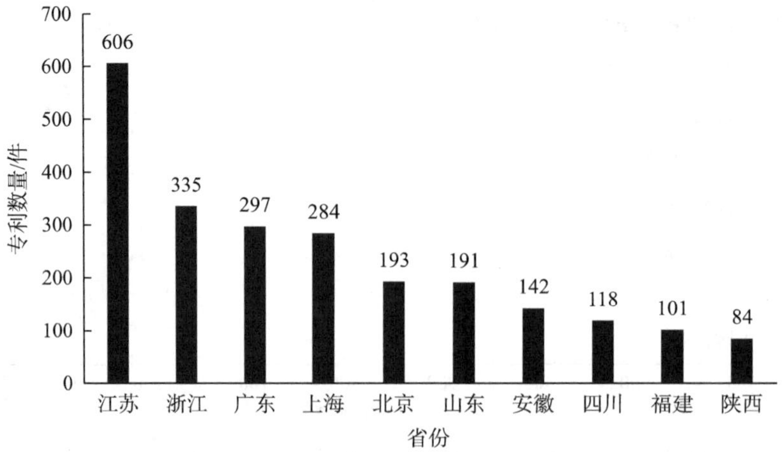

图4-49 纺织行业重点技术领域五C08G国内专利申请人省份分布情况

由纺织行业重点技术领域五 C08G 国内专利申请人排名（图 4-50）可知，排名第一的是拜尔材料科学股份公司，专利数量为 131 件；其次是巴斯夫欧洲公司，专利数量为 103 件，其他申请人的专利数量均在 100 件以下。

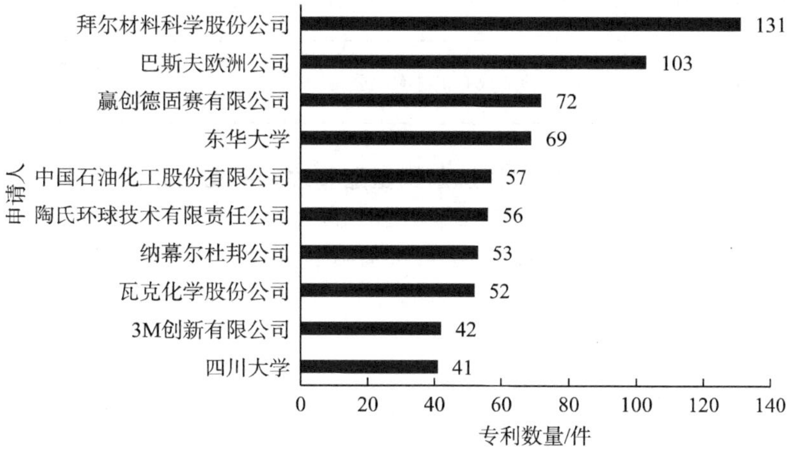

图 4-50　纺织行业重点技术领域五 C08G 国内专利申请人排名

（1）国内部分专利

申请号	申请日	申请人	专利名称
CN202011046295. 8	2020-09-29	广州恩洋新材料科技有限公司	多功能吸湿速干型水性抗菌聚氨酯整理剂制备方法及应用
CN202010966891. 1	2020-09-15	江西省科学院能源研究所	一种氨基/硬脂酰胺基改性聚硅氧烷的合成方法
CN201680078345. 6	2016-12-30	英威达纺织（英国）有限公司	抑制亲水性聚酰胺制造中的泡沫形成的方法
CN201711311155. 7	2017-12-11	湖北大学	一种水性温敏型聚氨酯及其制备方法
CN202011008461. 5	2020-09-23	安徽京安润生物科技有限责任公司	一种高熔融指数可降解聚合物及其制备方法
CN201780050617. 6	2017-10-23	东丽纤维研究所（中国）有限公司	一种聚酯
CN202010092274. 3	2020-02-14	东华大学	一种绿色回用己内酰胺的连续水解聚合方法
CN202011030759. 6	2020-09-27	江南大学	一种可降解聚酯及其制备方法和应用
CN202010896683. 9	2020-08-31	聊城鲁西聚酰胺新材料科技有限公司	一种尼龙 6 生产工艺及其系统与产品
CN201711009492. 0	2017-10-25	威海诺葳信和新材料有限公司	一种线性两性端羧基聚醚氨基硅油、其制备的交联两性羧基聚醚氨基硅乳柔软剂及制备方法
CN201980032239. 8	2019-05-14	大日精化工业株式会社	聚氨酯树脂、涂料、结构物和物品
CN201711137227. 0	2017-11-16	合肥科天水性科技有限责任公司；兰州科天水性高分子材料有限公司	一种用于纺织涂层的生物基高光水性聚氨酯树脂及其制备方法
CN201980024092. 8	2019-03-26	赢创运营有限公司	用于处理纺织品和用于清洁和护理配制物中的硅氧烷

续表

申请号	申请日	申请人	专利名称
CN202010995067.9	2020-09-21	安徽英特力工业工程技术有限公司	一种丙交酯开环聚合催化剂组合物及其制备方法
CN202010799403.2	2020-08-11	浙江恒业成有机硅有限公司	一种长链烷基及两性离子共改性抗菌型硅油乳液及其制备方法

专利名称：多功能吸湿速干型水性抗菌聚氨酯整理剂制备方法及应用

申请号：CN202011046295.8　申请日：2020-09-29

公开（公告）号：CN112142947A　公开公告日：2020-12-29

申请人：广州恩沣新材料科技有限公司

IPC 主分类号：C08G18/76

其他公开文献：CN202011046295A

摘要：本发明公开了多功能吸湿速干型水性抗菌聚氨酯整理剂制备方法及应用，以甲苯二异氰酸酯（TDI）、聚酯聚醚多元醇（PCI，PEG）三乙醇胺、二乙醇胺等为原料，加成反应制成预聚体，在预聚体中预留 NCO/OH 的反应基团位置；在特定催化剂的作用下，预聚体与小分子的抗菌单体聚合反应，将抗菌单体接入聚氨酯链中，本发明整理剂在纺织品应用，对全棉，化纤及其混纺织物，在后整处理工艺中在布面行维交联形成可以吸湿、速干、抗菌、耐洗等功能膜，使纺织品具备吸湿速干抗菌等功效。

专利名称：一种氨基/硬脂酰胺基改性聚硅氧烷的合成方法

申请号：CN202010966891.1　申请日：2020-09-15

公开（公告）号：CN112142977A　公开公告日：2020-12-29

申请人：江西省科学院能源研究所

IPC 主分类号：C08G77/26

其他公开文献：CN202010966891A

摘要：一种氨基/硬脂酰胺基改性聚硅氧烷的合成方法，包括硬脂酰胺丙基甲基二乙氧基硅烷的合成和氨基及硬脂酰胺基改性聚硅氧烷的合成。本发明氨基/硬脂酰胺基改性聚硅氧烷是对聚硅氧烷进行的不同氨基官能团双重改性。可以看成是二甲基聚硅氧烷中的部分甲基（包括侧位及端位）被氨基及硬脂酰胺基取代后的产物，它除了保留二甲基聚硅氧烷原有的疏水性和脱膜性之外，氨基的引入又赋予了其反应性、吸附性、润滑性及柔软性等，加上酰胺基官能团的引入增强了聚硅氧烷的抗黄变性，尤其是对浅色或白色织物的后整理，其耐黄变性增强。本发明在织物柔软整理、抛光、涂料助剂及树脂改性等方面能获得广泛而富有成效的应用。

专利名称：抑制亲水性聚酰胺制造中的泡沫形成的方法

申请号：CN201680078345.6　申请日：2016-12-30

公开（公告）号：CN108602950B　公开公告日：2020-12-25

申请人：英威达纺织（英国）有限公司

IPC 主分类号：C08G69/26

其他公开文献：WO2017120112A1；US2016069439W；CN108602950A

摘要：本发明公开了如下以连续批次不过度起泡地制备含聚醚胺的聚酰胺的方法：为那

些批次过程（batch runs）提供受控供热率步骤，所述批次过程包含来自前一过程的含聚醚胺的聚酰胺尾料。

专利名称：一种水性温敏型聚氨酯及其制备方法

申请号：CN201711311155.7　申请日：2017-12-11

公开（公告）号：CN108250400B　公开公告日：2020-12-25

申请人：湖北大学

IPC 主分类号：C08G18/76

其他公开文献：CN201711311155A；CN108250400A

摘要：本发明涉及一种水性温敏型聚氨酯及其制备方法，制备方法的步骤如下：S1. 将 N-异丙基丙烯酰胺与二乙醇胺按比例加入反应容器中，适当条件下得含有双羟基的温敏单体分子 B2；S2. 在装有冷凝回流装置的反应容器中按比例将聚碳酸酯二醇和二羟甲基丙酸溶于丙酮中，升温搅拌均匀后加入甲苯二异氰酸酯和催化剂，反应生成聚氨酯，再加入 S1 中得到的温敏性单体 B2，反应 2h 以上，最后加入三乙胺中和后加水乳化，旋蒸除去丙酮，即得。本发明的有益效果为：首次以具有双羟基的温敏单体分子与聚氨酯链段结合，温敏单体 B2 分布于最终得到的温敏型聚氨酯的端部及中部，得到的温敏型聚氨酯的分子量不受限制，可得到链长较长的水性温敏型聚氨酯。

专利名称：一种高熔融指数可降解聚合物及其制备方法

申请号：CN202011008461.5　申请日：2020-09-23

公开（公告）号：CN112126051A　公开公告日：2020-12-25

申请人：安徽京安润生物科技有限责任公司

IPC 主分类号：C08G63/91

其他公开文献：CN202011008461A

摘要：本发明公开了一种用于制备可降解聚合物的催化剂以及基于该催化剂的高熔融指数可降解聚合物及其制备方法，所述催化剂为表面含有活性羟基的金属化合物与解聚类催化剂按 7∶3-5∶5 的比例复配制得，所述解聚类催化剂为钛酸四丁酯、钛酸异丙酯、二氧化钛、α-钛酸、二月桂酸二丁基锡、1，8-二氮杂二环十一碳-7-烯、三乙胺、三氧化二锑、辛酸亚锡、氧化亚锡、氯化亚锡、三乙基铝中的任意一种。基于该催化剂制备的多组分可降解聚合物树脂熔融指数在 500-1500g/10min（210℃/2.16kg），保留其固有的生物相容性、抗菌性、完全可降解特性。

专利名称：一种聚酯

申请号：CN201780050617.6　申请日：2017-10-23

公开（公告）号：CN109563257B　公开公告日：2020-12-25

申请人：东丽纤维研究所（中国）有限公司

IPC 主分类号：C08G63/672

其他公开文献：WO2018077126A1；CN2017107220W；CN107973903A；CN109563257A

摘要：本发明公开一种聚酯，所述聚酯是以芳香族二元羧酸或其衍生物与脂肪族二元醇为主要构成成分、聚乙二醇为共聚合成分形成的聚合物，其中聚乙二醇的数均分子量为 2000~30 000g/mol，共聚合率为 25~55wt%。本发明的聚酯，通过常规纺丝方法单独纺丝或与其他组分复合纺丝制得的纤维，及由其形成的假捻丝、纤维构造体的吸湿性优异。因此，可以用于要求舒适性及品质的用途。

专利名称：一种绿色回用己内酰胺的连续水解聚合方法

申请号：CN202010092274.3　申请日：2020-02-14

公开（公告）号：CN111363141B　公开公告日：2020-12-22

申请人：东华大学

IPC主分类号：C08G69/16

其他公开文献：CN202010092274A；CN111363141A

摘要：本发明涉及一种绿色回用己内酰胺的连续水解聚合方法，将包含己内酰胺在内的反应原料依次经开环反应、预缩聚反应和终缩聚反应制成聚酰胺6，其中，预缩聚反应装置和终缩聚反应装置都含有气体脱挥空间，且气体脱挥空间均与真空冷凝系统相连通；真空冷凝系统、冷凝存储罐和真空泵顺序连通；终缩聚反应装置为卧式连续反应器，分为多段，终缩聚反应时，沿熔体行进方向，各段压力递减。本发明能够实现对已内酰胺水解聚合过程中热力学平衡产生的8~10wt%的热水可萃取物进行高效绿色回收，热水可萃取物无需进行三效蒸发即可与新鲜己内酰胺复配直接回用，生成的聚酰胺6切片热水可萃取物含量低，无需萃取即可进行成型加工。

专利名称：一种可降解聚酯及其制备方法和应用

申请号：CN202011030759.6　申请日：2020-09-27

公开（公告）号：CN112094401A　公开公告日：2020-12-18

申请人：江南大学

IPC主分类号：C08G63/685

其他公开文献：CN202011030759A；CN112094401B

摘要：本发明公开了一种可降解聚酯及其制备方法和应用，属于高分子材料技术领域。本发明在聚酯合成过程中，在其端基处引入具有自组装成核作用的氢键基团，获得含有一个或多个氢键基团的端官能团聚酯。在降温过程或者恒温过程中，聚酯可通过氢键基团之间的氢键作用发生自成核，并诱导聚酯链段快速结晶，得到高结晶度的聚酯。这种新型可降解聚酯具有结晶温度高、结晶速率快、半结晶时间短等特点，可缩短成型周期、降低成本、改善性能，而且其制备方法简单、环境友好、易实现产业化，并可广泛应用于包装、纺织、医疗耗材、塑料制品或者农业领域，前景广阔。

专利名称：一种尼龙6生产工艺及其系统与产品

申请号：CN202010896683.9　申请日：2020-08-31

公开（公告）号：CN112094406A　公开公告日：2020-12-18

申请人：聊城鲁西聚酰胺新材料科技有限公司

IPC主分类号：C08G69/16

其他公开文献：CN202010896683A

摘要：本公开涉及纺织原料领域，具体提供一种尼龙6生产工艺及其系统与产品。所述尼龙6生产工艺包括如下步骤：己内酰胺、水、分子量调节剂、苄胺以及消光剂为反应原料，经预热后进入聚合工段，聚合反应为前加压后减压的两段聚合工艺，减压聚合过程产生的溶液通入加压聚合中，对聚合后的产物造粒，对造粒后的水进行萃取，萃取后的溶液蒸发后通入加压聚合中。解决现有技术中两段聚合法生产尼龙6的过程中，后聚产生大量水分，导致需要多个萃取塔进行多步萃取，萃取效率较低且浪费热源的问题。

专利名称：一种线性两性端羧基聚醚氨基硅油、其制备的交联两性羧基聚醚氨基硅乳柔软剂及制备方法

申请号：CN201711009492.0　申请日：2017-10-25

公开（公告）号：CN107556483B　公开公告日：2020-12-15

申请人：威海诺葳信和新材料有限公司

IPC 主分类号：C08G81/00

其他公开文献：CN201711009492A；CN107556483A

摘要：本发明公开了一种线性两性端羧基聚醚氨基硅油，其由包含端氨基聚醚硅油、二元酸酐的混合物制备；其中，端氨基聚醚硅油由包含端环氧聚醚硅油、聚醚胺及异丙醇的混合物制备。本发明还公开了一种基于线性端羧基聚醚氨基硅油所制备的交联两性羧基聚醚氨基硅乳柔软剂及其制备方法。将本发明的交联两性羧基聚醚氨基硅油用非离子表面活性剂乳化制成硅乳柔软剂，用于织物后整理，不仅能改善织物的柔软亲水性能与手感，还能赋予织物良好的弹挺性与同浴使用性。

专利名称：聚氨酯树脂、涂料、结构物和物品

申请号：CN201980032239.8　申请日：2019-05-14

公开（公告）号：CN112088180A　公开公告日：2020-12-15

申请人：大日精化工业株式会社

IPC 主分类号：C08G18/44

其他公开文献：WO2019221088A1；JP2019019013W；

摘要：本发明的聚氨酯树脂包含多元醇成分、异氰酸酯成分，（1）作为前述多元醇成分包含聚碳酸酯二醇成分，作为前述异氰酸酯成分包含直链型脂肪族异氰酸酯成分，（2）前述聚碳酸酯二醇成分的数均分子量为500~3000，在其结构中包含源自碳数3~10的二醇的结构，（3）前述异氰酸酯成分中的10mol%以上是碳数为4~10的直链型脂肪族异氰酸酯成分。

专利名称：一种用于纺织涂层的生物基高光水性聚氨酯树脂及其制备方法

申请号：CN201711137227.0　申请日：2017-11-16

公开（公告）号：CN107857859B　公开公告日：2020-12-11

申请人：合肥科天水性科技有限责任公司；兰州科天水性高分子材料有限公司

IPC 主分类号：C08G18/67

其他公开文献：CN201711137227A；CN107857859A

摘要：本发明提供一种用于纺织涂层的生物基高光水性聚氨酯分散体及其制备方法，该水性聚氨酯分散体包括以下原料组分及重量份：多元醇25—70份；多异氰酸酯10—30份；羧酸型亲水扩链剂4—6份；中和剂3—5份；生物基扩链剂5—15份；小分子胺后扩链剂2—10份；所述多元醇由石油基多元醇和生物基多元醇按照重量比（20—40）:（5—30）组成，生物基多元醇包括大豆油多元醇、棕榈油多元醇和松香酯多元醇中的任意一种或多种。本发明采用生物基多元醇替代部分石油基多元醇，有效地提高了产品的自然降解性，并且价格低廉，降低水性聚氨酯的生产成本，本发明还采用蓖麻油作为扩链剂，能够有效提高产品的光泽度和防腐性，有利于将该水性聚氨酯分散体广泛应用于纺织涂层。

专利名称：用于处理纺织品和用于清洁和护理配制物中的硅氧烷

申请号：CN201980024092.8　申请日：2019-03-26

公开（公告）号：CN112074559A　公开公告日：2020-12-11

申请人：赢创运营有限公司

IPC 主分类号：C08G77/388

其他公开文献：WO2019192876A1；EP2019057491W；EP18165408A；CN112074559B

摘要：本发明提供了特定的硅氧烷、含有这些特定的硅氧烷的组合物、其制备方法，以及这些组合物的用途，其用于处理织物，用于家庭和工业目的的清洁和护理配制物中，以及用于化妆品、药物和皮肤病用组合物中，尤其是在化妆品清洁和护理配制物、头发处理产品和头发后处理产品中，以及用于硬质表面的清洁和护理，优选用于机动车的清洁和护理，尤其是作为洗车设施的干燥助剂中的添加剂。

专利名称：一种丙交酯开环聚合催化剂组合物及其制备方法

申请号：CN202010995067.9　申请日：2020-09-21

公开（公告）号：CN112062944A　公开公告日：2020-12-11

申请人：安徽英特力工业工程技术有限公司

IPC 主分类号：C08G63/83

其他公开文献：CN202010995067A；CN112062944B

摘要：本发明属于聚乳酸催化剂技术领域，尤其是一种丙交酯开环聚合催化剂组合物及其制备方法，解决了现有技术中催化剂稳定性差、具有细胞毒性，以及影响聚乳酸产品性能等问题，所述丙交酯开环聚合催化剂组合物，包括以下原料：氧化锌、氧化钇、三乙醇胺、正二十八烷醇、双三苯基磷二氯化钯、三异丙基甲硅烷基三氟甲烷磺酸盐、复合脱色剂、活性炭、活性氧化铝。本发明所述催化剂组合物稳定性好，催化效率高，无细胞毒性，其催化丙交酯开环聚合形成聚乳酸的产率高。

专利名称：一种长链烷基及两性离子共改性抗菌型硅油乳液及其制备方法

申请号：CN202010799403.2　申请日：2020-08-11

公开（公告）号：CN112062965A　公开公告日：2020-12-11

申请人：浙江恒业成有机硅有限公司

IPC 主分类号：C08G77/392

其他公开文献：CN202010799403A；CN112062944B

摘要：本发明属于乳液领域，具体涉及一种长链烷基及两性离子共改性硅油抗菌乳液及其制备方法，长链烷基及两性离子共改性抗菌型硅油通过乳化制得长链烷基及两性离子共改性抗菌型硅油乳液。本发明公开的长链烷基及两性离子共改性抗菌型硅油乳液，提高了硅油与织物的相互作用力，增强了耐水性，织物的手感、亲水性得到极大的提高，同时降低了织物的黄变程度，还赋予了织物抗病毒细菌吸附的特性。

（2）国外部分专利

申请号	申请日	申请人	专利名称
US16975769	2019-03-04	COVESTRO INTELLECTUAL PROPERTY GMBH & CO. KG	POLYURETHANE FOAMS BASED ON POLYETHERCARBONATE POLYOLS

续表

申请号	申请日	申请人	专利名称
EP19703730. 2	2019-02-11	BASF SE	POLYURETHANE-B ASED POLYMER MATERIAL HAVING EXCELLENT RESISTANCE TO HEAT DISTORTION AND ELONGATION AT TEAR
IB2020/056048	2020-06-26	WACKER METROARK CHEMICALS PVT. LTD.	HYDROPHILLIC SILICONE MADE OF OLEFINIC UNSATURATED POLYOXYALKYLENE GLYCIDYL ETHER,ITS COMPOSITION AND PREPARATION METHOD THEREOF
US2020/026809	2020-04-06	DOW SILICONES CORPORATION; DOW GLOBAL TECHNOLOGIES LLC	SILICONE POLYETHER FOAM CONTROL AGENT
US16971340	2019-02-25	COVESTRO INTELLECTUAL PROPERTY GMBH & CO. KG	FLEXIBLE POLYURETHANE FOAMS BASED ON POLYOXYMETHYLENE - POLYOXYALKYLENE BLOCK COPOLYMERS
US16960609	2019-01-11	BOARD OF SUPERVISORS OF LOUISIANA STATE UNIVERSITY AND AGRICULTURAL AND MECHANICAL COLLEGE	THERMOSET POLYMER NETWORKS, SHAPE MEMORY POLYMERS INCLUDING THERMOSET POLYMER NETWORKS, AND METHODS OF MAKING
JP2020520016	2018-10-05	サイテック インダストリーズ インコーポレイテッド	硬化性樹脂組成物及び繊維強化樹脂マトリックス複合材料
US16314527	2018-10-11	KUREHA CORPORATION	CONTINUOUS PRODUCTION METHOD AND CONTINUOUS PRODUCTION APPARATUS FOR AROMATIC CYCLIC OLIGOMER, AND PRODUCTION METHOD FOR AROMATIC POLYMER
US16763564	2018-11-16	ARKEMA FRANCE	STRETCHABLE AND ANTI-PILLING FLEXIBLE TEXTILE MATERIAL BASED ON BLOCK COPOLYMER
KR1020190059078	2019-05-20	부산대학교 산학협력단	지문 방지 및 방오 특성을 가지는 UV 경화성 고 투명성, 양친매성 플루오르화 실리카 하이브리드 소재
US16404622	2019-05-06	Jason D. Azoulay; Lifeng Huang; Alexander E. London; Naresh Eedugurala	Open - Shell Conjugated Polymer Conductors, Composites, and Compositions
US2020/031590	2020-05-06	EASTMAN CHEMICAL COMPANY	BLENDS OF COPOLYESTERS HAVING RECYCLED CONTENT AND HIGH HEAT RESISTANCE
KR1020200071550	2020-06-12	주식회사 비 에스 지	고온 내구성을 갖는 바이오-폴리우레탄 수지, 바이오-폴리우레탄 필름 및 이의 제조방법

续表

申请号	申请日	申请人	专利名称
US16971987	2019-02-11	BASF SE	POLYURETHANE-BASED POLYMER MATERIAL HAVING EXCELLENT RESISTANCE TO HEAT DISTORTION AND ELONGATION AT TEAR
JP2019085696	2019-04-26	東レ株式会社	ポリエステル組成物の製造方法

专利名称：POLYURETHANE FOAMS BASED ON POLYETHERCARBONATE POLYOLS

申请号：US16975769　申请日：2019-03-04

公开（公告）号：US20200407485A1　公开公告日：2020-12-31

申请人：COVESTRO INTELLECTUAL PROPERTY GMBH & CO. KG

IPC 主分类号：C08G18/76

摘要：The invention relates to a method for producing polyurethane foams by reacting the following components A a polyol component containing A1 40 to 100 parts by weight of polyether carbonate polyol with a hydroxyl number according to DIN 53240-1 Jun. 2013 of 20mg KOH/g to 120mg KOH/g，A2 0 to 60 parts by weight of polyether polyol with a hydroxyl number according to DIN 53240-1 Jun. 2013 of 20mg KOH/g to 250mg KOH/g and an ethylene oxide content of 0 to 60 wt. %，wherein polyether polyol A2 is free from carbonate units，B B1 a catalyst and B2 optionally auxiliary and additional materials，C water and/or physical blowing agents with D di-and/or polyisocyanates，wherein the production occurs at a characteristic value of 90 to 120，characterised in that the component A contains a component A5 of 0. 05 to 10. 00 parts by weight of polyester polyol，in relation to the sum of the parts by weight of the components A1+A2=100 parts by weight，said polyester polyol containing units derived from malonic acid.

专利名称：POLYURETHANE-B ASED POLYMER MATERIAL HAVING EXCELLENT RESISTANCE TO HEAT DISTORTION AND ELONGATION AT TEAR

申请号：EP19703730. 2　申请日：2019-02-11

公开（公告）号：EP3755735A1　公开公告日：2020-12-30

申请人：BASF SE

IPC 主分类号：C08G18/08

摘要：The invention relates to a method for producing a polyurethane material，wherein（a）di-and/or polyisocyanates，（b）compounds that have hydrogen atoms reactive with isocyanate groups and that donot contain any compounds having carbon-carbon double bonds，（c）compounds containing at least one carbon-carbon double bond，（d）optionally a catalyst that accelerates the urethane reaction and（e）optionally further auxiliary agents and additives are mixed to form a reaction mixture and are cured attemperatures of greater than 120°C. The compounds having hydrogen atoms reactive with isocyanate（b）have on average at least 1. 5 hydrogen groups reactive with isocyanate per molecule，and the compounds having a carbon-carbon double bond（c）contain compounds (cl) that have at least one carbon-carbon double bond and at least one group selected from groups reactive with isocyanate or from isocyanate groups and/or (c2) that have at least two carbon-carbon double bonds. The reaction mixture is stabilized to such an extent that the polyurethane material that is obtained after mixing of components (a) to (c) and, if present, (d) and (e) at room temperature, injection into a metalmold temperature-controlled to 80°C and having the dimensions 20cm×30cm×0. 4cm, demolding after 60 minutes and cooling to room temperature, has a heat distortion temperature (three-point bending at 0. 45 MPa extreme fiber stress according to DIN ENISO 75) that is at least 15°C lower than the heat distortion temperature of the identically produced polyurethane material which, after production, is additionally thermally treated for 120 minutes at 150°C in a furnace and subsequently cooled to room temperature. The invention further relates to a polyurethane material that can be obtained by a method of this type, and to the use of the polyurethane material, in particular a polyurethane über composite material, as structural components.

专利名称：HYDROPHILLIC SILICONE MADE OF OLEFINIC UNSATURATED POLYOXYALKYLENE GLYCIDYL ETHER, ITS COMPOSITION AND PREPARATION METHOD THEREOF

申请号：IB2020/056048 申请日：2020-06-26

公开（公告）号：WO2020261192A1 公开公告日：2020-12-30

申请人：WACKER METROARK CHEMICALS PVT. LTD.

IPC 主分类号：C08G77/388

摘要：Present invention is related to a hydrophilic silicone polymer prepared by using an olefinic unsaturated polyoxyalkylene epoxy compound. An amine compound having at least one tertiary amine group which may be further reacted with the polyoxyalkylene epoxy siloxane molecule is used further for preparing such hydrophilic ABA molecule for improvingboth the feel and hydrophilicity in any natural or artificial fiber, thus solving the most challenging problem of balancing i. e. improving both hydrophilicity and feel property in the field of fabric or fiber treatment. The present invention also relates to the process of preparation of the said hydrophilic silicone polymer and its emulsion.

专利名称：SILICONE POLYETHER FOAM CONTROL AGENT

申请号：US2020/026809 申请日：2020-04-06

公开（公告）号：WO2020263379A1 公开公告日：2020-12-30

申请人：DOW SILICONES CORPORATION; DOW GLOBAL TECHNOLOGIES LLC

IPC 主分类号：C08G77/46

摘要：A foam control agent comprising a linear polyorganosiloxane-polyoxyalkylene block copolymer comprising a single block of polyorganosiloxane having a DP of from 10 to 200 and a single block polyoxyalkylene block having a DP of from 2 to 60.

专利名称：FLEXIBLE POLYURETHANE FOAMS BASED ON POLYOXYMETHYLENE-POLYOXYALKYLENE BLOCK COPOLYMERS

申请号：US16971340　申请日：2019-02-25

公开（公告）号：US20200392281A1　公开公告日：2020-12-17

申请人：COVESTRO INTELLECTUAL PROPERTY GMBH & CO. KG

IPC 主分类号：C08G18/79

摘要：The present invention relates to a method for producing flexible polyurethane foams based on polyoxymethylene-polyoxyalkylene block copolymers. The invention also relates to the use of the flexible polyurethane foams thus produced and their use for producing furniture upholstery，textile inlays，mattresses，automobile seats，headrests，armrests，sponges，foam sheets for use in automobile parts such as roof linings，door panel upholstery，seat covers and technical components. The invention finally relates to a two-component system for producing flexible polyurethane foams.

专利名称：THERMOSET POLYMER NETWORKS，SHAPE MEMORY POLYMERS INCLUDING THERMOSET POLYMER NETWORKS，AND METHODS OF MAKING

申请号：US16960609　申请日：2019-01-11

公开（公告）号：US20200392283A1　公开公告日：2020-12-17

申请人：BOARD OF SUPERVISORS OF LOUISIANA STATE UNIVERSITY AND AGRICULTURAL AND MECHANICAL COLLEGE

IPC 主分类号：C08G59/50

摘要：Shape memory polymers（SMP），methods of making shape memory polymers，and articles including shape memory polymers are provided. The SMPs include thermoset polymer networks formed from an epoxy and a diamine. The SMPs can be in particle form and can be added to other materials while maintaining expansion capabilities. Articles formed from the SMPs can include rebar.

专利名称：硬化性樹脂組成物及び繊維強化樹脂マトリックス複合材料

申请号：JP2020520016　申请日：2018-10-05

公开（公告）号：JP2020536998A　公开公告日：2020-12-17

申请人:サイテック インダストリーズ インコーポレイテッド

IPC 主分类号：C08G59/18

摘要:硬化性樹脂組成物は、少なくとも１つの非芳香族エポキシ化合物、少なくとも１つの非芳香族オキセタン化合物、又はこれらの混合物、ルイス酸：ルイス塩基錯体から選択される１つ以上の硬化剤、及び硬化促進量の１つ以上の無水物化合物を含む硬化性樹脂を含む。少なくとも１つの非芳香族エポキシ化合物又は非芳香族オキセタン化合物、及び１つ以上のルイス酸- ルイス塩基錯体を含む硬化剤を含む硬化性樹脂を含む硬化性樹脂組成物に、硬化促進量の１つ以上の無水物化合物を添加する工程を含む、硬化性樹脂組成物の硬化を促進する方法。この組成物及び方法は、繊維強化樹脂マトリックス複合品を作製するのに有用である。

专利名称：CONTINUOUS PRODUCTION METHOD AND CONTINUOUS PRODUCTION APPARATUS FOR AROMATIC CYCLIC OLIGOMER，AND PRODUCTION METHOD FOR AROMATIC POLYMER

申请号：US16314527　申请日：2018-10-11

公开（公告）号：US20200392291A1　公开公告日：2020-12-17

申请人：KUREHA CORPORATION

IPC 主分类号：C08G75/14

摘要：Provided are a continuous production method and a continuous production apparatus utilizing the solution polycondensation for aromatic cyclic oligomers，which achieve a good space-time yield and are inexpensive and simple. The continuous production method includes：（a）supplying a polymerization solvent and a reaction raw material to a continuous production apparatus；（b）performing a polymerization reaction in the reaction vessels to form a reaction mixture；（c）removing water in gas phase parts of the reaction vessels from the reaction vessels；and（d）successively moving the reaction mixture to each of the reaction vessels；the steps（a），（b），（c），and（d）being performed in parallel；wherein an amount of the polymerization solvent in the reaction vessel positioned furthest downstream in a movement direction of the reaction mixture is not less than 1 L and not greater than 50 L per 1 mol of arylene units in the reaction raw material.

专利名称：STRETCHABLE AND ANTI-PILLING FLEXIBLE TEXTILE MATERIAL BASED ON BLOCK COPOLYMER

申请号：US16763564　申请日：2018-11-16

公开（公告）号：US20200385522A1　公开公告日：2020-12-10

申请人：ARKEMA FRANCE

IPC 主分类号：C08G69/48

摘要：The invention relates to a flexible，stretchable，waterproof breathable textile material based on a block copolymer comprising at least one rigid polyamide PA block and at least one flexible block，characterized in that said copolymer includes at least one carboxylic acid chain end blocked with a polycarbodiimide. The invention also relates to the use of a polycarbodiimide in a process for manufacturing a textile material based on a copolymer containing polyamide blocks and flexible blocks including at least one carboxylic acid chain end，for improving the extrudability of the copolymer in textile material form and/or for improving the extrusion rate of said copolymer，and for improving the stretchability of the textile material，the flexibility of the textile material，its abrasion resistance and its tear strength.

专利名称：지문 방지 및 방오 특성을 가지는 UV 경화성 고 투명성，양친매성 플루오르화 실리카 하이브리드 소재

申请号：KR1020190059078　申请日：2019-05-20

公开（公告）号：KR20200133891A　公开公告日：2020-12-01

申请人：부산대학교 산학협력단

IPC 主分类号：C08G77/24

摘要：본 발명은 지문 방지 및 방오 특성을 갖는 양친매성 플루오르화 실리카 하이브리드 소재에 관한 것으로，상세하게는 플루오르화 실리카 입자，티올계 화합물，폴리실록산 단량체，광개시제 및 용매를 포함하는 양친매성 플루오르화 실리카 하이브리드 소재 및 그 제조방법에 관한 것이다.
다양한 산업에서 응용될 수 있으며，투명성，지문 방지，소수성，유연성，오일 방수성 및 방오 특성을 지닌 양친매성 플루오르화 실리카 하이브리드 소재를 제공한다.

专利名称：Open-Shell Conjugated Polymer Conductors，Composites，and Compositions

申请号：US16404622　申请日：2019-05-06

公开（公告）号：US20200362098A1　公开公告日：2020-11-19

申请人：Jason D. Azoulay；Lifeng Huang；Alexander E. London；Naresh Eedugurala

IPC 主分类号：C08G61/12

摘要：The invention provides for polymer structures and their preparation and resulting novel functionalities including open-shell character and high intrinsic conductivity with wide-range tenability. Electrical conductivity can be further modulated by introducing or blending with materials，fillers，dopants，and/or additives. The materials or resultant composites of the invention can be processed by various techniques into different forms to realize multiple applications.

专利名称：BLENDS OF COPOLYESTERS HAVING RECYCLED CONTENT AND HIGH HEAT RESISTANCE

申请号：US2020/031590　申请日：2020-05-06

公开（公告）号：WO2020231689A1　公开公告日：2020-11-19

申请人：EASTMAN CHEMICAL COMPANY

IPC 主分类号：C08G63/199

摘要：Described are polymer compositions that include a blend of recycled polyethylene terephthalate（rPET）and a copolyester based on monomers that include on terephthalic acid（TPA），ethylene glycol（EG）and 2，2，4，4-tetramethyl-1，3-cyclobutanediol（TMCD），wherein the blend has improved engineering properties compared to the rPET material.

专利名称：고온 내구성을 갖는 바이오-폴리우레탄 수지，바이오-폴리우레탄 필름 및 이의 제조방법

申请号：KR1020200071550　申请日：2020-06-12

公开（公告）号：KR20200144489A　公开公告日：2020-12-29

申请人：주식회사 비 에스 지

IPC 主分类号：C08G18/66

摘要：본 발명은 바이오-폴리우레탄 수지，이를 이용하여 제조한 필름 및 이의 제조방법에 관한 것으로서，좀더 구체적으로 설명하면，바이오 매스 기반의 폴리올을 도입하여 제조하였음에도 고온 내구성이 우수할 뿐만 아니라，환경 오염을 최소화할 수 있는 건식 코팅 공정으로 제조가 가능한 필름을 제조할 수 있는 바이오-폴리우레탄 수지，이를 이용하여 제조한 필름 및 이의 제조 방법에 관한 것이며, 나아가, 이를 이용하여 내열성 및 마찰, 내마모성에 강한 친환경 필름 및 라미네이트 원단을 제공할 수 있는 발명에 관한 것이다.

专利名称：POLYURETHANE-BASED POLYMER MATERIAL HAVING EXCELLENT RESISTANCE TO HEAT DISTORTION AND ELONGATION AT TEAR

申请号：US16971987　申请日：2019-02-11

公开（公告）号：US20200399418A1　公开公告日：2020-12-24

申请人：BASF SE

IPC 主分类号：C08G18/76

摘要：The present disclosure relates to processes for the production of a polyurethane material, where（a）di-and/or polyisocyanates，（b）compounds which have hydrogen atoms reactive toward isocyanate groups and which do not include compounds having carbon-carbon double bonds，（c）compounds including at least one carbon-carbon double bond，（d）optionally catalyst that accelerates the urethane reaction，and（e）optionally other auxiliaries and additives are mixed to give a reaction mixture and the mixture is hardened at temperatures above 120° C. The present disclosure further relates to a polyurethane material obtainable by this process，and also to the use of the polyurethane material，in particular of a polyurethane fiber-composite material as structural components.

专利名称：ポリエステル組成物の製造方法

申请号：JP2019085696　申请日：2019-04-26

公开（公告）号：JP2020180256A　公开公告日：2020-11-05

申请人：東レ株式会社

IPC 主分类号：C08G63/692

摘要：【課題】 優れた紡糸性、染めムラのない染色性、難燃性を有するポリエステル組成物の製造方法を提供する。【解決手段】 ジカルボン酸又はそのエステル形成性誘導体と、ジオール又はそのエステル形成性誘導体を主たる原料としてポリエステル組成物を製造するに際し、塩素含有量が0.2～20ppmであるカルボキシル基を置換基として有するホスフィン酸を添加し、得られるポリエステル組成物のリン元素含有量が0.30～1.1wt%、ポリエステル組成物の塩素含有量が0.20ppm 以下であるポリエステル組成物の製造方法。

